MÚSICA: Leitura, Conceitos, Exercícios

Antonio Adolfo

Nº Cat.: MLCE

Irmãos Vitale Editores Ltda.
vitale.com.br
Rua Raposo Tavares, 85   São Paulo SP
CEP: 04704-110   editora@vitale.com.br   Tel.: 11 5081-9499

Editado por Irmãos Vitale Editores Ltda. - São Paulo - Rio de Janeiro - Brasil.
Todos os direitos autorais reservados para todos os países. *All rights reserved*.

CIP-BRASIL. CATALOGAÇÃO NA FONTE
SINDICATO NACIONAL DOS EDITORES DE LIVROS - RJ.

A186m

Adolfo, Antonio, 1947-
    Música : leitura, conceitos, exercícios / Antonio Adolfo. - 1. ed. - São Paulo : Irmãos Vitale, 2013.
    336 p.
    ISBN 978-85-7407-382-8

    1. Música - instrução e ensino.
        I. Título.

13-1726.   CDD: 780.7
                                                                                                   CDU: 78.02

15.03.13   21.03.13   043578

Copyright © 2002 by Antonio Adolfo

Todos os direitos reservados

Capa:
Bruno Liberati e Egeu Laus

Projeto gráfico, composição e diagramação:
Antonio Adolfo e Júlio César P. de Oliveira

Foto da contracapa:
Wilton Montenegro

Revisão musical:
Antonio Guerreiro e Antonio Adolfo

Copydesque e revisão:
Nerval M. Gonçalves

Coordenação de produção:
Anna Paula Lemos

PREFÁCIO

Já faz algum tempo que conheço o Antonio Adolfo, e sei de sua musicalidade pelos meus ouvidos, que escutaram *Sá Marina* e outras pelas quais já torceram em festivais da canção. Sua formação, que é sólida, mistura os nomes de Nadia Boulanger (harmonia), Esther Scliar (teoria e análise musical), Guerra-Peixe (harmonia e composição) e mais uma montanha de experiências práticas como pianista e arranjador solicitado, já consagrado pelo público e pelos profissionais do mercado.

Ao lado de uma experiência aliada à formação sólida recebida por mestres de envergadura, Antonio Adolfo vem se tornando uma aparição regular no cenário dos produtores de conhecimento neste país. Desta vez o livro é sobre leitura e escrita musical, às quais se somam conceitos destinados a guiar o iniciante no treinamento musical imediato.

Além de atuar como revisor musical, tive a satisfação de participar, com meu ilustre xará, de algumas sessões de intenso e cansativo *brainstorm*, examinando os conceitos teóricos formulados e incentivando-o não só a formular os conceitos novos que estavam bastante bem esboçados mas também dando meu apoio à derrubada de conceitos antigos, rançosos e fora de moda.

O trabalho é bem abrangente e apresenta ao estudante o jargão prático dos profissionais de estúdio e espetáculo, para que o iniciante vá se acostumando com ele. As normas de grafia musical, assunto aparentemente penoso, se constituem em item fundamental, e a todo instante são feitas referências à prática atual de mercado. O item cifragem é importante, pois apresenta a prática brasileira, já sedimentada, em contraposição ao sistema de símbolos estrangeiros padronizado nos *softwares*, como Finale e Encore.

Os capítulos que abordam o sistema tonal e sua constituição são importantes para a compreensão futura da harmonia. Ao lado de conceitos tradicionais, Antonio Adolfo lança outros, bastante pessoais, que constituem sua visão do discurso musical. A bibliografia de apoio é atualizada, com consultas a musicólogos como Esther Scliar, Hélio Sena e Guerra-Peixe.

Ao fim deste livro, Antonio Adolfo derruba, com sua didática clara e pragmática, o axioma, já meio enferrujado, "Quem sabe faz; quem não sabe ensina". Leia e confira...

Antonio Guerreiro

Professor de Harmonia / Harmonia avançada, da Uni-Rio

SOBRE O AUTOR

Antonio Adolfo nasceu em 10 de fevereiro de 1947. Filho de uma violinista da Orquestra do Teatro Municipal do Rio, carioca de Santa Teresa, o pianista Adolfo já participava, no início dos anos 60, com seu grupo Samba a Cinco, de *shows* de bossa e *jazz* nos colégios, faculdades e clubes do Rio. Aos domingos, costumava tocar nas *jam sessions* do Little Club, no Beco das Garrafas. Formou o Trio 3-D quando participava da peça musical *Pobre menina rica*, de Carlos Lyra e Vinicius de Moraes. Com o Trio gravou dois discos na RCA e acompanhou cantores como Leny Andrade, Wilson Simonal, Taiguara e Lenie Dale, entre outros. Atuou, também como pianista, no grupo que acompanhou Elis Regina em algumas excursões pelo Brasil e Europa. A partir de 1967, em parceria com o letrista Tibério Gaspar, começou a compor canções de sucesso, como *Sá Marina*, *Teletema* e *Juliana*. Em 68, criou a Brazuca, grupo no qual também tocava piano elétrico. Com a Brazuca, gravou para a Odeon e atuou em festivais e *shows* no Brasil e no exterior. Nos festivais em que participou como compositor classificou, entre outras canções, *Juliana* e *BR-3*, segundo e primeiro lugares, respectivamente, no Festival Internacional da Canção (FIC) em 1969 e 1970.

Entre 1973 e 1976, estudou com Nadia Boulanger, em Paris, e com Guerra-Peixe e Esther Scliar, no Rio de Janeiro. Em 77, gravou por conta própria e lançou o disco *Feito em casa*, criando o selo Artezanal. Por esta atitude, foi considerado pela imprensa o pioneiro do disco independente, o que motivou o aparecimento de vários artistas que divergiam do sistema tradicional do mercado fonográfico. A partir desse ano, Antonio Adolfo vem gravando todo o seu trabalho pelo selo Artezanal, que inclui discos com predominância de composições de caráter instrumental, e também músicas de outros autores, como Ernesto Nazareth e Chiquinha Gonzaga, além de trilhas sonoras que compôs para peças infantis, como *Astrofolias* e *Passa passa passará*. Alguns lançados no exterior.
Desde 1985, Adolfo vem se dedicando a sua escola de música, o Centro Musical Antonio Adolfo, além de participar de eventos internacionais como músico e educador, sem deixar de lado a carreira de intérprete. Em 1996 e 1998, recebeu dois Prêmios Sharp pelos trabalhos *Antonio Adolfo* e *Chiquinha com jazz*. Em janeiro de 2000, lançou o CD *Puro improviso*. Antonio Adolfo levou adiante esse projeto em *shows* com o mesmo nome, também editados em CDs e produzidos na hora contendo improvisos e composições criados no piano, ao vivo. Em 2001, Antonio relançou em CD seu álbum *Viralata*, de 1979.

Como autor de material didático, lançou no Brasil seis livros sobre piano, teclado, composição e arranjo pela Editora Lumiar, além do videoaula *Secrets of Brazilian music* e o livro *Brazilian music workshop* no exterior.

ÍNDICE

INTRODUÇÃO *16*

AULA 1

- Qualidades do som *19*
- Pauta ou pentagrama *19*
- Claves *20*
  - Clave de sol *21*
  - Clave de fá *21*
    - dó central; grave e agudo e sua relação com os instrumentos musicais *21*
- Questionário *23*

AULA 2

- Valores positivos (figuras/notas) *24*
- Valores de um e de dois tempos (semínima e mínima) *24*
  - cabeça de nota e haste; direcionamento das hastes (semínima e mínima) *24*
- Questionário *26*

AULA 3

- Compasso *27*
  - numerador e denominador; classificação dos compassos; compassos simples *27*
- Barras de compasso *27*
  - Pauta dupla e pautas múltiplas *27*
- Questionário *29*

AULA 4

- Ponto de aumento *30*
  - Linha suplementar *30*
  - mínima pontuada *30*
- Questionário *32*

AULA 5

- Valores negativos (pausas) *33*
  - pausas de semínima e de mínima; pausas de semínima e de mínima pontuada *33*
- Questionário *36*

AULA 6

- Sinais de indicação de roteiro I *37*
  - a) Ritornello *37*
  - b) *Da capo* *38*
  - c) Ao 𝄋 ou *Dal* 𝄋 ou D𝄋 *39*
- Questionário *40*

AULA 7
- Semibreve   *41*
  - relação semibreve, mínima e semínima; pausa de semibreve   *41*
- Unidade de tempo   *42*
  - denominadores 1, 2 e 4   *42*
- Questionário   *46*

AULA 8
- Aumento da extensão do registro agudo (até sol 4)   *47*
- Questionário   *49*

AULA 9
- Aumento da extensão do registro grave (até fá 1)   *50*
- Questionário   *52*

AULA 10
- Colcheia   *53*
  - relação colcheia, semínima, mínima e semibreve; colchete; colcheias isoladas e agrupadas   *53*
- Pausa de colcheia   *54*
  - direcionamento das hastes (colcheia)   *54*
- Questionário   *61*

AULA 11
- Sinais de indicação de roteiro II (continuação)   *62*
  - a) Casa de primeira vez e casa de segunda vez   *62*
  - b) Parte (A), Parte (B)   *64*
- Questionário   *65*

AULA 12
- Representação da marcação dos tempos em compasso simples   *66*
  - Tempo fraco/tempo forte (impulso/apoio)   *66*
- Questionário   *67*

AULA 13
- Espaçamento   *68*
- Questionário   *70*

AULA 14
- Anacruse, compasso anacrústico, compasso tético e compasso acéfalo   *71*
- Notas entre parênteses   *71*
- Compasso final incompleto   *72*
- Questionário   *72*

AULA 15

- Figuras que caíram em desuso (máxima, longa e breve) *73*
  - sua relação com a semibreve *73*
- ✍ Questionário *73*

AULA 16

- Semitom *74*
- Sustenido, bemol e bequadro *74*
- ✍ Questionário *76*

AULA 17

- Semitom e tom *77*
  - semitom e tom ascendentes e descendentes, cromáticos e diatônicos, semitons naturais *77*
- ✍ Questionário *80*

AULA 18

- Ligaduras sobre notas iguais *81*
- ✍ Questionário *82*

AULA 19

- Ligaduras de expressão *83*
  - como são interpretadas por diferentes instrumentos *83*
- ✍ Questionário *84*

AULA 20

- Compasso **C** *85*
- Armadura de clave *85*
- Tacet *86*
- Fermata *86*
- ✍ Questionário *87*

AULA 21

- Síncope (I) *88*
  - síncopes regulares e irregulares *89*
- ✍ Questionário *93*

AULA 22

- Linhas suplementares (até duas linhas) *94*
  - linhas suplementares superiores e inferiores; extensão de dó 1 a dó 5 *94-95*
- ✍ Questionário *99*

AULA 23
- Sinais indicadores de oitavas *100*
- ✍ Questionário *101*

AULA 24
- Quiáltera (I) *102*
  - classificação das quiálteras *102*
- ✍ Questionário *106*

AULA 25
- Padrão *shuffle* *107*
- ✍ Questionário *110*

AULA 26
- Pentacorde maior *111*
  - disposição de tons e semitons no pentacorde maior *111*
- ✍ Questionário *112*

AULA 27
- Formando tríades a partir do pentacorde maior *113*
  - definição de harmonia *113*
- ✍ Questionário *115*

AULA 28
- Intervalos (I) *116*
  - intervalo melódico e intervalo harmônico *116*
  - segunda maior, terça maior, quarta justa e quinta justa *116*
- ✍ Questionário *118*

AULA 29
- Graus do pentacorde *119*

AULA 30
- Solfejos por graus (até o quinto grau) *123*

AULA 31
- Metrônomo *126*
  - indicação de andamento baseada em batidas por minuto *126*
- Andamento (fixos e expressões) *126*
  - expressões utilizadas; nuances *126-127*
- ✍ Questionário *130*

AULA 32
- ❏ Sinais de indicação de roteiro III (continuação) *131*
  - ⊕ (coda) *131*
- ✍ Questionário *133*

AULA 33
- ❏ O compasso ₵ *134*
  - sua relação com o compasso **C**; unidade de tempo em ₵ *134*
- ✍ Questionário *136*

AULA 34
- ❏ Abreviações (I): abreviações usadas para figuras rítmicas *137*
- ❏ Síncopes freqüentemente usadas em **C** e/ou ₵ *138*
- ✍ Questionário *142*

AULA 35
- ❏ Semicolcheia *144*
  - quadro comparativo dos valores; formas de representação da semicolcheia; pausa de semicolcheia *144*
- ❏ Relação colcheia/semicolcheia *145*
- ✍ Questionário *150*

AULA 36
- ❏ Os quatro elementos da música *151*
- ❏ Acordes / Intervalos (II) *151*
  - acorde; classificação dos acordes; cifragem *151-152*
- ❏ Tríade maior *152*
  - formação da tríade maior; intervalos encontrados na tríade maior *152*
- ❏ Tríade menor *153*
  - formação da tríade menor; intervalos encontrados na tríade menor *153*
  - cifragem das tríades maiores e menores *155*
- ✍ Questionário *156*

AULA 37
- ❏ Quiáltera (II) *157*
- ❏ Tercinas *157*
  - combinações mais usadas *157*
- ✍ Questionário *163*

AULA 38
- ❏ Compasso composto *164*
  - correspondência com os compassos simples; denominadores utilizados; unidade de tempo *164-165*
  - ❏ Representação da marcação dos tempos em compasso composto *165*
- ✍ Questionário *168*

AULA 39

- Unidade de compasso *169*
- Hastes: direcionamento e espaçamento *169*
- Alinhamento *169*
- ✎ Questionário *170*

AULA 40

- Tríade aumentada *171*
  - cifragem da tríade aumentada *171*
- Dobrado sustenido *171*
- Tríade diminuta *172*
- Dobrado bemol *172*
  - cifragem da tríade diminuta *173*
- ✎ Questionário *174*

AULA 41

- Quiátera (III) *175*
  - três notas contra dois tempos (duas pulsações) *175*

AULA 42

- Intervalos (III) *177*
  - Intervalos ascendentes *177*
    - 3ª maior, 3ª menor, 5ª justa, 5ª aumentada e 5ª diminuta *177*
  - Intervalos descendentes *178*
    - 3ª maior, 3ª menor, 5ª justa, 5ª aumentada e 5ª diminuta *177*
- ✎ Questionário *180*

AULA 43

- Síncope (II) – síncopes encontradas em subdivisões do tempo *181*
  - contratempo regular e contratempo irregular *181*
- ✎ Questionário *184*

AULA 44

- Leitura rítmica variada *185*

AULA 45

- Tríades complementares *189*
  - Tríade com quarta *189*
  - Tríade dois *190*
- Intervalos: quarta e segunda *190*
  - quarta justa e quarta aumentada; segunda maior e segunda menor *190-191*
  - Intervalos descendentes: quarta e segunda *192*
- ✎ Questionário *193*

AULA 46

- Abreviações (II) e outros símbolos *194*
  - compassos de espera, repetição de compassos; trêmolos simples e duplos; compassos numerados *194-195*
- Questionário *196*

AULA 47

- Solfejos por graus (variados) *197*

AULA 48

- Sinais de dinâmica e intensidade *200*
- Questionário *201*

AULA 49

- Exercícios de independência e coordenação rítmica (I) *202*

AULA 50

- Música tonal *204*
  - considerações sobre tonalidade e tom, escala e modo, música tonal e música modal *204*
  - Tonalidades maiores (escalas maiores/tetracordes) *204*
- Círculo das quintas (espiral das tonalidades maiores e seus acidentes) *206*
- Graus *206*
  - Graus tonais *206*
- Tonalidades maiores e suas respectivas armaduras *207*
- Questionário *208*

AULA 51

- Dois pontos de aumento *209*
- Questionário *211*

AULA 52

- Intervalos (IV): intervalos encontrados na escala maior *212*
  - distância em tons e semitons desses intervalos; intervalos de sexta, sétima e oitava *212*
  - Variantes para os intervalos da escala maior (sexta e sétima) *213*
  - Sextas, sétimas e oitavas descendentes *213*
- Questionário *214*

AULA 53

- Síncope (III): síncope de um quarto de tempo *215*

AULA 54

- Quadro geral dos intervalos simples (dentro de uma oitava) *220*
- Intervalos consonantes e intervalos dissonantes *221*

AULA 55
- Sinais de articulação *222*
  - legato, staccato, staccato/legato, acento forte, tenuto ou sostenuto e acento curto *222-223*
- ✎ Questionário *223*

AULA 56
- Tons relativos *224*
- Tonalidade menor/escala menor/modos da tonalidade menor (natural, harmônico e melódico) *224*
- Tons homônimos *225*
- Graus modais *225*
- ✎ Questionário *226*

AULA 57
- Exercícios de independência e coordenação rítmica (II) *227*

AULA 58
- Tons vizinhos *229*
  - vizinhos diretos e vizinhos indiretos; tons afastados *229*
- ✎ Questionário *230*

AULA 59
- Fusa e semifusa *231*
  - quadro comparativo dos valores *231*
- ✎ Questionário *235*

AULA 60
- Aumento da extensão dos registros grave e agudo (três e quatro linhas suplementares) *236*

AULA 61
- Enarmonia *240*
- ✎ Questionário *242*

AULA 62
- Exercícios de independência e coordenação rítmica (III) *243*

AULA 63
- Leitura métrica na clave de fá com padrão *shuffle* *250*

AULA 64
- Quiáltera de seis notas contra uma nota ou pulsação *252*
- Quiáltera de duas ou quatro notas contra três notas ou pulsações *252*
- Quiáltera de três notas contra quatro notas ou pulsações *252*

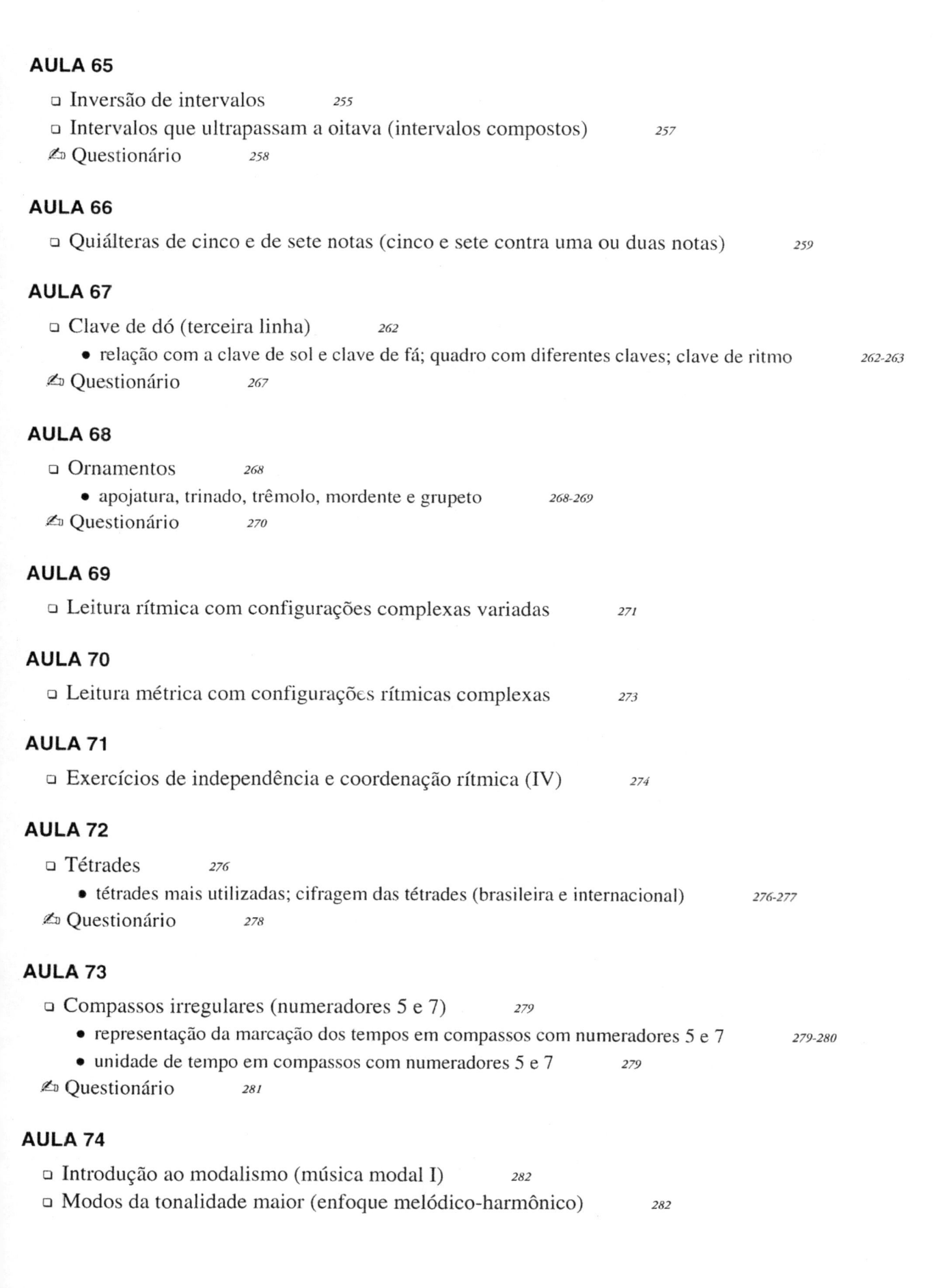

AULA 65
- Inversão de intervalos *255*
- Intervalos que ultrapassam a oitava (intervalos compostos) *257*
- ✍ Questionário *258*

AULA 66
- Quiálteras de cinco e de sete notas (cinco e sete contra uma ou duas notas) *259*

AULA 67
- Clave de dó (terceira linha) *262*
  - relação com a clave de sol e clave de fá; quadro com diferentes claves; clave de ritmo *262-263*
- ✍ Questionário *267*

AULA 68
- Ornamentos *268*
  - apojatura, trinado, trêmolo, mordente e grupeto *268-269*
- ✍ Questionário *270*

AULA 69
- Leitura rítmica com configurações complexas variadas *271*

AULA 70
- Leitura métrica com configurações rítmicas complexas *273*

AULA 71
- Exercícios de independência e coordenação rítmica (IV) *274*

AULA 72
- Tétrades *276*
  - tétrades mais utilizadas; cifragem das tétrades (brasileira e internacional) *276-277*
- ✍ Questionário *278*

AULA 73
- Compassos irregulares (numeradores 5 e 7) *279*
  - representação da marcação dos tempos em compassos com numeradores 5 e 7 *279-280*
  - unidade de tempo em compassos com numeradores 5 e 7 *279*
- ✍ Questionário *281*

AULA 74
- Introdução ao modalismo (música modal I) *282*
- Modos da tonalidade maior (enfoque melódico-harmônico) *282*

- Modos gregos *282*
  - jônico, dórico, frígio, lídio, mixolídio, eólio e lócrio *282*
- Questionário *284*

AULA 75
- Inversão de tríades e tétrades *285*
- Compassos alternados *286*
- Questionário *290*

AULA 76
- Relativo menor *291*
- Modos da tonalidade menor (enfoque melódico-harmônico) *291*
  - relação com os modos da tonalidade maior; modo alterado de V e diminuto de VII *291-292*
- Questionário *293*

AULA 77
- Treinamento variado com leitura *294*

AULA 78
- Escala geral *299*
  - as diferentes regiões de alturas *299*
  - Diapasão *299*
  - Escala cromática *299*
    - a utilização de bemóis e sustenidos em notas cromáticas *300*
- Questionário *301*

AULA 79
- Modos (continuação) – introdução ao solfejo modal *302*
  - Modo dórico *302*
  - Modo frígio *303*
  - Modo lídio *305*
- Questionário *306*

AULA 80
- Modos (continuação) *307*
  - Modo mixolídio *307*
  - Modo eólio *308*
- Questionário *310*

AULA 81
- Modalismo (música modal II - hibridismo modal) *311*
  - jônico/lídio, jônico/mixolídio, lídio/mixolídio, jônico/dórico *311-313*
- Questionário *314*

AULA 82

- Transposição   *315*
  - Instrumentos transpositores   *315*
    - transpositores de oitava e transpositores reais (B♭, E♭, F e G)   *315*
- Questionário   *315*

AULA 83

- As vozes humanas   *316*
  - classificação das vozes   *316*
- A utilização de versos em partituras   *317*
- Questionário   *318*

BIBLIOGRAFIA   *319*

ÍNDICE POR ASSUNTO   *320*

INTRODUÇÃO

Faz-se necessário criar didática musical quando há carência do que consideramos material ideal para o aprendizado. Desde 1989, quando lancei o *Livro do músico*, venho tentando suprir a falta de material na área da música no Brasil com livros para piano, teclado, harmonia, composição e arranjo. Todos os livros nasceram da experiência didática em aula e de apostilas que criei para meus alunos.

No entanto, sempre foi um grande desafio criar o mais básico, um livro destinado a todos os estudantes de música e que abrangesse desde o bê-a-bá até assuntos adiantados em conceitos, prática de leitura e percepção musicais.

Leitura, conceitos e exercícios são fundamentais na medida em que podem nos ajudar na arte da música. Podem ser importantes para qualquer pessoa que estude ou se interesse por música, músicos de todos os instrumentos, compositores, arranjadores, engenheiros de som, enfim, qualquer um que atue direta ou indiretamente na área da música.

O desafio foi, primeiramente, elaborar o conteúdo e colocar tudo num só livro, num só volume, pois fragmentá-lo seria prejudicial, já que todos os assuntos se entrelaçam. São mais de 300 páginas, nas quais a prática é prioridade total. Aprender a ler e escrever com facilidade e sem equívocos é o grande objetivo deste trabalho. Conceitos e exercícios foram colocados para ajudar a atingir nosso objetivo.

O livro segue uma ordem sugerida no encaminhamento dos assuntos, combinando ritmo e alturas, conceitos e dicas, exercícios teóricos e questionários. No entanto, o aluno poderá optar por diferentes caminhos, seja seguir a ordem apresentada no livro ou um caminho específico, atendendo, assim, a seus anseios também específicos. Para tanto, deverá recorrer ao índice por assuntos.

Um aluno que queira se aprofundar apenas em ritmo e coordenação encontrará exercícios, leitura rítmica e conceitos para atendê-lo. Já aquele que quiser se aprofundar em emissão de alturas, também encontrará o que deseja para se aperfeiçoar. Assim, alunos que queiram dedicar-se mais à leitura em diferentes claves ou somente em conceitos teóricos encontrarão bastante material para trabalhar. Treinamentos e exercícios adicionais são sugeridos.

Quanto ao treinamento de percepção, optei por não criar exercícios específicos do tipo ouça o CD (ou fita cassete) e confira as respostas no livro, pois, além de ficar um trabalho de dimensão imensa, considero que o treinamento deva ser de acordo com a necessidade de cada aluno e não deverá ser tarefa difícil para os professores criar exercícios, ditados e outros, dando ênfase aos pontos em que os alunos estejam menos treinados.

Alguns dos assuntos, conceitos e práticas nunca foram abordados em livros de música e, às vezes, contrariam os conceitos tradicionais em diferentes áreas, mas são, a meu ver, o que necessitamos para um bom desempenho. Outros mais tradicionais, cheguei a recorrer a apostilas e publicações, me influenciaram, como o livro do Paul Hindemith, *Treinamento elementar para músicos*, e, especialmente, o material criado por minha saudosa professora Esther Scliar, de quem utilizei alguns conceitos encontrados em seu livro *Elementos de teoria musical*.

Além da bibliografia sugerida no fim do livro, o aluno poderá encontrar material específico extra em livrarias, lojas de música e bibliotecas, para maior aprofundamento em certas questões.

Dedico este trabalho a Esther Scliar e a todos os meus mestres e alunos, pois, sem eles, não haveria o livro.

Para o professor

O professor não deverá ser aquela figura passiva que, simplesmente, aplica os exercícios pedidos no livro, mas sim um agente atuante e criativo, em sintonia com seus alunos, para criar e debater de acordo com a necessidade e, assim, tornar a aula um momento de prazer e energia. Tem por obrigação perceber se um aluno tem mais facilidade para um ou outro elemento de nosso estudo e saber compensar as lacunas de cada um com treinamento extra. Deverá despertar no aluno o desejo da prática, da pesquisa e do amor à música. Terá de estar atento para não frear o aluno que, por exemplo, no início do curso, demonstre facilidade para alturas ou para o ritmo. Nesse caso, poderá antecipar treinamentos específicos, como o de leitura com emissão exata de alturas, que poderá ser dado desde o início do livro, e assuntos do estudo do ritmo para o aluno que apresentar maior facilidade para tal.

Alertamos aqui para o fato de que alguns assuntos, apesar de não serem repetidos, devem ser aplicados, ao longo de todo o curso, a partir do momento em que forem apresentados. Isso ocorre, por exemplo, com os sinais de indicação e roteiro, dinâmica, ligaduras de expressão, andamento, abreviações etc., e tipos de exercícios, como completar compassos, assinalar ou identificar, reescrever, corrigir um trecho usando compasso ou clave diferente, desenhar figuras, corrigir espaçamento, exercícios preparatórios para leitura rítmica etc.

Leitura

Tocar um instrumento (incluindo a voz) é a nossa chance de poder acompanhar o movimento da vida e gerar energia através da música. A leitura pode não ser tão fundamental quanto tocar um instrumento mas, certamente, ajudará bastante o músico a expandir seu universo.

O nosso estudo trata da leitura procurando objetivar seu conhecimento, sua destreza, visando a um bom desempenho no mercado profissional. Quanto à altura dos sons, apresentamos treinamentos com leitura de notas visando a aumentar a rapidez no reconhecimento das diferentes alturas em diferentes claves. O domínio da leitura nas três claves abordadas é de grande importância e, no mínimo, o aluno deverá ler com facilidade nas claves de sol e de fá.

Saber ler (e entoar) alturas com emissão exata, seja por grau ou pronunciando os nomes das notas ou outras sílabas, é parte do nosso treinamento com alturas. O solfejo relativo (dó móvel - método Kodaly) também pode ser introduzido caso o professor considere importante.

Caso algumas alturas não se ajustem às vozes de um ou outro aluno, recursos como mudança de oitava, falsete e até mesmo transposição podem ser aplicados.

Emitir e reconhecer as diferentes alturas, seja de natureza melódica ou harmônica, isoladamente ou em combinação com diferentes ritmos pedidos, são parte ainda do estudo das alturas dos sons.

Os exercícios de percepção devem ser preparados pelo professor e aplicados em aula com diferentes timbres, evitando fazê-los somente com o piano.

A leitura métrica, intermediária entre leitura de notas e leitura rítmica, requer que se leia o ritmo pronunciando os nomes das notas.

Quanto ao estudo do ritmo, será importante saber relacionar os valores das notas e dos silêncios (pausas), bem como dos diferentes compassos, ter total domínio dos tempos (pulsações), compassos e suas subdivisões. Tem de se ler com tranqüilidade e precisão. A compreensão e a precisão na leitura das quiálteras devem ser bem trabalhadas. Nada de fazer leitura rítmica aproximada. É necessário também que todos os exercícios com leitura rímica, métrica, solfejo por graus ou solfejo completo, a partir da aula 12, sejam feitos com movimentos de marcação dos compassos. O estudo de independência rítmica, necessário a quase todos os músicos, também é abordado em nosso livro.

O aluno deverá saber ler em diferentes andamentos e o professor deverá procurar, aos poucos, acelerar o andamento dos treinamentos com leitura. É interessante notar que uma leitura rítmica simples, como as do início do livro, pode se tornar complexa se a fazemos em andamento rápido. E que certos ritmos complexos tornam-se ainda mais complicados se tivermos de lê-los em andamento lento. Portanto, fatores como estes não devem ser desprezados.

Conceitos

O importante é como a compreensão pode contribuir na arte da música. A teoria não é a música. Ela pode gerar livros, alunos e professores, mas jamais alcançará a energia que é a música. No entanto, também tem sua beleza e pode ser util no aprendizado.

O professor deverá debater sobre os assuntos abordados, criar gráficos comparativos, comparar com outros métodos e teorias tradicionais ou não, brasileiros ou estrangeiros. Deverá incentivar a pesquisa em diferentes áreas da música, incentivar os alunos para que cheguem a suas próprias conclusões e até mesmo a formular conceitos novos, mostrar a evolução dos conceitos através da história. Deverá também incentivar a discussão, o uso de terminologia brasileira sem desprezar os códigos internacionais (estrangeiros), sempre alertando para o que o estudante irá encontrar nas diferentes áreas do mercado de trabalho. Poderá incentivar ainda a possibilidade do aluno se aprofundar num assunto específico sem, no entanto, desprezar a compreensão do todo. É importante fazer ver aos alunos a real importância e o equilíbrio entre o domínio sobre o conceitual e sua relação com a arte da música.

Exercícios

Deverá ser incentivada e cobrada uma boa caligrafia. Não há nada pior para um músico do que se defrontar com uma partitura mal escrita e com caligrafia deficiente. Alinhamento, espaçamento e direcionamento de hastes corretos, posicionamento das linhas suplementares, tudo isso se faz importante exercitarmos. Da mesma forma, saber usar os acidentes, claves e diferentes indicações são metas atingidas se devidamente praticadas durante nosso estudo.

AULA 1

Qualidades do som / Pauta ou pentagrama / Claves

Qualidades do som

O som é composto de quatro elementos:

1) <u>Altura</u>, que é a capacidade de um som ser mais grave ou mais agudo, de acordo com sua freqüência (medida de altura).
2) <u>Duração</u>, que é o tempo pelo qual um som se prolonga.
3) <u>Timbre</u>, que é o colorido sonoro obtido a partir da emissão de um som. Depende da fonte sonora, do instrumento, da forma como se emite e da altura.
4) <u>Intensidade</u>, que é a capacidade de um som ser mais forte ou mais suave.

Pauta ou pentagrama

Pauta é o conjunto de cinco linhas e quatro espaços usado para se escrever música de maneira geral. Na pauta determinamos altura, durações e intensidades.

As linhas e os espaços são contados de baixo para cima. Nas linhas e espaços situados mais acima escrevemos as notas mais agudas e nas linhas e espaços situados mais abaixo, as notas mais graves:

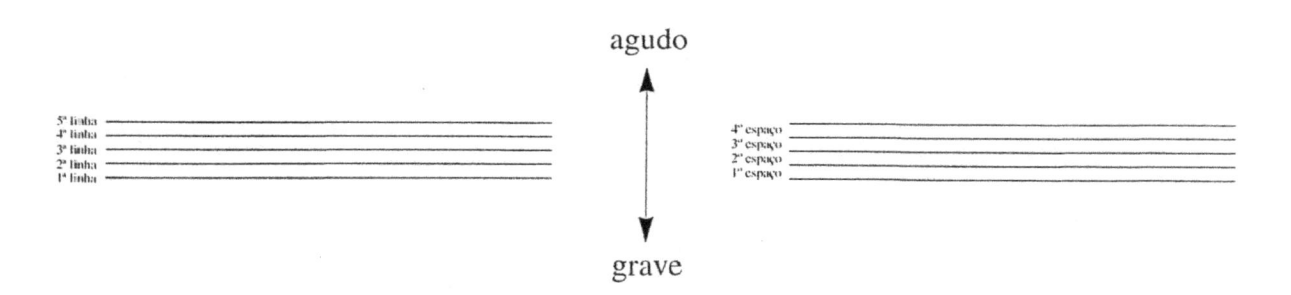

No teclado, as notas mais agudas são as que estão à nossa direita. Conforme nos encaminhamos para a direita, mais para o agudo estamos indo. Conforme tocamos notas que se encaminham mais e mais para a esquerda, mais para a região grave estamos indo:

Nos instrumentos de corda, as notas tocadas nas cordas mais finas possuem som mais agudo. Em qualquer grupo ou naipe, seja de sopro, cordas ou até mesmo percussão, os instrumentos que possuem corpo menor emitem sons mais agudos e os que possuem corpo maior emitem sons mais graves.

	cordas	metais	saxofones	tambores
mais agudo ↑	violino	trompete	sax soprano	caixa
	viola	flugelhorn	sax alto	tom-toms
	violoncelo	trombone	sax tenor	surdo
mais grave ↓	contrabaixo	tuba	sax barítono	bumbo

❑ Claves

As claves dão nome às notas musicais e situam as alturas onde essas notas deverão soar. Normalmente vêm colocadas no início da pauta.

Para instrumentos como o piano, que possui registro bem vasto, são usadas duas claves: uma para a região mais grave e outra para a região mais aguda.

As claves mais usadas são a de sol (para região ou registro mais agudo) e a clave de fá (para região mais grave).

Existem outras claves, que estudaremos mais tarde, que cobrem regiões específicas.

Exemplos:

Clave de sol na segunda linha, determinando que a nota sol deverá ser escrita na segunda linha:

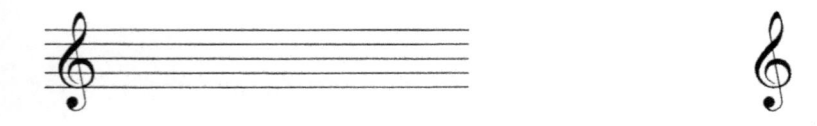

Clave de fá na quarta linha, determinando que a nota fá deverá ser escrita na quarta linha:

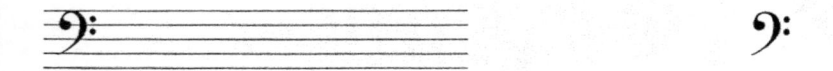

Clave de sol

A clave de sol, que é usada para as notas que vão da região média à aguda, parte do sol. Se descermos através dos espaços e linhas chegaremos ao dó central:

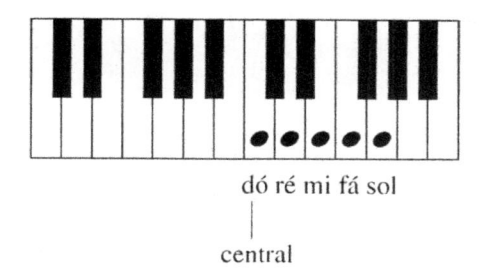

sol fá mi ré dó

dó ré mi fá sol
|
central

Chamamos de dó central a nota dó situada próxima ao centro do teclado, próxima à fechadura do piano, também conhecida como "dó da chave" ou dó 3.

Alguns instrumentos que usam a clave de sol: piano, violino, flauta, oboé, trompete, saxofone, guitarra, clarinete.

Clave de fá

A clave de fá, como falamos, é usada para notas mais graves, geralmente por instrumentos ou vozes que atuam no registro grave.

Podemos situar-nos a partir do exemplo abaixo, partindo do fá até atingirmos o dó central:

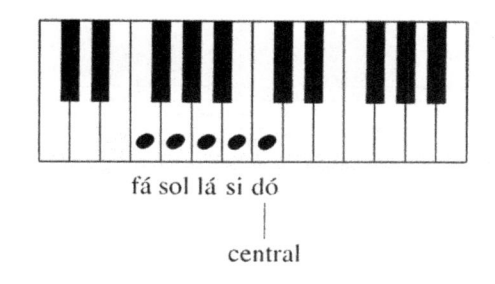

fá sol lá si dó

fá sol lá si dó
|
central

Alguns instrumentos que utilizam a clave de fá: piano, contrabaixo, violoncelo, fagote, trombone, tuba.

Leitura de notas: Identificar as notas abaixo no menor tempo possível.

1)

2)

3)

4)

Exercício: Copie na pauta as claves abaixo:

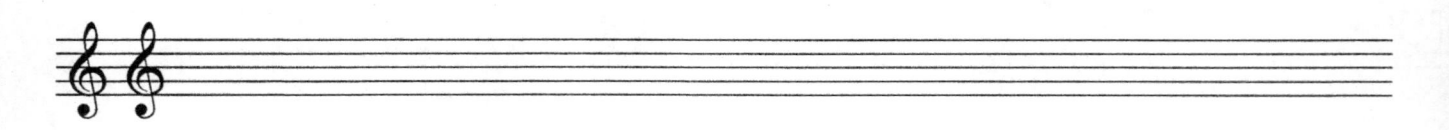

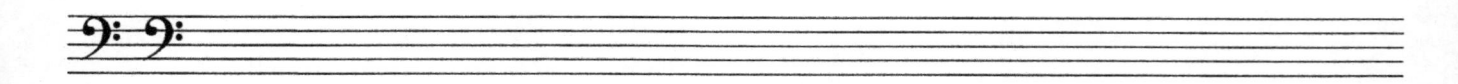

✎ **Questionário:**

1) Quais são os quatro elementos que compõem o som?
2) O que é pauta ou pentagrama?
3) Para que servem as claves?
4) Qual é a clave utilizada para os sons mais agudos?
5) E para os sons mais graves?
6) Enumere três instrumentos musicais que utilizam somente a clave de sol.
7) Enumere três instrumentos musicais que utilizam somente a clave de fá.
8) Cite um instrumento que utiliza ambas as claves: de sol e de fá.
9) Onde fica localizado o dó central?
10) Que outras denominações utilizamos para o dó central?

AULA 2

▫ Valores positivos (figuras/notas)
Valores de um e de dois tempos (semínima e mínima)

Os valores (durações) são representados por figuras rítmicas relativas. Podem ser positivos (notas) ou negativos (pausas), que estudaremos adiante. Em música, o tempo é relativo. Consideraremos, por enquanto, como valor positivo de um tempo a figura conhecida como semínima e como valor de dois tempos, a mínima. Tempo, neste caso, é a pulsação, a batida.

As figuras são constituídas por cabeça de nota e haste.

cabeça de nota: ●   haste: |

Mais tarde veremos que existe uma figura que não utiliza haste. Veremos que um novo elemento, o colchete, será também utilizado para os valores mais curtos.

♩ semínima (valerá, por enquanto, um tempo)

𝅗𝅥 mínima (valerá, por enquanto, dois tempos)

Exemplo: mínimas e semínimas e sua relação com batidas de tempo:

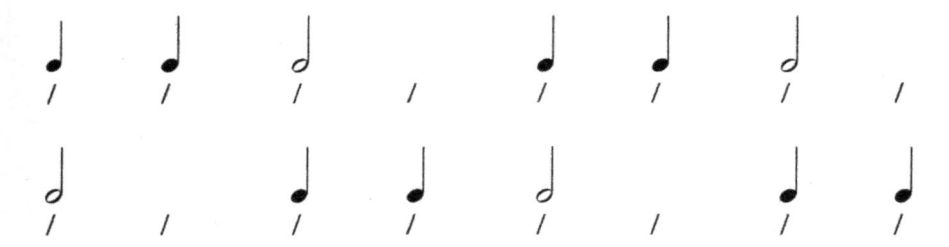

Leitura rítmica

Ler o ritmo, pronunciando *pá, tá* ou outra sílaba, marcando as batidas de tempo com a mão ou o pé.

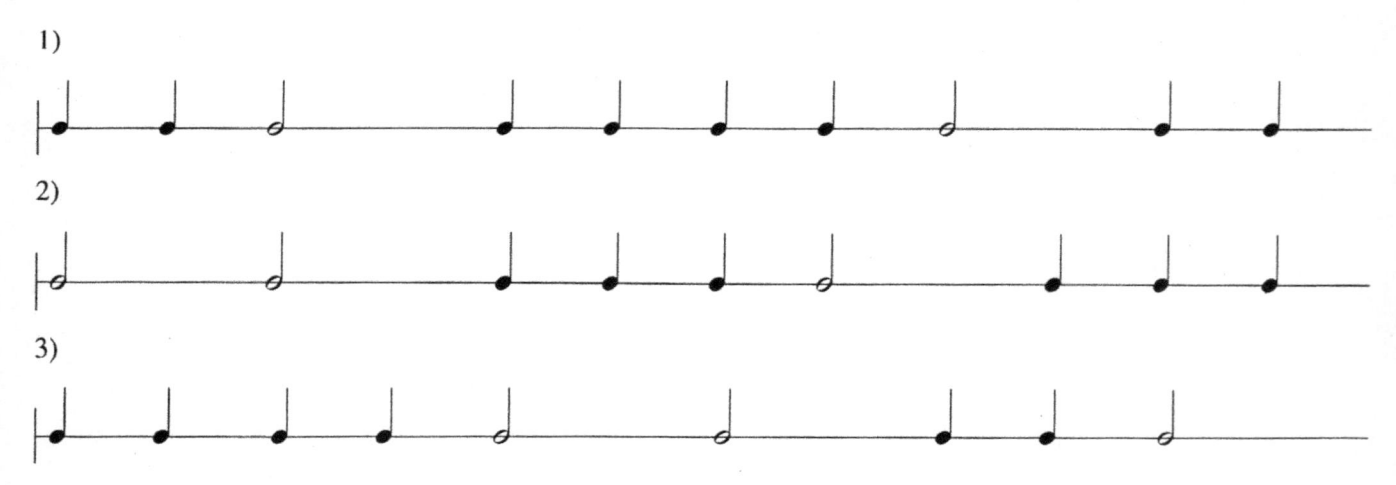

1)

2)

3)

Leitura métrica

Ler as notas, pronunciando seus nomes, com durações exatas, sem entoar as alturas.

Obs.: Quando as notas escritas na pauta estiverem abaixo da terceira linha, usaremos hastes para cima. Quando estiverem acima, usaremos hastes para baixo.

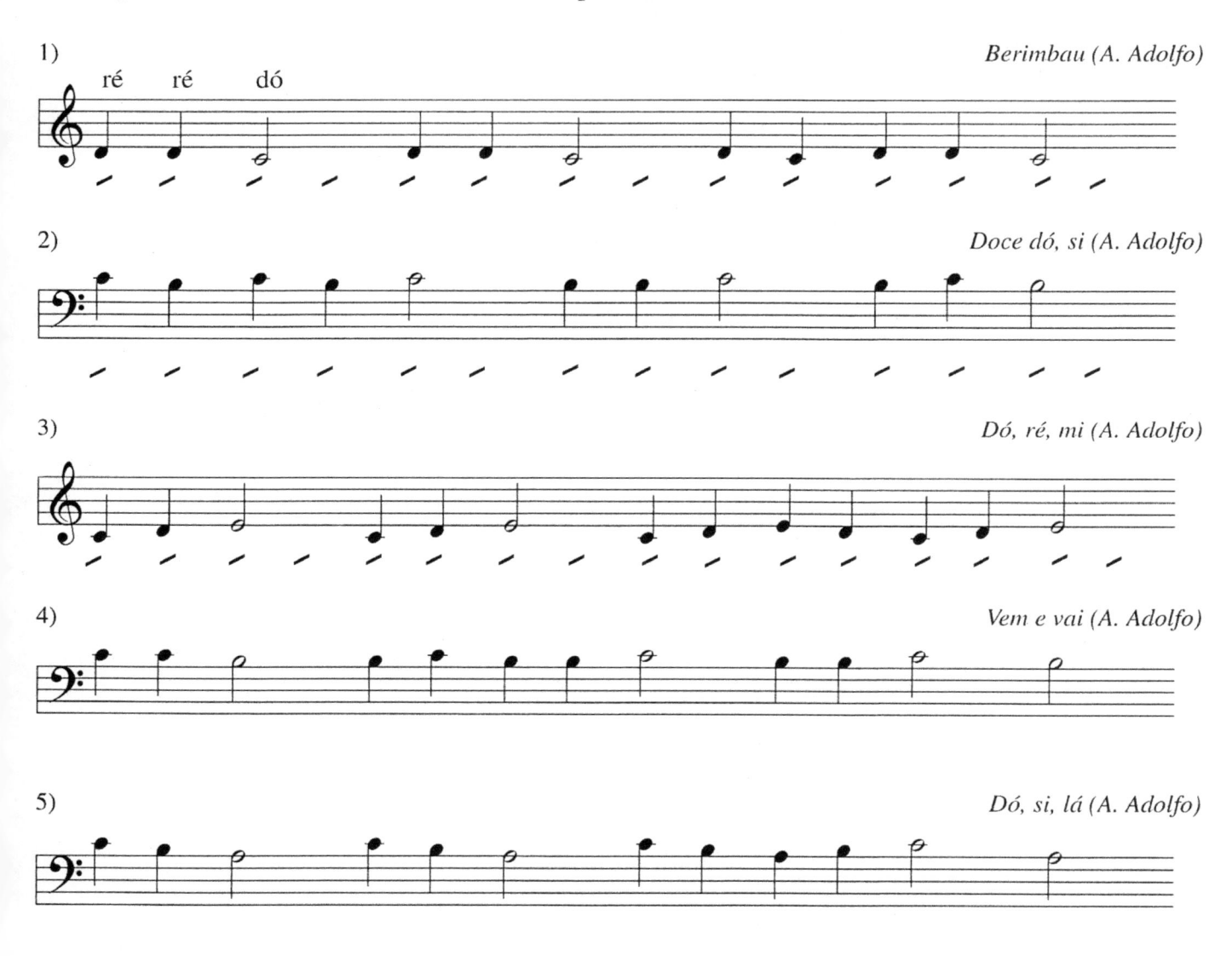

1) *Berimbau (A. Adolfo)*

2) *Doce dó, si (A. Adolfo)*

3) *Dó, ré, mi (A. Adolfo)*

4) *Vem e vai (A. Adolfo)*

5) *Dó, si, lá (A. Adolfo)*

Exercício: Copiar, dando nome, as notas escritas abaixo.

✐ Questionário:

1) Como são representados os valores ou durações em música?
2) De que elementos são constituídas as figuras?
3) Qual a figura que valerá um tempo a partir de agora?
4) Qual a figura que valerá dois tempos?
5) Desenhe uma semínima e uma mínima. (Use hastes a seu critério)

AULA 3

▫ Compasso

Compasso é a (representação da) unidade métrica em que está dividida uma música. É formado por tempos agrupados. Os tempos ou pulsações podem estar agrupados de dois em dois, três em três etc.

É representado por números sobrepostos, colocados ao lado da clave, sendo que o superior (numerador) representa quantidade de tempos e o inferior (denominador), a figura que corresponde a um tempo.

Os compassos podem ser classificados quanto ao número de tempos e quanto a sua heterogeneidade.
Quanto ao número de tempos, podem ser binários, ternários, quaternários, quinários etc.
Quanto a sua heterogeneidade, podem ser simples, compostos ou irregulares.
Estudaremos, por enquanto, os compassos simples, que apresentam as características abaixo:

– binário (dividido em dois tempos)
– ternário (dividido em três tempos)
– quaternário (dividido em quatro tempos)

▫ Barras de compasso

Podemos representar a divisão do ritmo musical por meio de linhas verticais chamadas barras de compasso. Elas podem separar os compassos conforme vimos acima.
No fim de um trecho musical usamos barra dupla e no fim de uma música usamos barra final.

▫ Pauta dupla e pautas múltiplas

Quando temos música escrita para duas claves, em pauta dupla, utilizamos uma única barra cortando as duas pautas:

De dois em dois (A. Adolfo)

Quando escrevemos para um conjunto musical ou orquestra, utilizamos pautas múltiplas.

Leitura métrica

1)

2)

3)

4)

Blues (A. Adolfo)

Treinamento adicional: A partir deste momento, o professor deverá criar exercícios de percepção para os alunos de acordo com o seu desenvolvimento.

✎ **Questionário:**

1) O que é compasso?
2) Como podemos classificar os compassos?
    a) quanto ao número de tempos?
    b) quanto à heterogeneidade?
3) Para que servem as barras de compasso?
4) Que tipos de barra devemos utilizar?
    a) para finalizar um trecho?
    b) para finalizar uma música?
5) O que determina o numerador?
6) O que determina o denominador?
7) Em que situação utilizamos pauta dupla?
8) Como deverão ser as pautas para um grupo orquestral?

AULA 4

▫ Ponto de aumento

Um ponto colocado ao lado direito de uma nota faz aumentar sua duração em metade do valor. Uma mínima pontuada, portanto, valerá três tempos:

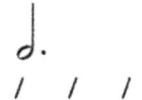

Como podemos observar, se a nota pontuada estiver escrita em uma das linhas, seu ponto de aumento ficará no espaço imediatamente superior:

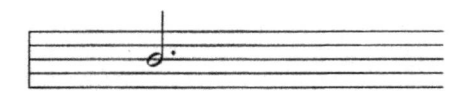

O mesmo ocorre com notas como o dó central, que utiliza linha suplementar, cuja finalidade é aumentar a extensão de alturas da pauta musical:

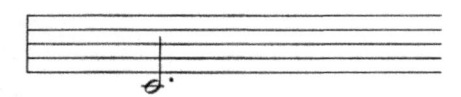

Exercício: Desenhe na pauta abaixo mínimas pontuadas em diferentes alturas. Utilize hastes para cima ou para baixo, conforme princípio dado na aula anterior.

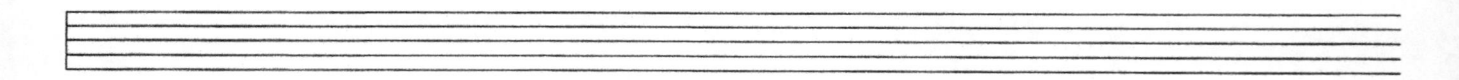

Leitura rítmica (obs.: serão utilizadas hastes em ambas as direções)

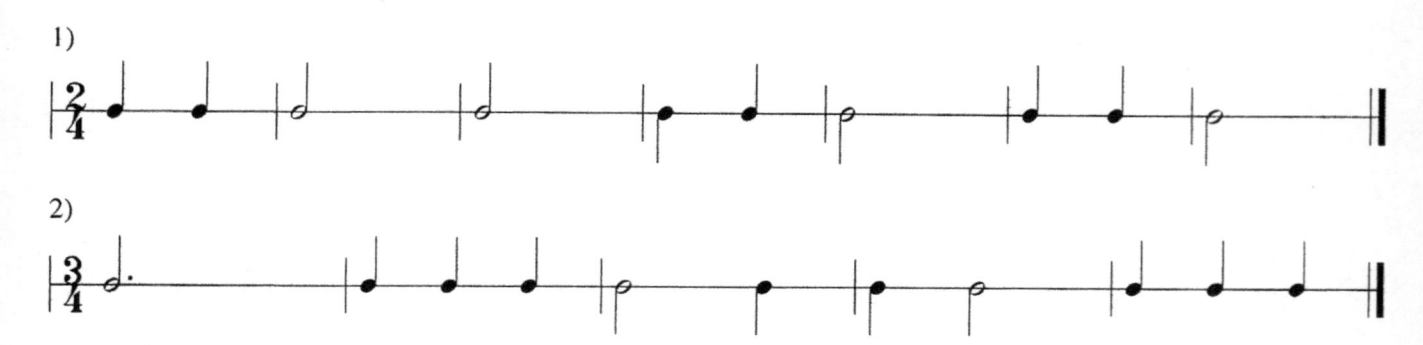

1)

2)

3)

4)

5)

Leitura métrica

Valsa (A. Adolfo)

✎ **Questionário:**

1) Para que serve o ponto de aumento?
2) Quantos tempos (batidas de tempo) valerá uma mínima pontuada?
3) Em que situações devemos colocar o ponto de aumento no espaço imediatamente superior?
4) Com que finalidade é utilizada a linha suplementar?

AULA 5

❏ Valores negativos (pausas)

Em música temos figuras para representar silêncio. A essas figuras damos o nome de pausas ou "valores negativos" (como alguns as denominam em contraposição aos valores positivos, que são as notas ou figuras). Consideraremos, por enquanto, a pausa de semínima (um tempo) e a de mínima (dois tempos).

Eis como são representadas:

pausa de semínima – um tempo de descanso/silêncio:

pausa de mínima (situada acima da terceira linha) – dois tempos de descanso/silêncio:

Assim como para notas, podemos também encontrar pausas pontuadas, cujo ponto corresponderá à metade de seu valor, neste caso, tempo de descanso:

Exercício: Desenhe na pauta abaixo uma pausa de semínima e diga quantos tempos vale.

Uma semínima vale ....

Exercício: Desenhe na pauta abaixo uma pausa de mínima e diga quantos tempos vale.

Uma mínima vale ....

Às vezes uma música poderá começar com pausa ao invés de nota (figura positiva). Neste caso é preciso contar os tempos que antecedem a primeira nota:

O nordestino (A. Adolfo)

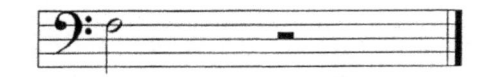

Leitura rítmica

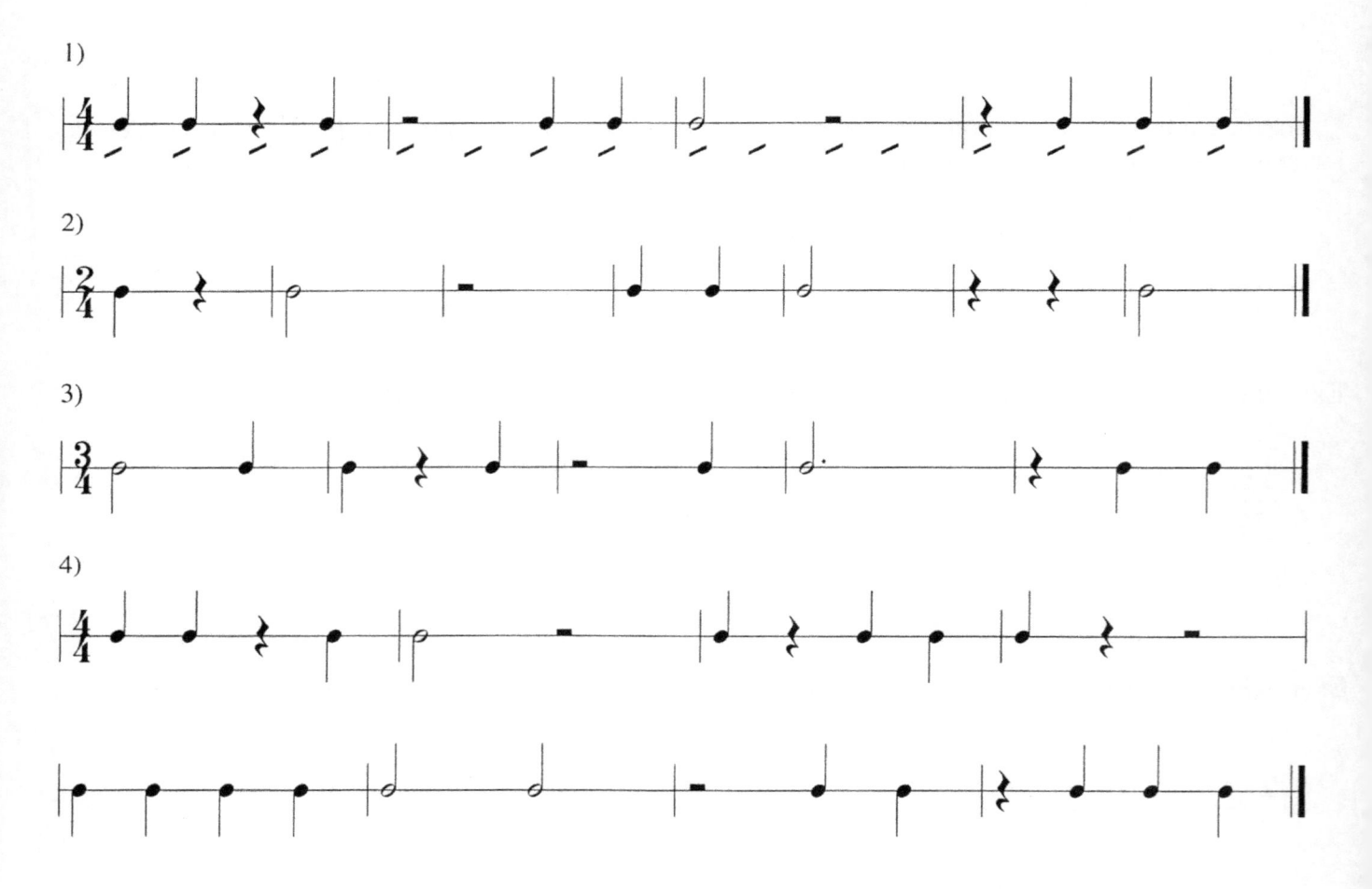

1)

2)

3)

4)

Leitura métrica

1)

2)

3)

4)

Exercício: Completar os compassos e ler o que escreveu.
Obs.: Procure escrever algo que possa ser lido sem muita dificuldade.

1)

2)

3)

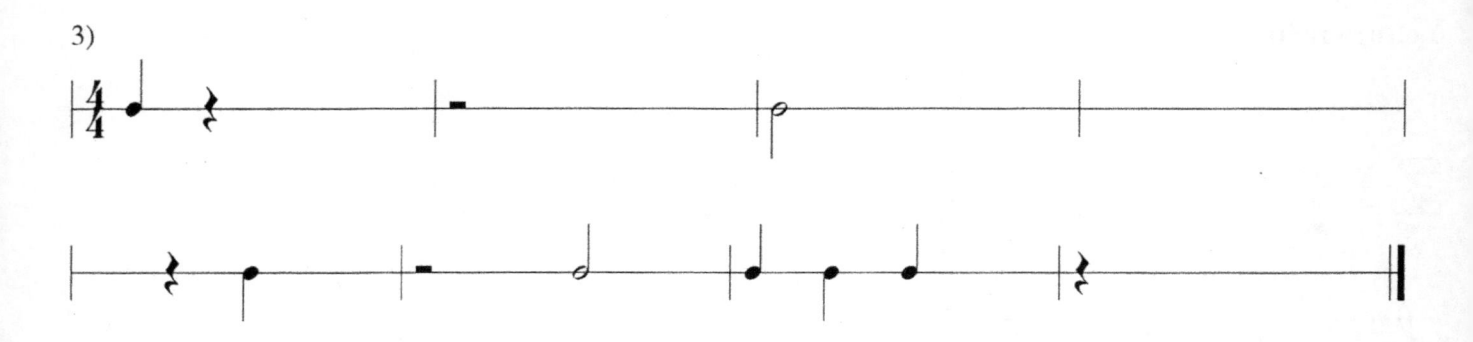

Exercício adicional: Professor deverá criar exercícios similares ao anterior.

Questionário:

1) Como denominamos figuras que representam silêncio?
2) Que outro nome podemos ter para as figuras que representam silêncio?
3) Desenhe uma pausa de semínima.
4) Desenhe uma pausa de mínima.
5) A quantos tempos corresponde uma pausa de mínima pontuada?

AULA 6

Sinais de indicação de roteiro I

a) Ritornello

Os pontinhos colocados antes de uma barra dupla são chamados de ritornello e nos instruem a repetir um trecho musical qualquer.

Exemplos:

1) retornando ao início de uma música:

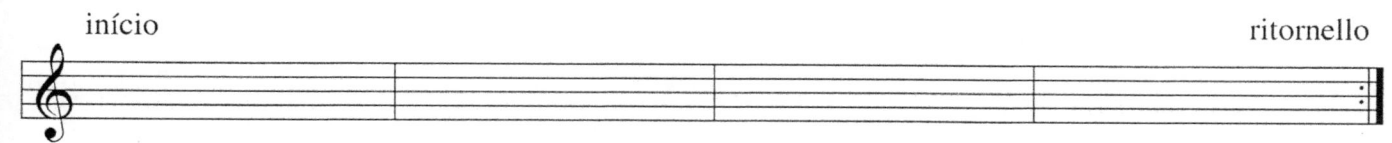

2) retornando a outro ponto que não o início de uma música:

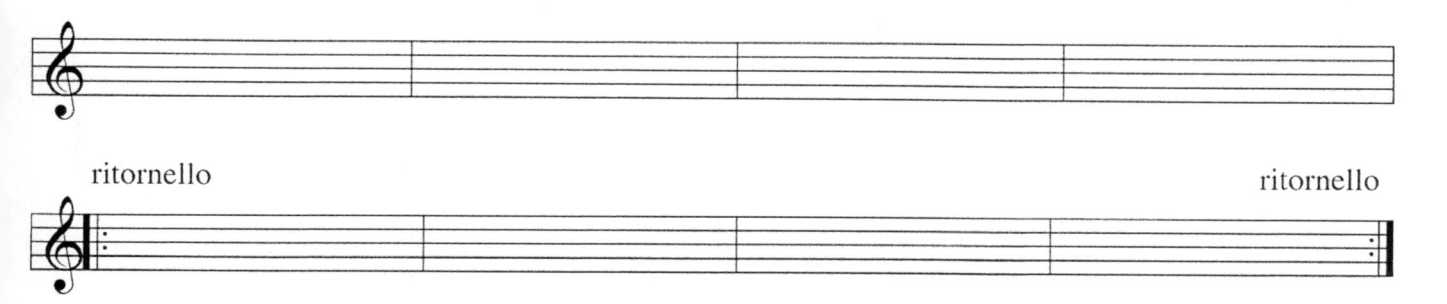

Leitura métrica

1)

2)

3)

Leitura rítmica

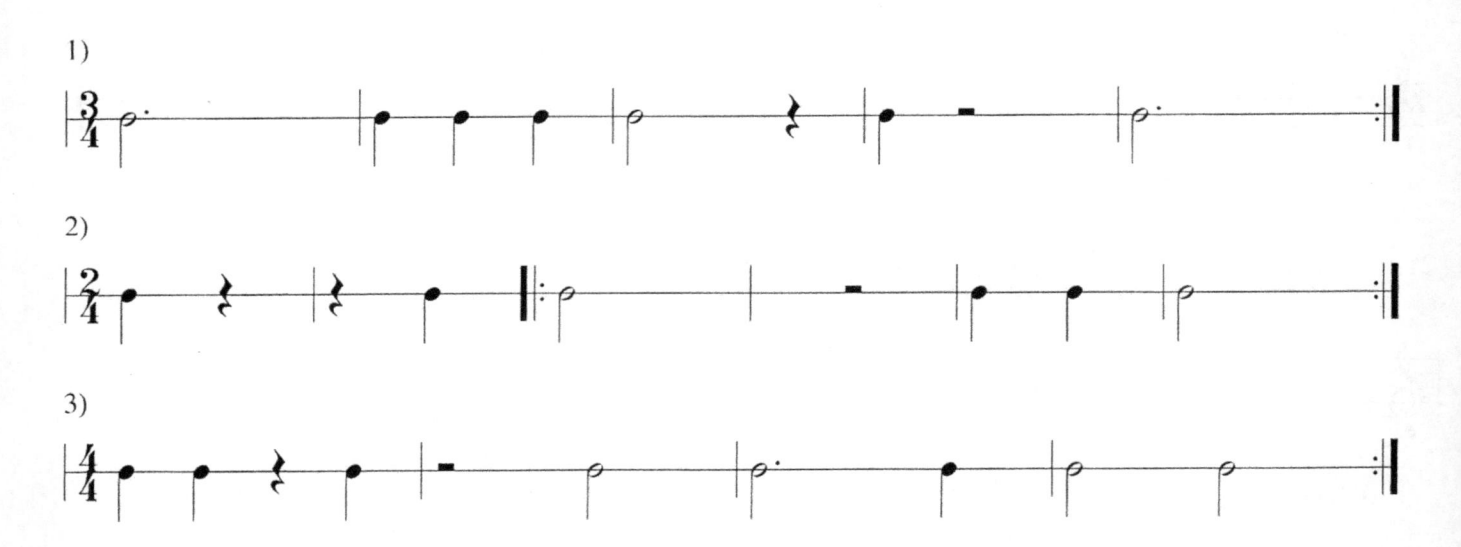

1)

2)

3)

▫ b) *Da capo*

O termo *Da capo* ou *D.C.* indica voltar ao início da música.

Exemplo:

Ensaiando uma guarânia (A. Adolfo)

D.C.

Neste caso, o uso da abreviação *D.C.* (da cabeça, em italiano) nos instruiu a voltarmos para o início. *D.C. al fine* (fim) indica que voltamos ao início, até atingirmos o ponto determinado para ser o fim (*fine*) de uma música, não, necessariamente, a última nota escrita.

Leitura métrica

D.C. al fine

Fine

Na leitura acima, o fim (*fine*) deverá ser a nota dó.

c) Ao 𝄋 ou *Dal* 𝄋 ou *D*𝄋

São termos que indicam volta a um determinado ponto marcado com o sinal 𝄋, que quer dizer *dal segno* (italiano), ou seja, do sinal. No Brasil, chamamos, simplesmente, de esse (por se assemelhar à letra esse).

Exemplo:

Valsa (A. Adolfo)

Dal 𝄋

Leitura métrica

FIM

Ao 𝄋 e FIM

✍ **Questionário:**

1) Com que finalidade utilizamos:
   a) Ritornello
   b) *Da capo*
   c) Ao 𝄋
2) Quais são as duas possibilidades para uso do ritornello?
3) O que significa o termo *Da capo*?
4) O que significa o termo *Da capo al fine*?
5) 𝄋 é uma sigla representativa de que termo musical?

AULA 7

Semibreve / Unidade de tempo

◦ Semibreve

A semibreve, que é representada por nota branca sem haste, vale o dobro da mínima. Isso quer dizer que, se a mínima valer 2 tempos, a semibreve valerá 4, e a semínima, 1 tempo.

Eis um gráfico com os valores de 1, 2 e 4 tempos:

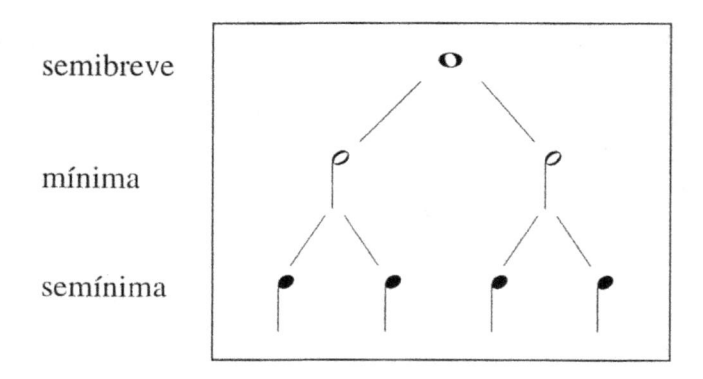

Exemplo com respectivas batidas de tempo:

O mesmo ocorre com as pausas.

Eis a pausa de semibreve, que corresponderá a 4 tempos de descanso. Observe que ela está escrita logo abaixo da quarta linha.

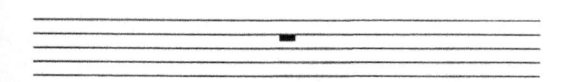

Vamos comparar as pausas de semibreve e de mínima:

pausa de semibreve — abaixo da 4ª linha

pausa de mínima — acima da 3ª linha

A semibreve, em nosso sistema relativo de valores rítmicos, é a figura que tem maior duração. Ela é o ponto de partida para as subdivisões.

Semibreve (figura inteira) valerá 4 tempos   1 = 4 tempos
Mínima (metade da semibreve) valerá 2 tempos   /2 = 2 tempos
Semínima (1/4 da semibreve) valerá 1 tempo   /4 = 1 tempo

▫ Unidade de tempo

Por esta fórmula podemos chegar aos denominadores usados. Os denominadores referem-se à unidade de tempo (figura que vale 1 tempo).

denominador 1 = semibreve como figura básica de 1 tempo (pouco usado)
denominador 2 = mínima como figura básica de 1 tempo
denominador 4 = semínima como figura básica de 1 de tempo

Exercício: Copiar os valores e pausas pedidos: (utilize diferentes linhas e espaços)

semínima

mínima

semibreve

pausa de semibreve

pausa de mínima

pausa de semínima

Leitura rítmica

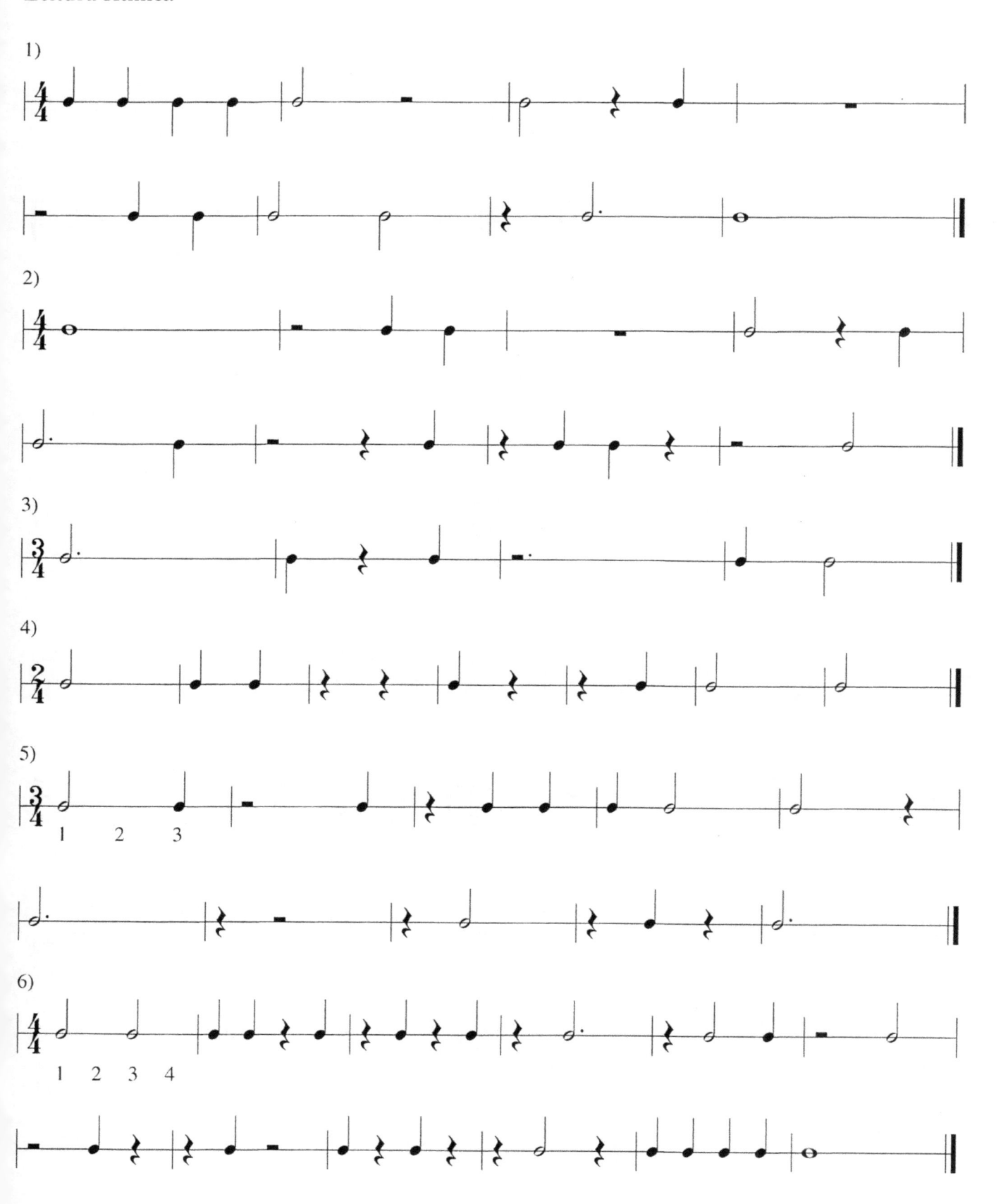

Leitura métrica

1)

2)

3)

4)

5)
Rock do ferreiro (A. Adolfo)

✎ Questionário:

1) Desenhe o gráfico representativo dos valores dados até agora.
2) Qual a figura que vale o dobro da semínima?
3) Qual a figura que vale o dobro da mínima?
4) Qual a figura que corresponde ao denominador 4?
5) Qual a unidade de tempo no compasso 3/4?

AULA 8

◻ Aumento da extensão do registro agudo (até sol 4)

A partir de agora, conheceremos todas as notas escritas dentro da pauta da clave de sol.

Considerando-se o dó central como dó 3, como visto anteriormente, estaremos alcançando o sol 4.
Para que haja boa assimilação das "novas notas" é importante que façamos bastante treinamento com leitura de notas.

Leitura de notas (identificar as notas abaixo no menor tempo possível)

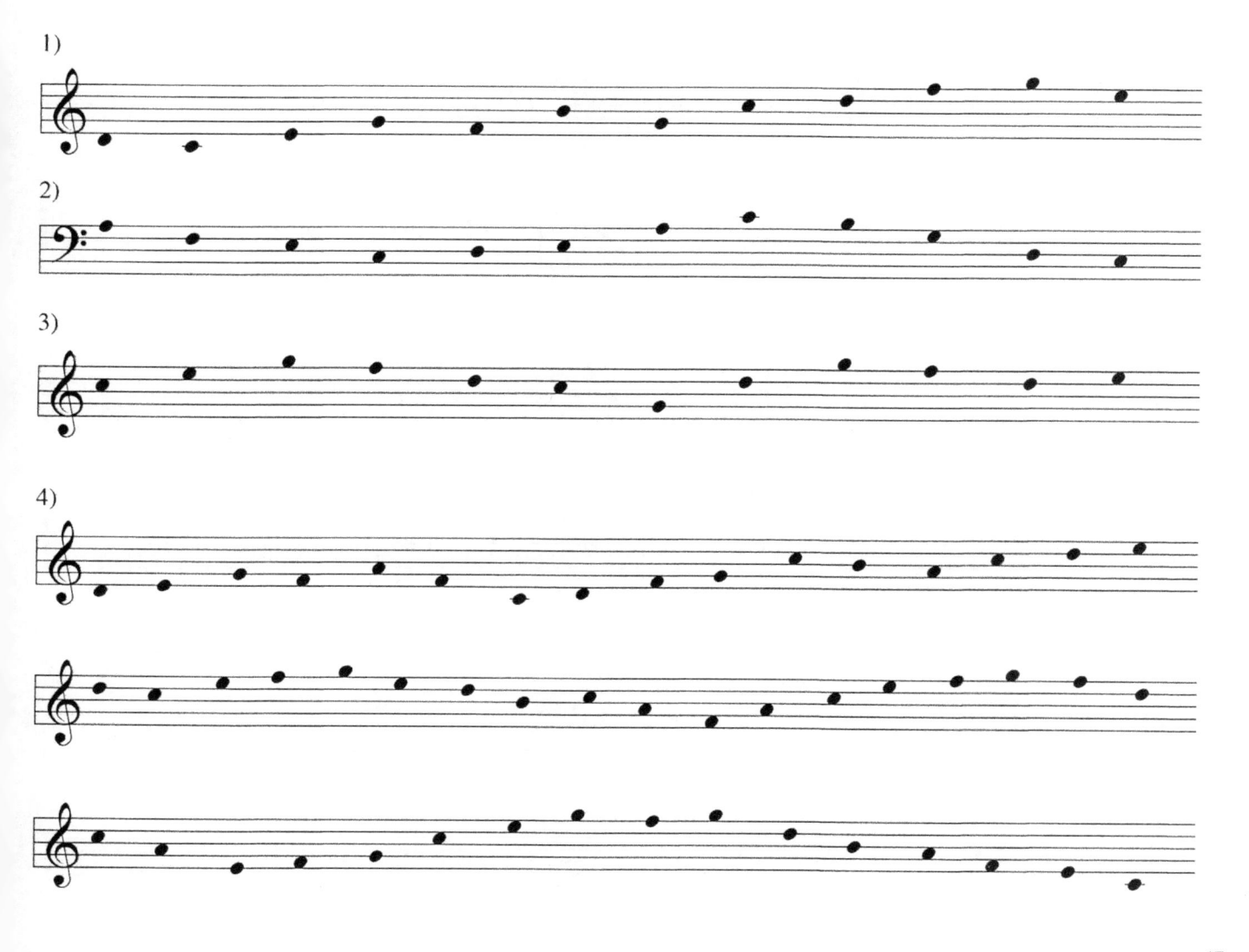

1)

2)

3)

4)

5)

À medida que forem necessários, o professor poderá aplicar exercícios adicionais.

Leitura métrica

1)

2)

3)

adaptação do folclore brasileiro

4)

[partitura]

5)
adaptação de tema de Schumann

[partitura]

✎ **Questionário:**

1) Qual o nome das notas situadas:
   a) no terceiro espaço da clave de sol?
   b) na quinta linha da clave de sol?
   c) no quarto espaço da clave de sol?
   d) na quarta linha da clave de sol?
   e) no espaço superior da clave de sol?

AULA 9

Aumento da extensão do registro grave (até fá 1)

A partir de agora, conheceremos todas as notas escritas dentro da pauta da clave de fá.

dó   si   lá   sol   fá   mi   ré   dó   si   lá   sol   fá

Se considerarmos o dó central como dó 3, como visto anteriormente, chegamos até o fá 1.

Leitura de notas

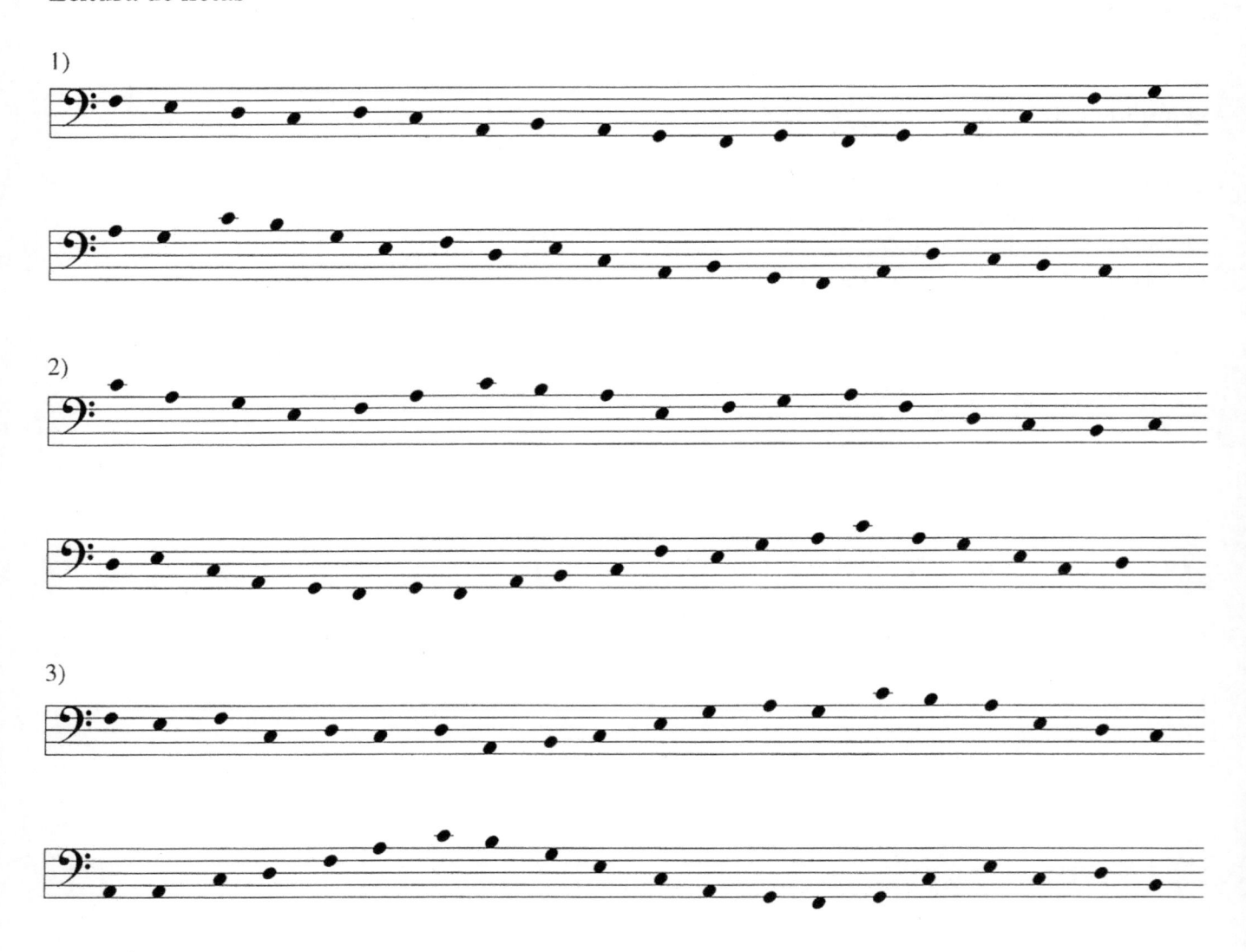

1)

2)

3)

4)

Leitura métrica

1)

2)

3)

4)

✐ Questionário:

1) Quais os nomes das notas situadas:
    a) na primeira linha da clave de fá?
    b) no segundo espaço da clave de fá?
    c) no primeiro espaço inferior da clave de fá?
    d) na terceira linha da clave de fá?
    e) no terceiro espaço da clave de fá?

AULA 10

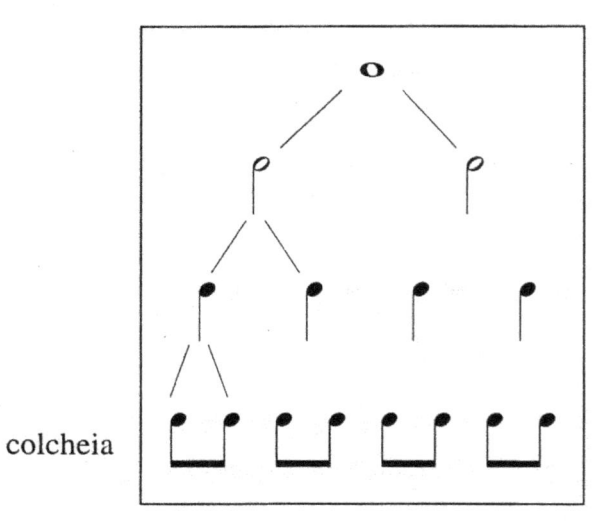

◦ Colcheia

colcheia

A figura que vale metade do valor da semínima, um quarto da mínima e um oitavo da semibreve é a colcheia.

A colcheia é representada graficamente por:

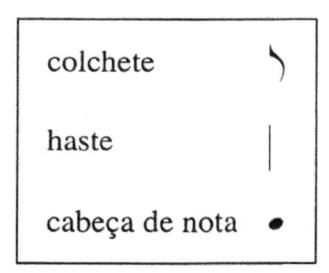

colchete	♪
haste		
cabeça de nota	•

A colcheia pode vir agrupada de diferentes maneiras. Poderá, também, vir isolada:

Agrupada de duas em duas:

Agrupada de quatro em quatro:

No momento, iremos encontrar a colcheia, principalmente, agrupada de duas em duas, já que estamos trabalhando com a semínima (denominador 4) como unidade de tempo. Como sabemos, uma semínima equivale a duas colcheias.

Pausa de colcheia

Assim como os outros valores dados, a colcheia pode ser representada como pausa/descanso/silêncio.

Eis a pausa de colcheia:

As hastes agregadas aos colchetes deverão obedecer ao mesmo direcionamento, como visto anteriormente: até a metade da pauta, usamos hastes para cima. Se escrevermos acima da metade da pauta, usamos haste para baixo. Quando houver colcheias agrupadas, o direcionamento das hastes será regido pela predominância. Ver os dois últimos exemplos abaixo.

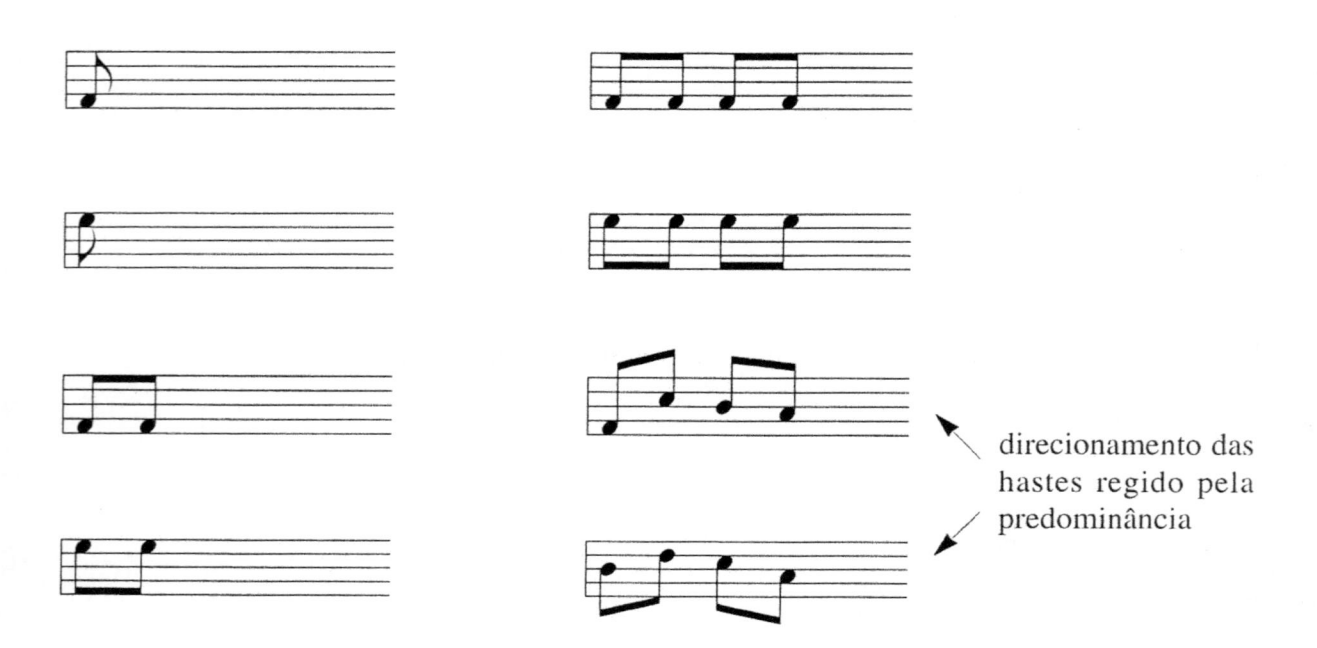

direcionamento das hastes regido pela predominância

Exercício: Copiar

Leitura rítmica

1) Professor marca os tempos.
2) Sugere contagem com unidade de tempo.
3) Sugere contagem alternada (1 e 2 e 3 etc.).

Obs.: O mesmo procedimento deverá ser usado para compassos 3/4 e 2/4.

1)

2)

3)

1 2 3 1 2 3 1 2 3 e 1 2 3 etc.

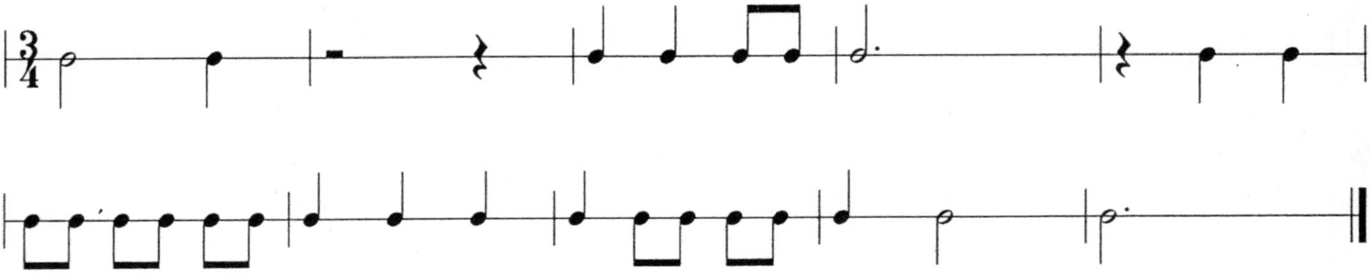

4)

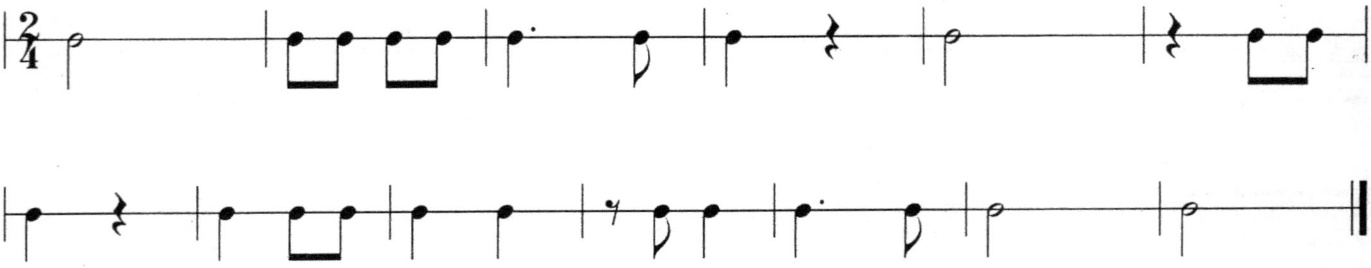

5)

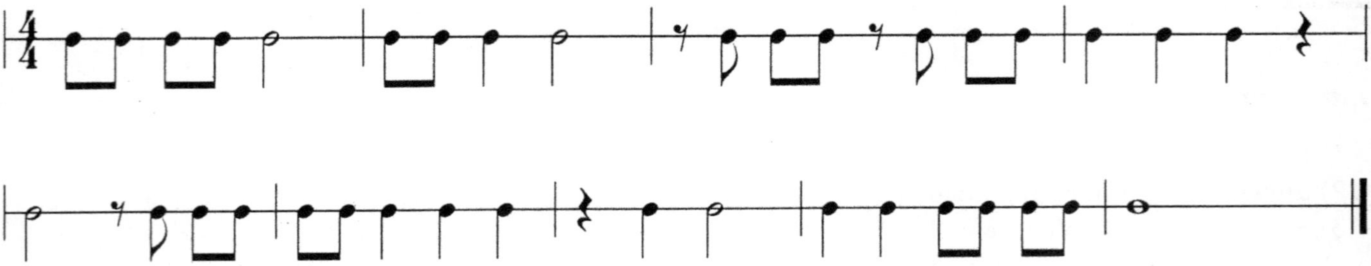

6)

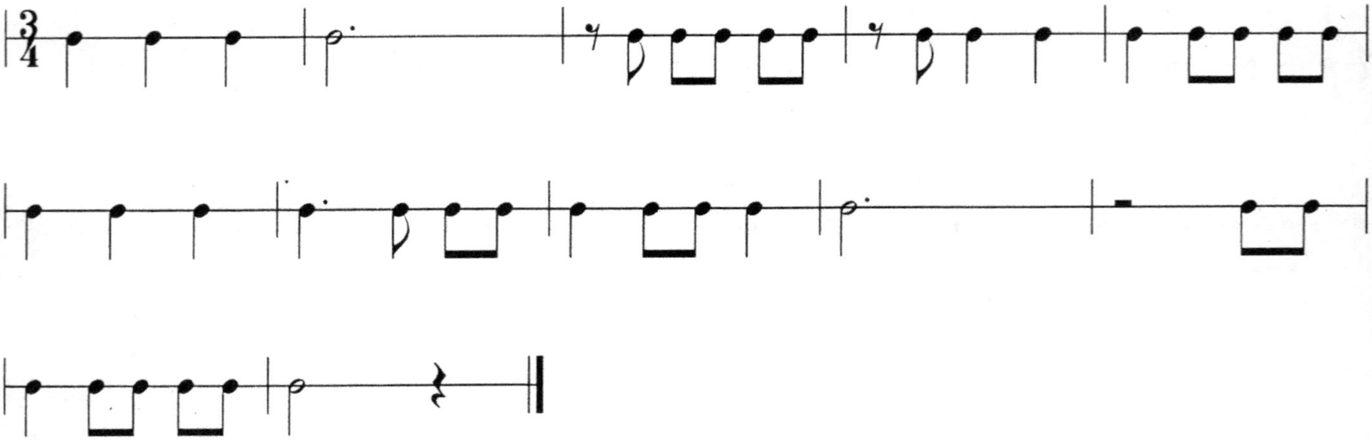

7)

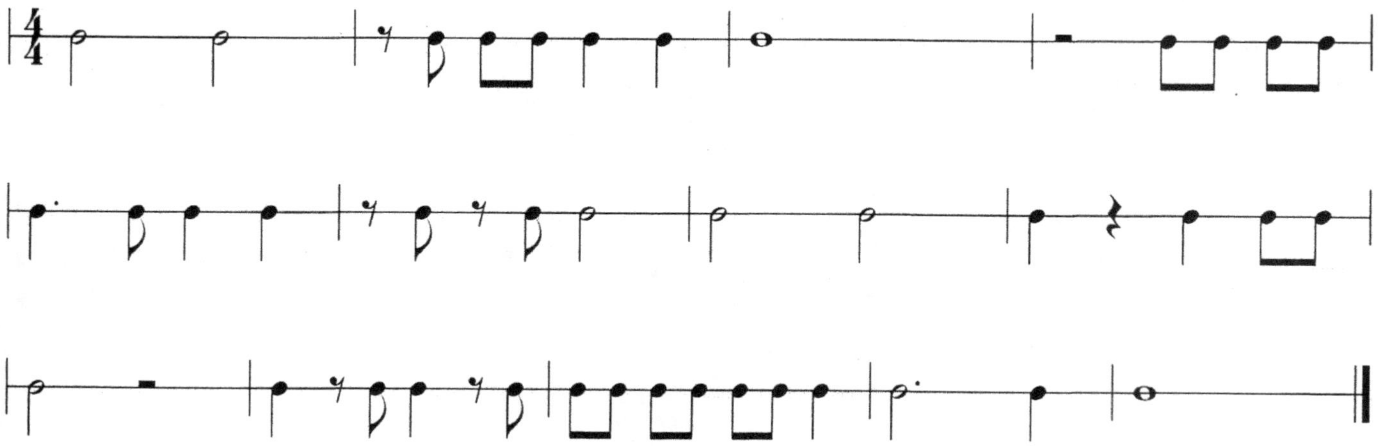

8)

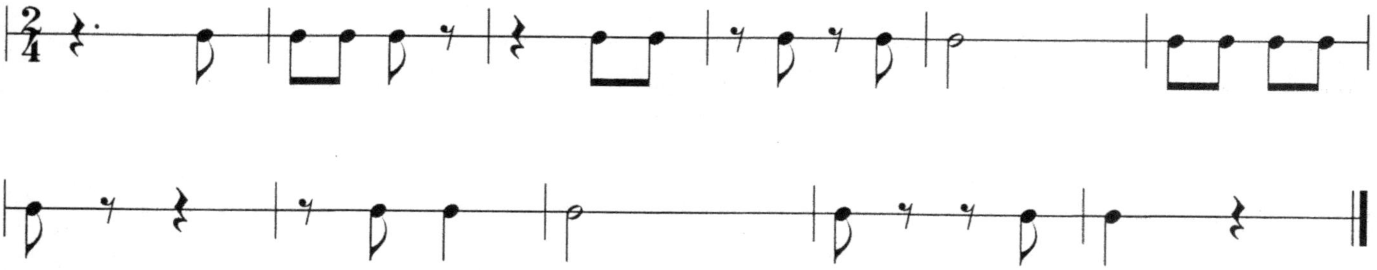

9)

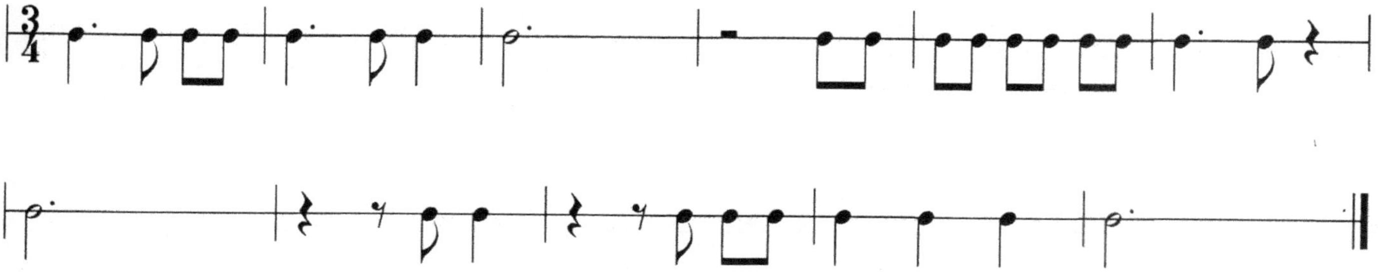

10)

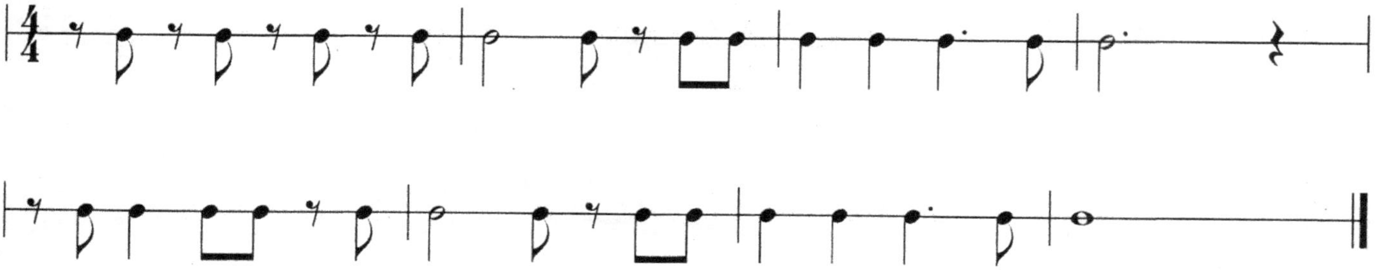

Leitura métrica

1)

5)

6)

7)

8)

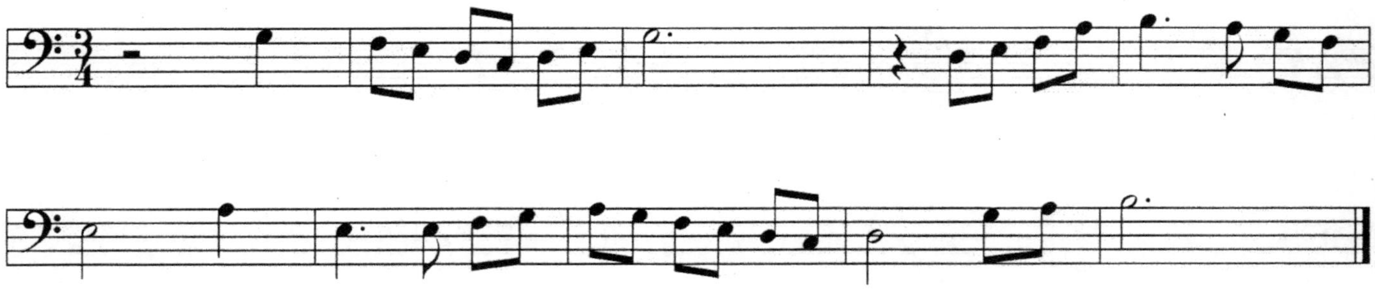

9)

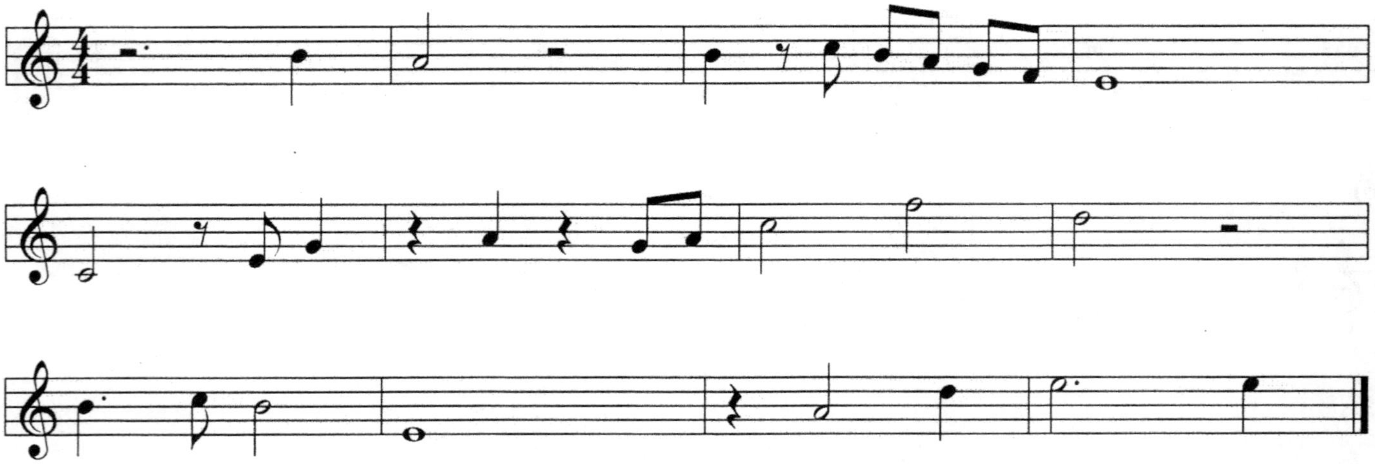

10)

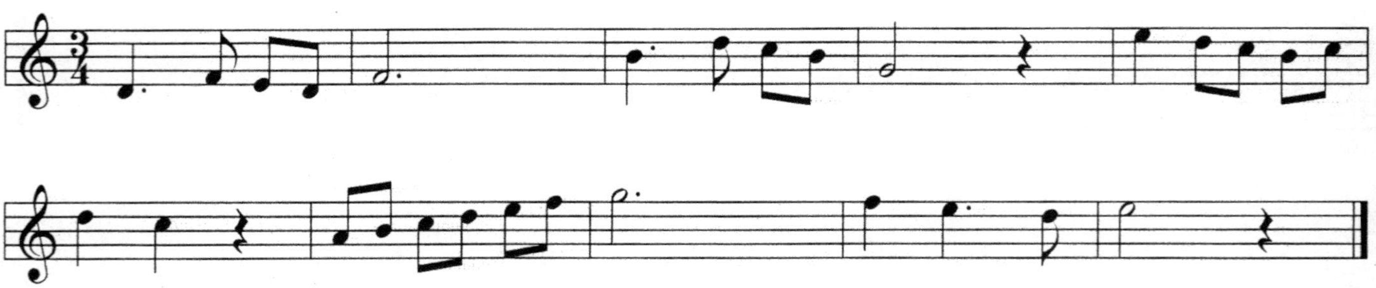

11)

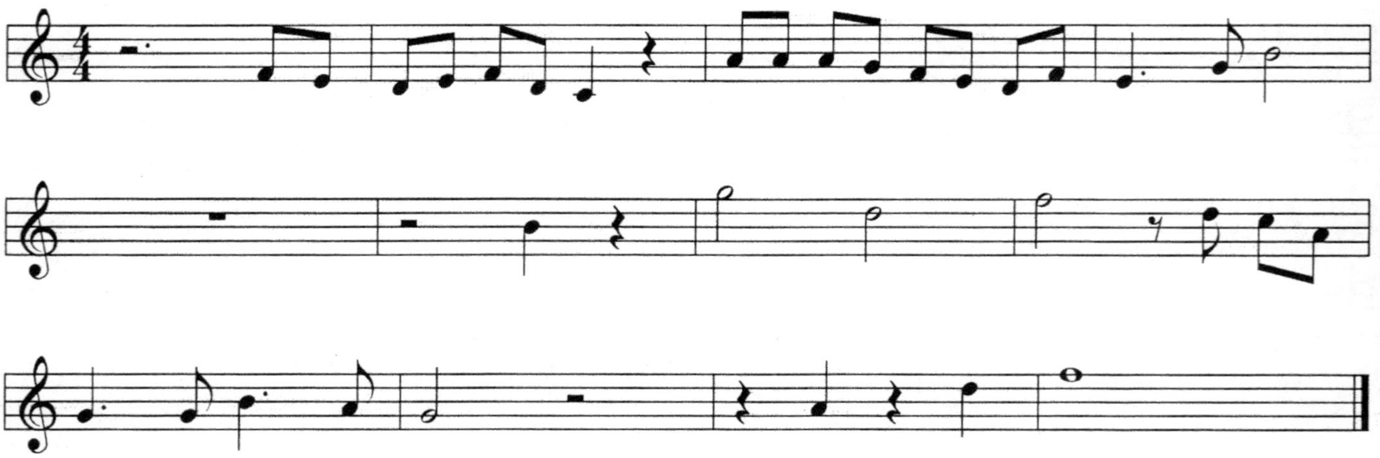

12)

Exercício: Identificar figuras e pausas. Assinale todas as pausas de colcheia que encontrar.

✎ Questionário:

1) Quanto vale uma colcheia se comparada a
    a) uma semínima?
    b) uma mínima?
    c) uma semibreve?
2) No momento, como agruparemos as colcheias?
3) Qual o critério que deve ser usado em relação ao direcionamento das hastes das colcheias?
4) Complete:
    A colcheia é formada por cabeça de nota, haste e ....

AULA 11

◦ Sinais de indicação de roteiro II (continuação)

◦ a) Casa de primeira vez e casa de segunda vez

Podemos finalizar um mesmo trecho musical de maneiras diferentes. Para tanto, lançamos mão das casas de primeira e de segunda vez. Ou seja, tocamos ou cantamos o mesmo trecho, finalizando diferentemente.

Exemplos:

1) *O jangadeiro (A. Adolfo)*

2) *Danças polovetsianas da ópera Príncipe Igor (de A. Borodin – arranjo A. Adolfo)*

Obs.: Em algumas ocasiões, podemos encontrar casas adicionais, como, por exemplo, a primeira casa valendo como casa de primeira, segunda e terceira vez, e a segunda casa valendo como casa de quarta vez.

Leitura métrica

1)

folclore brasileiro

2)

folclore brasileiro

3)

folclore americano

folclore brasileiro

4)

folclore brasileiro

5)

b) Parte (A), Parte (B)

É comum separarmos um trecho do outro (uma parte da outra) de uma música por intermédio de barras duplas utilizando as siglas A, B etc. além das barras duplas.

folclore americano

✍ Questionário:

1) Para que servem as casas de primeira e de segunda vez?
2) Numa música com duas partes, como podemos denominar a primeira parte? E a segunda?

AULA 12

▫ Compassos

▫ Representação da marcação dos tempos em compasso simples

Em música, os compassos devem ser marcados com a seguinte movimentação de mão:

1) Compasso binário

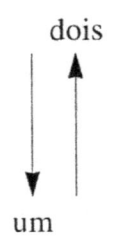

```
      dois
       ↑
       |
       ↓
      um
```

2) Compasso ternário

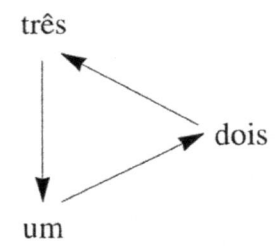

```
   três
    ↑
    |   → dois
    ↓
   um
```

3) Compasso quaternário

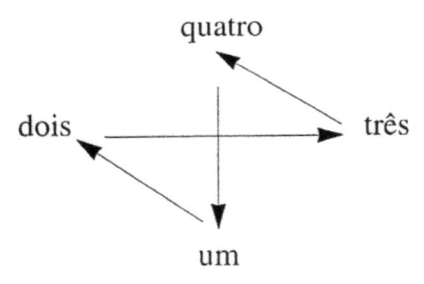

```
        quatro
          ↑
   dois ← | → três
          ↓
         um
```

▫ Tempo fraco/tempo forte (impulso/apoio)

Em alguns livros de teoria musical convencionou-se também chamar de tempo forte e de tempo fraco os seguintes tempos:

1) Compasso binário:

primeiro tempo: forte (apoio)
segundo tempo: fraco (impulso)

2) Compasso ternário:

primeiro tempo: forte (apoio)
segundo tempo: fraco (impulso)
terceiro tempo: fraco (impulso)

3) Compasso quaternário:

primeiro tempo: forte (apoio)
segundo tempo: fraco (impulso)
terceiro tempo: meio-forte (meio-apoio)
quarto tempo: fraco (impulso)

Nota do autor: apesar de termos incluído em nosso livro os conceitos de tempo forte, meio-forte e fraco, ainda adotados em alguns métodos, consideramo-los ultrapassados e equivocados.

Os termos impulso e apoio são, no entanto, mais convincentes e próximos à questão da compreensão da escrita musical no que se refere à utilização dos compassos.

Questionário:

1) Como devemos marcar os tempos nos compassos? Faça um gráfico exemplificando.

   a) binário

   b) ternário

   c) quaternário

2) Em quais tempos são encontrados o impulso e o apoio nos compassos binário, ternário e quaternário?

AULA 13

Espaçamento

Para que nossa leitura seja ágil, é importante que, ao escrever, utilizemos o espaçamento correto. Ou seja, o espaço horizontal entre cada nota deverá corresponder a sua duração.

Exemplo com diferentes durações:

No entanto, as distâncias, mesmo que menores ao que exemplificamos, deverão manter sempre a mesma relação de espaçamento.

Correto:

Incorreto:

Os princípios acima também deverão ser utilizados na escrita com pausas e deverão ser observados até o fim de nosso estudo.

Leitura rítmica

Marque os tempos conforme instruído na aula 12.

1)

2)

3)

Obs.: A partir deste ponto, todos os treinamentos com leitura rítmica ou métrica deverão ser realizados com marcação de tempos conforme mostrado na aula 12.

Leitura métrica

1)

2)

✎ **Questionário:**

1) Qual é a importância de um espaçamento correto?

AULA 14

▫ Anacruse, compasso anacrústico, compasso tético e compasso acéfalo

Nem sempre as músicas começam no apoio, na cabeça do primeiro tempo do primeiro compasso (compasso tético). Podem iniciar com pausa(s) totalizando menos da metade do compasso, seguida(s) de notas (compasso acéfalo) ou, ainda, iniciar com notas com valor igual ou inferior à metade de um compasso antecedendo o primeiro compasso (anacruse ou compasso anacrústico).

Exemplos:

1) compasso tético

2) compasso acéfalo

3) compasso anacrústico

Assim, a diferença entre o compasso acéfalo e o anacrústico é que o primeiro, por ter suas notas ocupando mais da metade do compasso, requer pausa antecipando as mesmas, enquanto que o anacrústico tem suas notas ocupando metade ou menos da metade de um compasso e, portanto, não necessitam ser antecedidas de pausa(s).

▫ Notas entre parênteses

É comum encontrarmos em música popular notas entre parênteses, em geral no fim de uma parte ou, mesmo, no fim da música. Essas notas só deverão ser tocadas ao repetir-se o trecho ou, quando for o caso, a melodia da música inteira:

Compasso final incompleto

Tradicionalmente, costumava-se deixar o último compasso incompleto ritmicamente quando se iniciava uma música em anacruse ou com pausas:

Início da música
etc...

Final incompleto (falta pausa)

Obs.: O procedimento acima é, ainda, muito encontrado em música erudita e folclórica.

Questionário:

1) O que é compasso tético?
2) Defina compasso anacrústico. O que é anacruse?
3) O que caracteriza um compasso acéfalo?
4) Para que servem as notas entre parênteses?
5) Em que situações encontramos compasso final incompleto?

AULA 15

❑ Figuras que caíram em desuso (máxima, longa e breve)

Em passado remoto era comum o emprego das figuras máxima, longa e breve.

Em relação à semibreve, temos a seguinte relação:

breve (𝄺) vale o dobro da semibreve

longa (𝄻) vale o dobro da breve e quatro vezes o valor da semibreve

máxima (𝄼) vale o dobro da longa, quatro vezes o valor da breve e oito vezes a semibreve.

Essas figuras são encontradas em partituras de músicas medievais e renascentistas.

Treinamento adicional: Professor sugere leitura métrica e leitura rítmica com os elementos já dados, bem como exercícios de percepção como complemento de treinamento.

✎ Questionário:

1) Qual é a figura que corresponde ao dobro do valor de uma semibreve?
2) Qual a figura que vale a metade do valor de uma máxima?
3) Quanto vale uma semibreve em comparação a uma longa?
4) Desenhe cada uma das figuras:

máxima:

longa:

breve:

AULA 16

▫ Semitom
Sustenido, bemol e bequadro

Em nosso sistema musical, o sistema temperado, semitom é a menor distância entre as alturas de duas notas.

Obs.: Podem existir distâncias ainda menores (microtons), porém não são objeto de nosso estudo.

As alterações, ou acidentes, mais usadas com a finalidade de modificar a altura das notas são:

sustenido (♯): aumenta a altura da nota em um semitom
bemol (♭): diminui a altura da nota em um semitom
bequadro (♮): anula o efeito da alteração dentro de um compasso

Exemplos:

1) Nota natural:

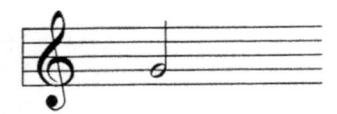

2) Nota alterada por sustenido (sobe a altura em um semitom):

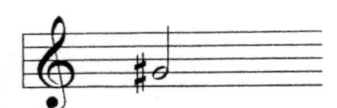

3) Nota alterada por bequadro (volta a ser natural):

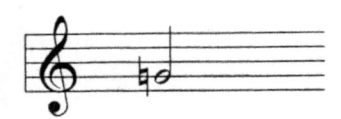

4) Nota alterada por bemol (desce um semitom):

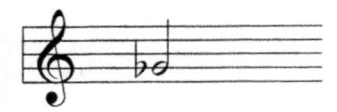

5) Nota alterada por bequadro (volta a ser natural):

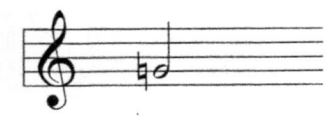

Localização no teclado de notas antecedidas de alterações ou acidentes:

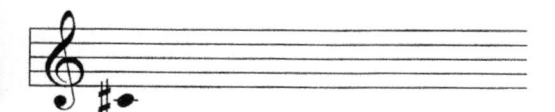

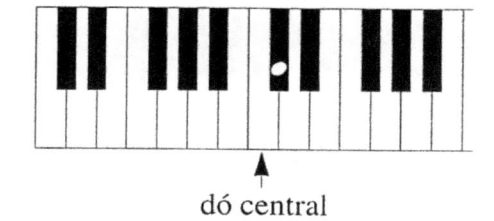

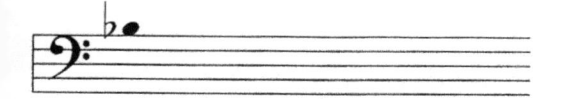

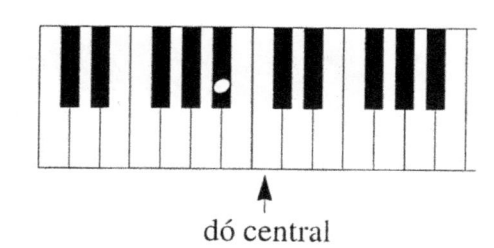

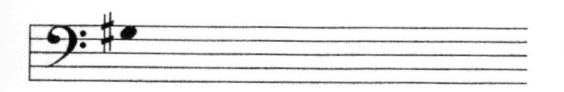

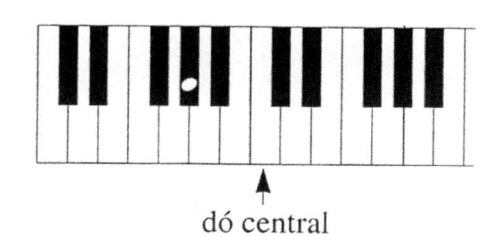

dó central

dó central

dó central

Exercícios:

1) Copiar, utilizando diferentes alturas

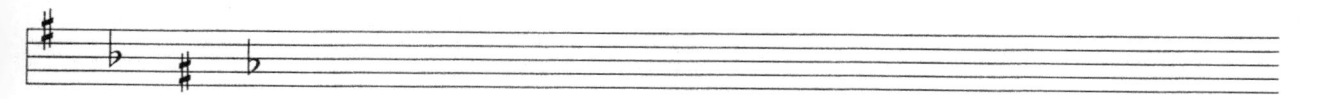

2) Assinale os sustenidos que encontrar:

3) Assinale todos os bemóis:

4) Assinale os bequadros:

5) Marque no teclado e toque as notas alteradas pedidas.

   Obs.: O dó central está marcado com uma seta.

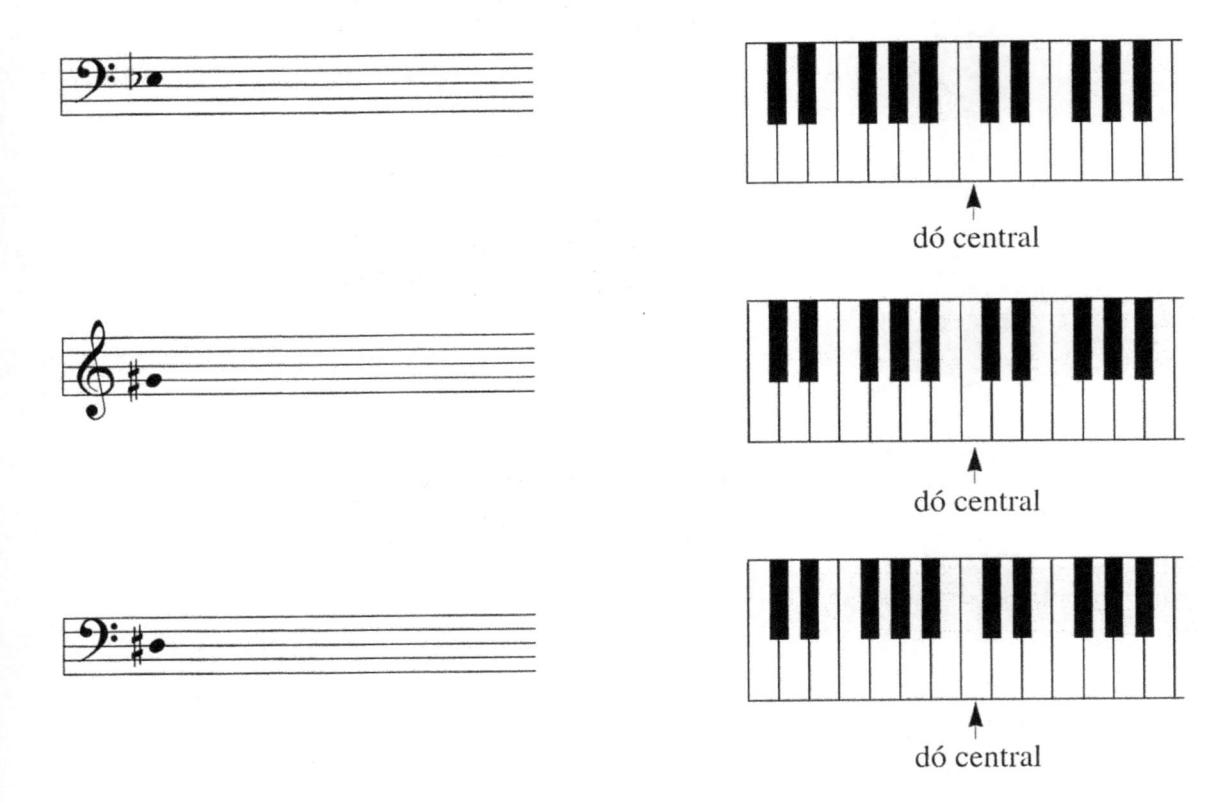

Exercício adicional: Marcar no teclado as diferentes notas pedidas pelo professor. Identificar. Alterar.

✎ Questionário:

1) Em nosso sistema, o sistema temperado, como chamamos a menor distância entre duas alturas?
2) Como um sustenido altera uma nota?
3) Como um bemol altera uma nota?
4) Qual o papel do bequadro?

AULA 17

Semitom e tom

Semitom (St), como vimos na aula passada, é a menor distância entre as alturas de duas notas.
Tom (T) é o intervalo (distância de altura) que corresponde a dois semitons.

Semitom:

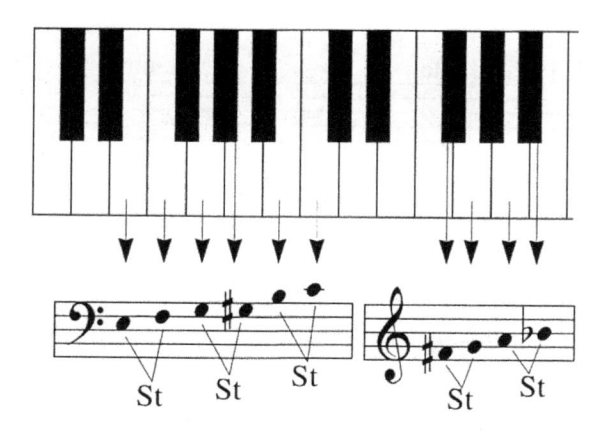

Tom:

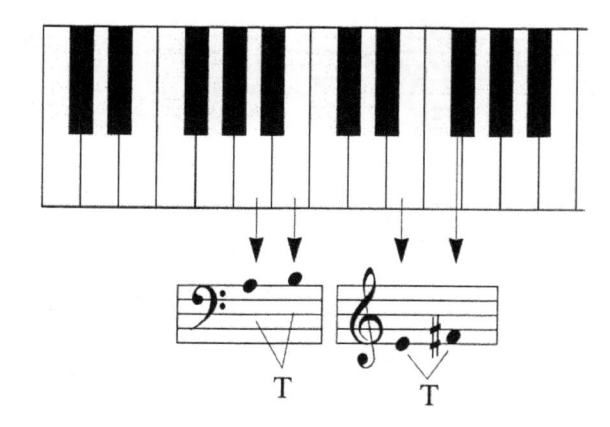

Os semitons e tons podem ser tocados ou cantados simultaneamente ou alternados. Se alternados, podem ser ascendentes ou descendentes:

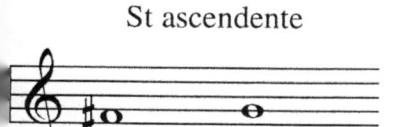

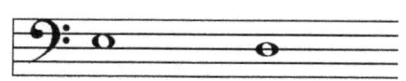

St ascendente   T descendente

Os semitons ainda podem ser:

1) **cromáticos**: quando as notas continuam com o mesmo nome. Por exemplo: sol e sol sustenido.
2) **diatônicos**: quando as notas passam a ter nome diferente. Por exemplo: sol e lá bemol.

| St cromático ascendente | St diatônico ascendente | St diatônico descendente | St cromático descendente |

| T ascendente | T descendente | T descendente | T ascendente |

Obs.: Os únicos semitons diatônicos naturais são si-dó e mi-fá.

Exercício: Identificar os intervalos abaixo (dizer se formam tom (T) ou semitom (St)):

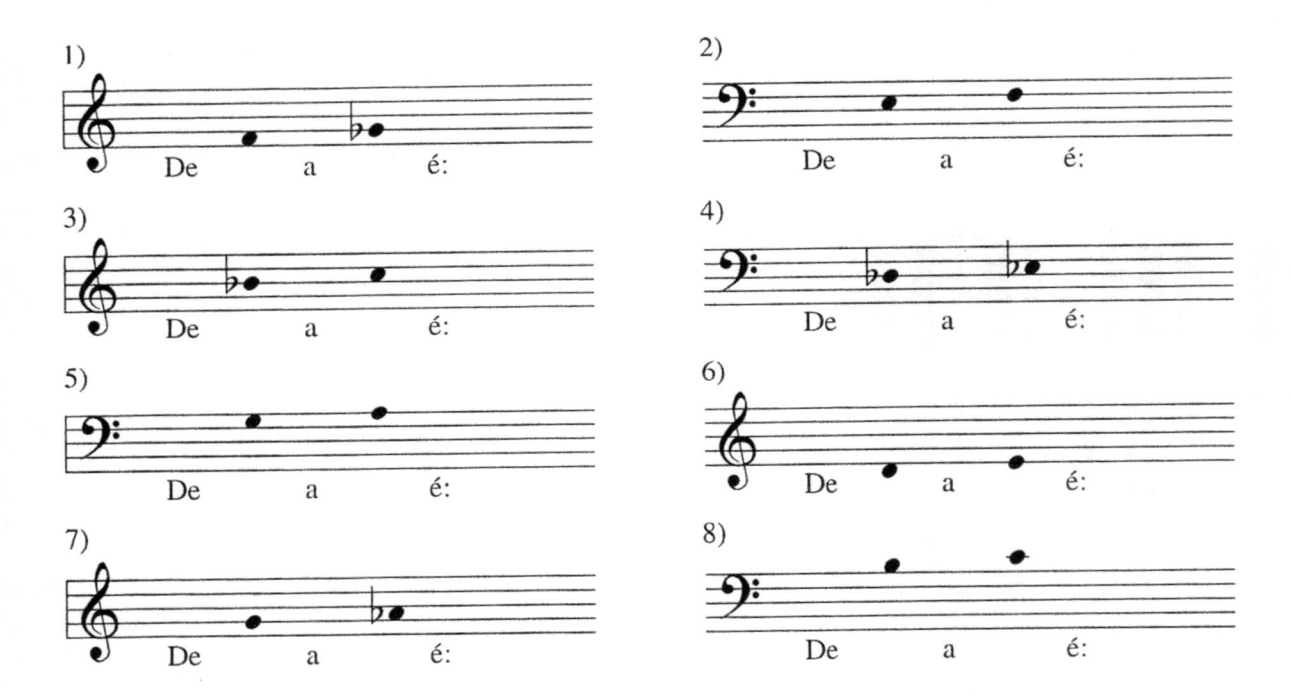

1) De a é:
2) De a é:
3) De a é:
4) De a é:
5) De a é:
6) De a é:
7) De a é:
8) De a é:

Exercício: Identificar as distâncias de semitom e tom abaixo (dizer de que tipo são):

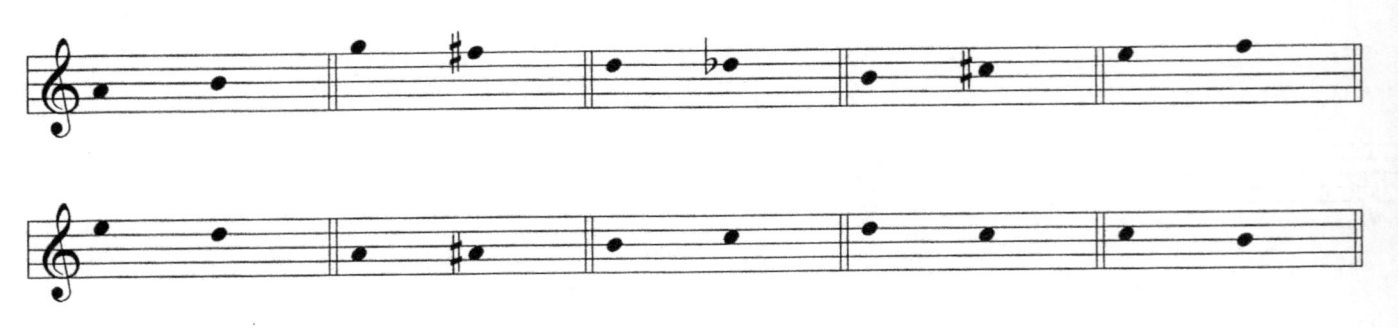

Exercício: Formar os intervalos ascendentes pedidos:

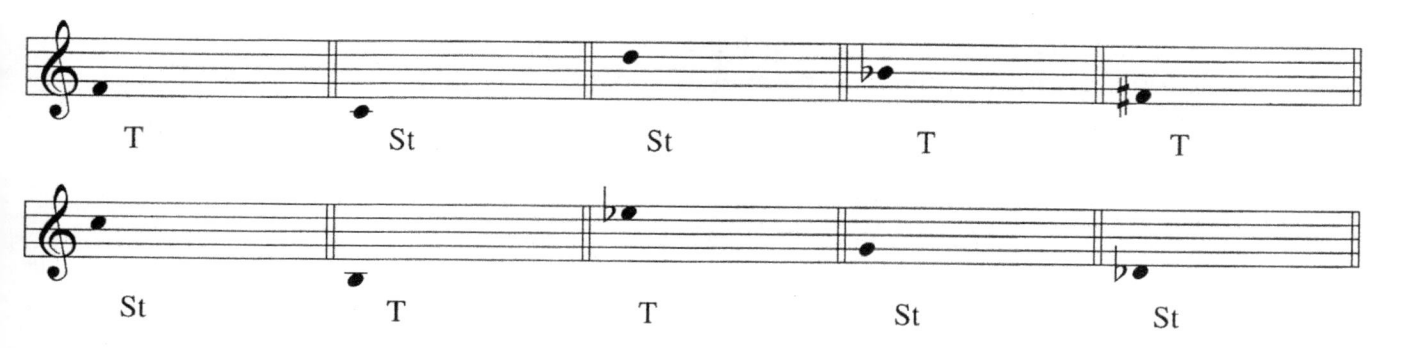

T — St — St — T — T

St — T — T — St — St

Exercício: Detectar os semitons e tons marcados por chave na leitura métrica abaixo:

1)

2)

3)

✍ Questionário:

1) A quantos semitons corresponde o intervalo de tom?
2) Se tocados de forma alternada, como podem ser os semitons?
3) O que é um semitom cromático?
4) O que é um semitom diatônico?
5) Quais são os semitons diatônicos naturais?

AULA 18

▫ Ligaduras sobre notas iguais

Quando uma nota estiver conectada através de linha curva a outra da mesma altura por intermédio de ligadura, não precisamos tocá-la ou cantá-la de novo. Seu tempo de duração será a soma das duas notas ligadas.

Exemplos:

1) A nota si valerá 6 tempos: 4 do primeiro compasso mais 2 do segundo.

2) A nota si valerá 5 tempos: 4 do primeiro compasso mais 1 do segundo.

3) A nota si valerá 3 tempos: 2 mais 1. Possibilidades semelhantes poderão acontecer.

Leitura métrica

1)

2)

3)

4)

5)

✍ **Questionário:**

1) O que ocorre quando uma nota vem ligada a outra de mesma altura?

AULA 19

Ligaduras de expressão

Chamamos de ligaduras de expressão aquelas usadas para tocar um trecho de forma ligada, sem interrupção.

As ligaduras de expressão podem ser interpretadas de formas diferentes, dependendo do instrumento utilizado:

1) Para vozes humanas ou instrumentos de sopro, dentro da mesma respiração.
2) Para instrumentos de teclado, sem interromper o som, utilizando, se necessário, o pedal de *sustain* (obtendo o efeito de *legato*).
3) Para instrumentos de corda que utilizam arco, não se obtém necessariamente o efeito *legato* sob a mesma arcada.

Exercício: Colocar ligaduras de expressão na seguinte música:

Guarânia (A. Adolfo)

Leitura métrica: Realizar leitura métrica na música acima

   Obs.: Em partituras cifradas (melodia e cifra), não costumamos utilizar ligaduras de expressão.

Treinamento adicional (percepção): Professor toca, ou canta, trechos musicais para que o aluno identifique as separações das frases.

✎ **Questionário:**

1) Para que servem as ligaduras de expressão?
2) Como as ligaduras de expressão podem ser interpretadas por:
    a) vozes humanas
    b) piano
    c) instrumentos de corda que utilizam o arco
3) As ligaduras de expressão são normalmente utilizadas em partituras cifradas?

AULA 20

Compasso C / Armadura de clave / Tacet / Fermata

O compasso C

Costuma-se representar o compasso 4/4 utilizando-se a sigla **C**. Portanto, a partir de agora, sempre que encontrarmos **C** ao lado da clave saberemos que se trata do compasso 4/4.

Armadura de clave

É o conjunto de sustenidos ou bemóis colocados ao lado direito da clave antecedendo a fração (compasso). Geralmente está relacionado a uma tonalidade.

Ao encontrarmos músicas com armadura de clave, devemos considerar que todas as notas marcadas pelas alterações da armadura deverão ser alteradas segundo a mesma, a não ser que venha(m) antecedida(s) de bequadro (♮).

Exemplos:

1) Todas as notas si, mi e lá serão bemolizadas:

2) Sem a armadura, temos de anteceder com bemol todas as notas onde queremos o mesmo efeito, ou seja, meio-tom abaixo:

3) Quando quisermos, então, uma nota natural, antecedemos com bequadro:

◻ Tacet

É a expressão utilizada para indicar que não devemos tocar ou cantar um certo trecho até que se determine o contrário (toca), ou até que cesse o pontilhado que acompanha a expressão.

1)

TACET compasso 9 ao 16

2)

TACET- -

- , TOCA   etc.

◻ Fermata

Sinal (⌢) que, colocado sobre uma nota ou pausa, faz prolongar indeterminadamente a sua **duração**. Muitas vezes é antecedido de diminuição de andamento (rall, rallentando). Quando não está no fim de uma música, antecede o termo *a tempo* ou *tempo 1º* (andamento ou tempo anterior) ou, ainda, *tempo I* (*tempo primo*).

Exemplos:

1) fermata colocada sobre nota:

rall   a tempo   etc.

2) fermata colocada sobre pausa:

a tempo   etc.

3) a fermata pode estar colocada sobre barra dupla, antecedendo uma parte da música, indicando uma interrupção passageira de um trecho musical:

Nas partituras com somente melodia e cifra, a fermata sobre barra dupla é raramente utilizada. Porém, será encontrada em arranjos, música de concerto, trilhas sonoras etc.

Treinamento adicional: Professor sugere **leitura métrica** com os itens abordados acima.

Questionário:

1) Defina:
   a) Compasso **C**
   b) Armadura de clave
   c) Tacet
   d) Fermata
2) Em que situações podemos encontrar a indicação tacet?
3) Em que situações podemos encontrar a fermata?

AULA 21

Síncope (I)

Quando um som é executado no momento do impulso (contratempo), prolongando-se até o apoio, ou seja, quando a primeira de duas notas iguais, ligadas, não estiver situada na cabeça do compasso ou da batida de tempo, costumamos dizer que houve síncope ou nota sincopada. A antecipação do impulso para o apoio determina que o acento natural deste seja antecipado, adquirindo características de acento sincopado.

A síncope é muito usada em música popular e, por esta razão, antecipamos o seu estudo em comparação com o estudo tradicional.

Colocaremos a letra S para demonstrar o momento exato em que a síncope ocorre:

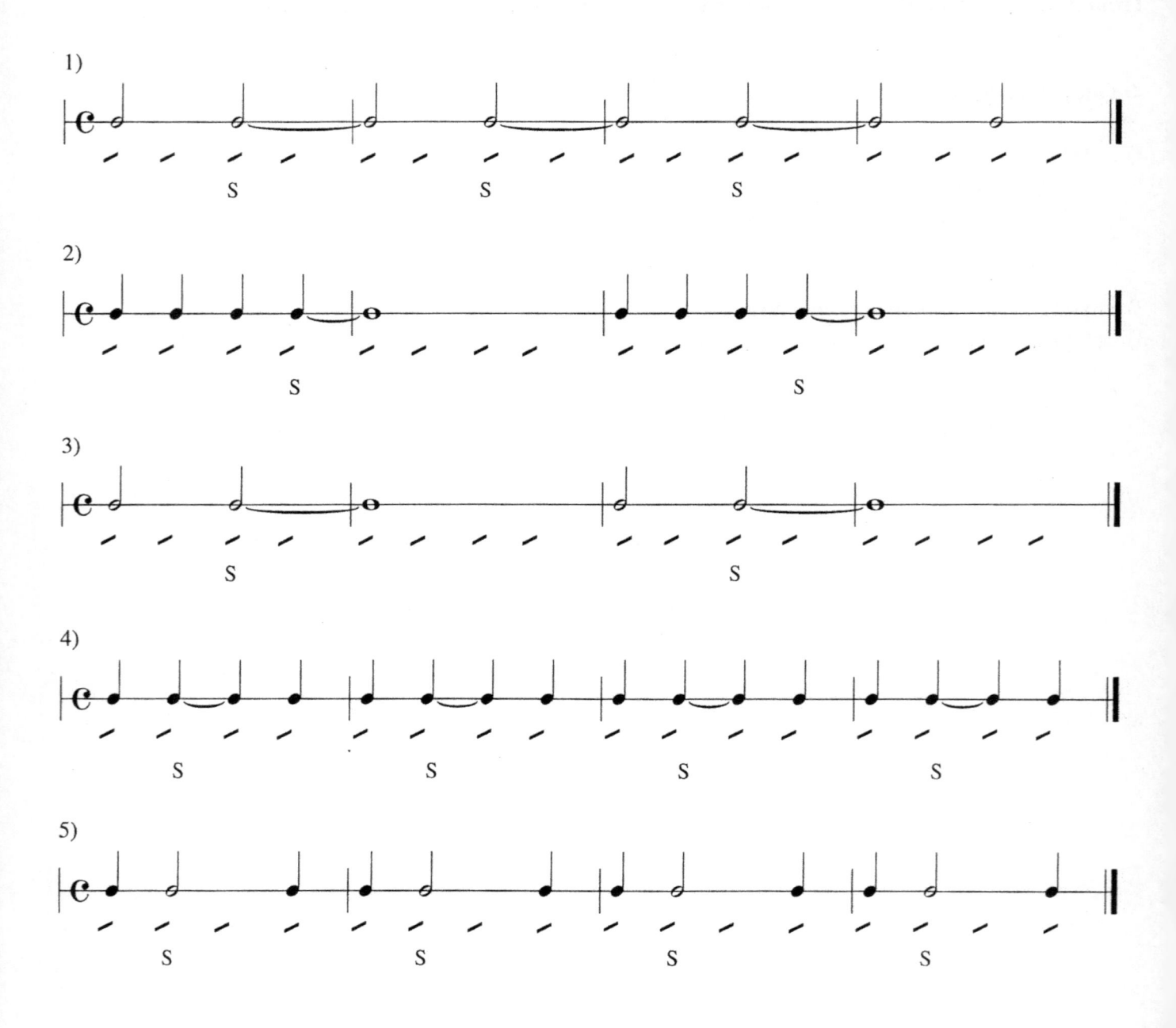

6)

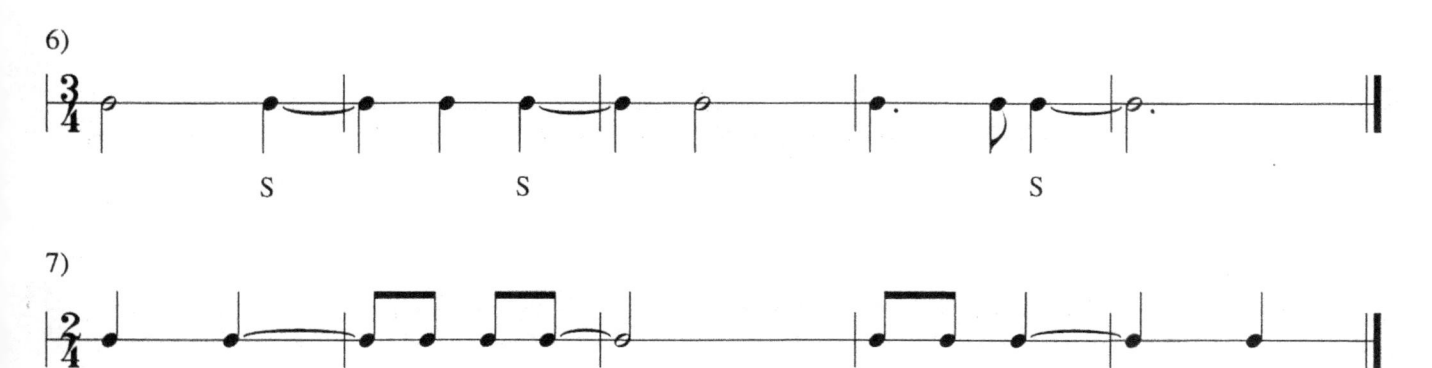

[partitura com marcações S, S, S]

7)

[partitura com marcações S, S, S]

As síncopes podem ser regulares ou irregulares. Síncopes regulares são aquelas cujos valores são iguais. Nas síncopes irregulares os valores são diferentes.

Colocamos as letras SR (síncope regular) ou SI (síncope irregular) para demonstrar os momentos exatos em que ocorrem essas síncopes:

1)

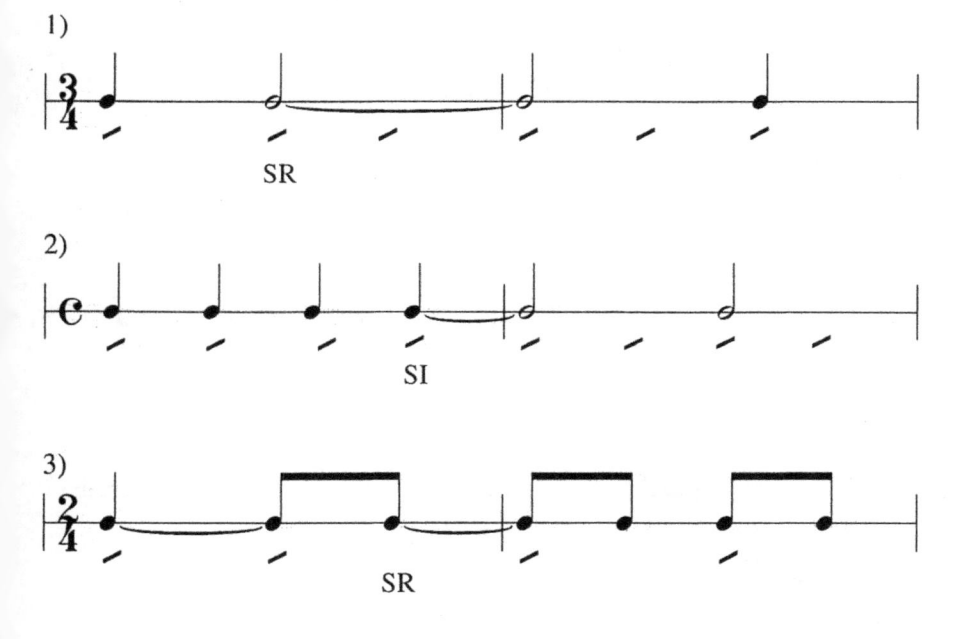

[partitura com marcação SR]

2)

[partitura com marcação SI]

3)

[partitura com marcação SR]

Leitura rítmica

1)

[partitura]

89

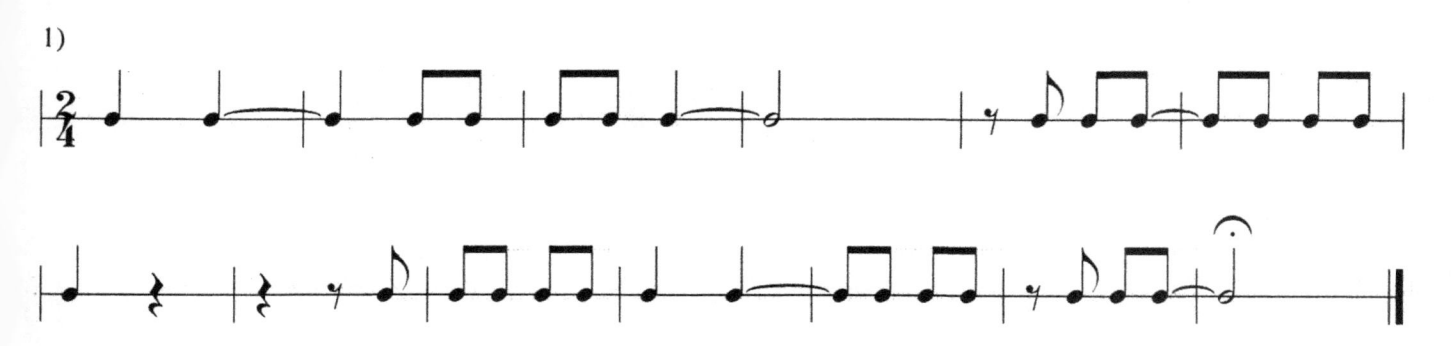

2)

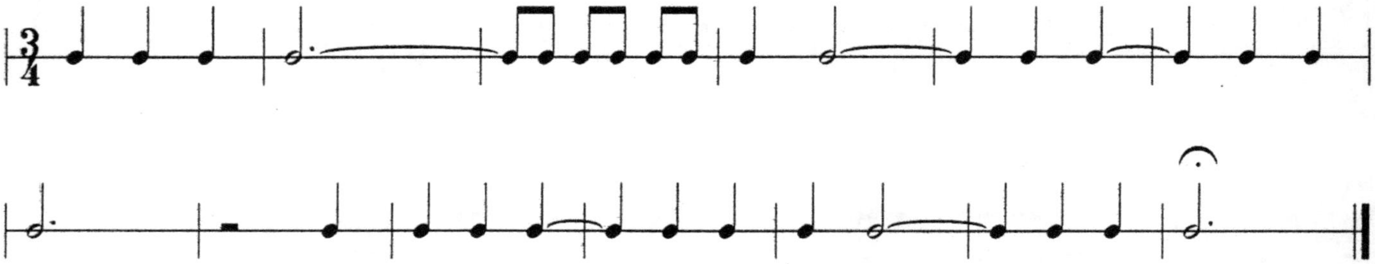

3)

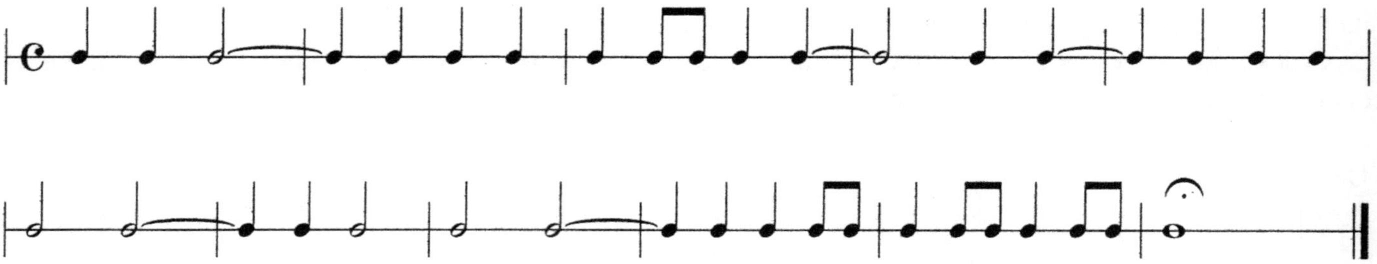

4)

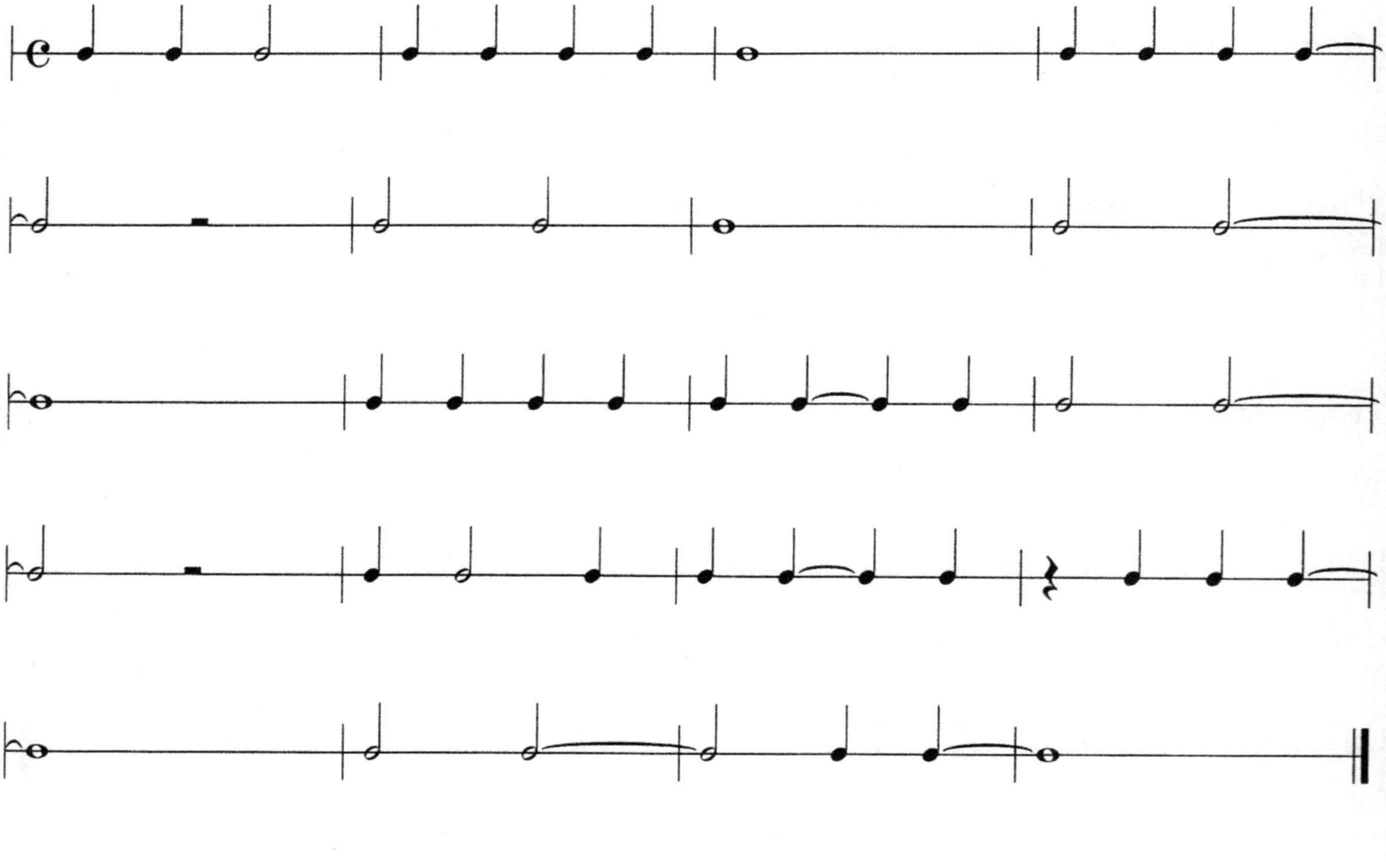

5)

6)

7)

Exercício: Assinale as síncopes regulares e irregulares nos trechos acima.

Leitura métrica

Obs.: No trecho acima, a expressão *rall para fim* só incidirá no momento final. Na primeira vez que lermos o trecho, não deverá haver interferência da mencionada expressão sobre o andamento.

✍ Questionário:

1) O que caracteriza a síncope?
2) O que são síncopes regulares?
3) O que são síncopes irregulares?

AULA 22

◻ Linhas suplementares (até duas linhas)

No início do nosso estudo, utilizamos uma linha suplementar para a nota dó tanto na clave de sol quanto na clave de fá.

As linhas suplementares funcionam como uma extensão artificial da pauta ou pentagrama, já que esta só pode cobrir uma certa região ou registro.

Para tanto, usamos pequenas linhas horizontais, como vemos abaixo:

As linhas e os espaços suplementares podem ser superiores ou inferiores, conforme as colocamos acima ou abaixo da pauta.

Notas nas linhas e espaços suplementares:

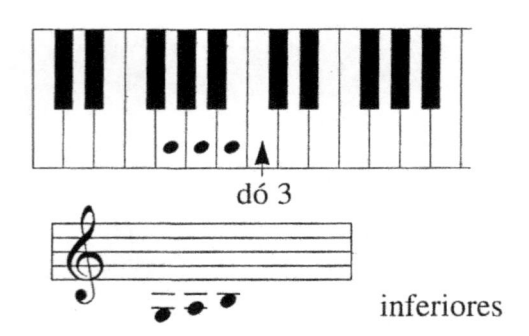

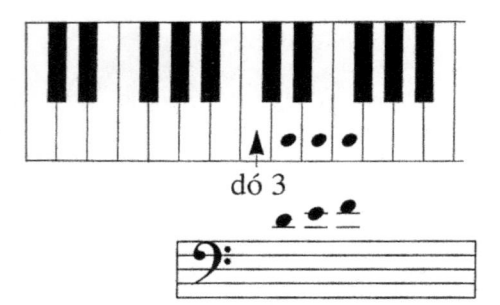

dó 3

inferiores

dó 3

superiores

Eis uma amostragem da pauta com notas escritas de dó 1 a dó 5.

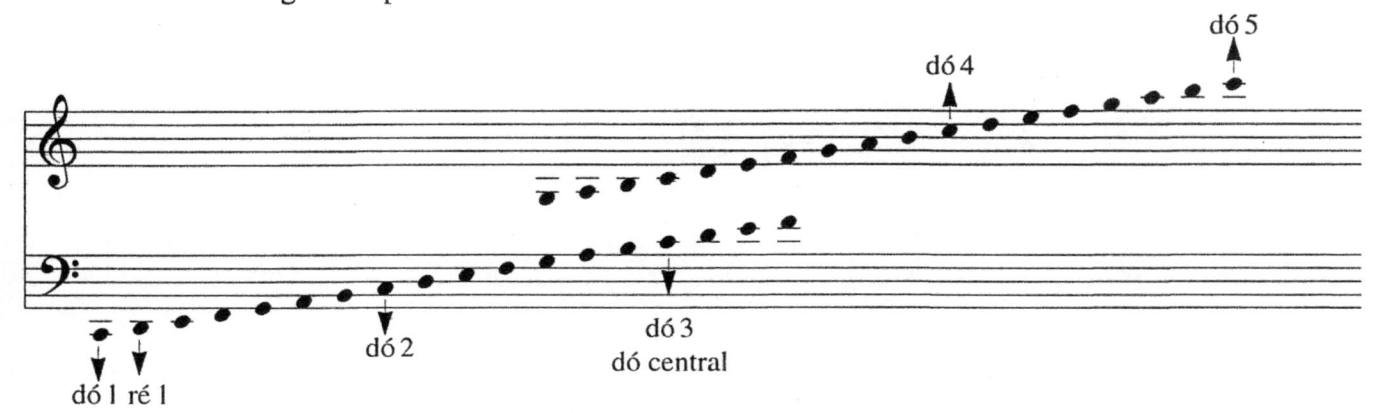

dó 1 ré 1 dó 2 dó 3 / dó central dó 4 dó 5

Como podemos notar, há correspondência entre notas suplementares e notas escritas na pauta:

é igual a

é igual a

é igual a

é igual a

é igual a

é igual a

As linhas suplementares devem ser desenhadas a partir da pauta, procurando-se manter distância semelhante à das linhas da própria pauta.

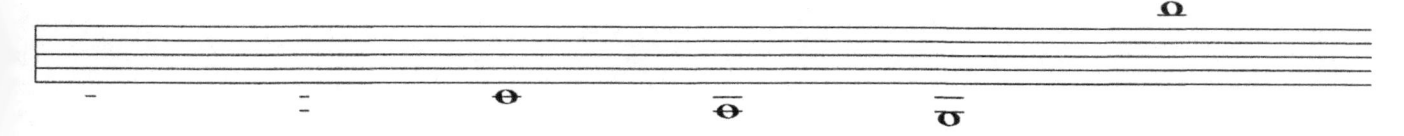

Leitura de notas: Identificar no menor tempo possível

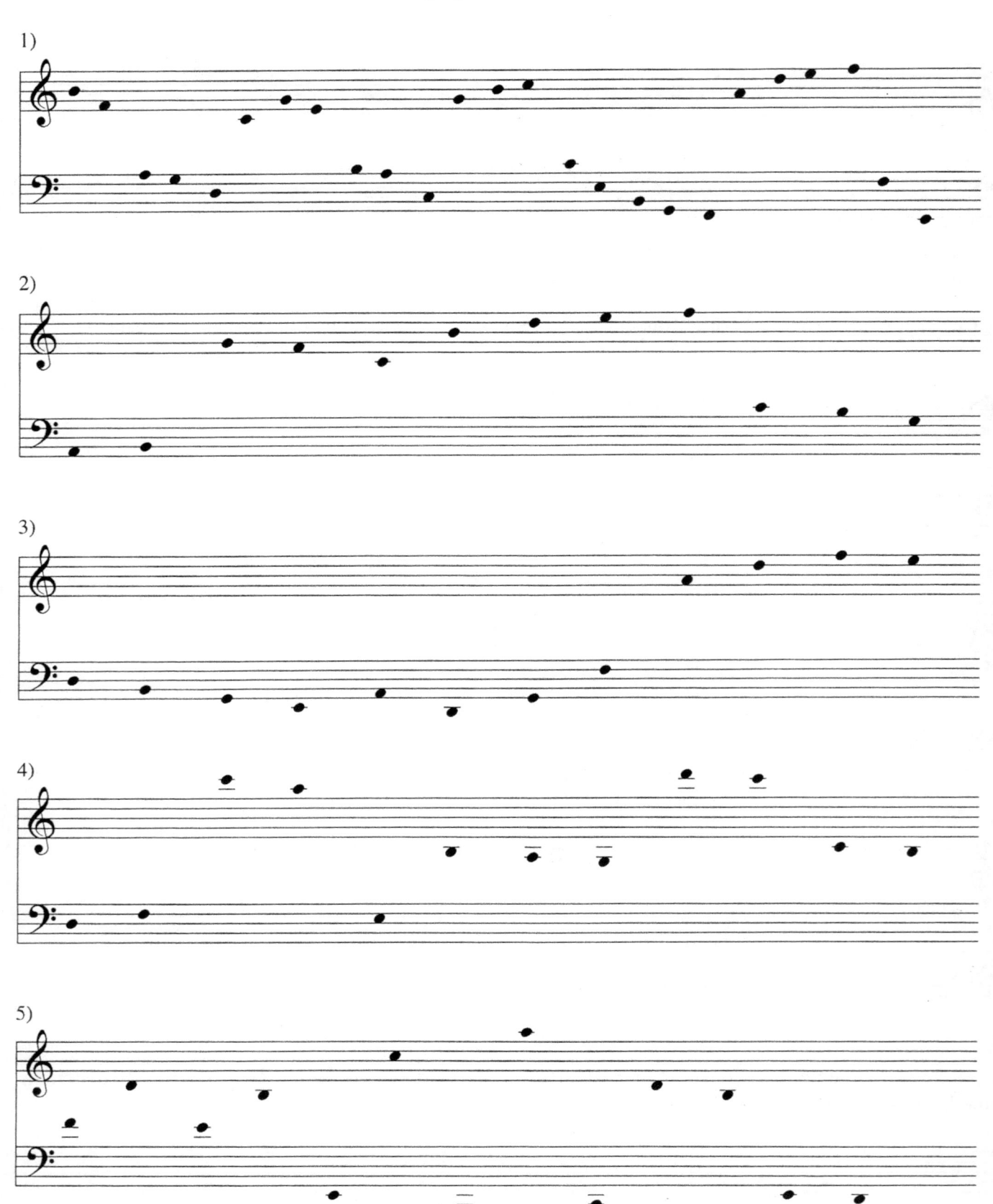

1)

2)

3)

4)

5)

Exercício: Escreva as seguintes notas:

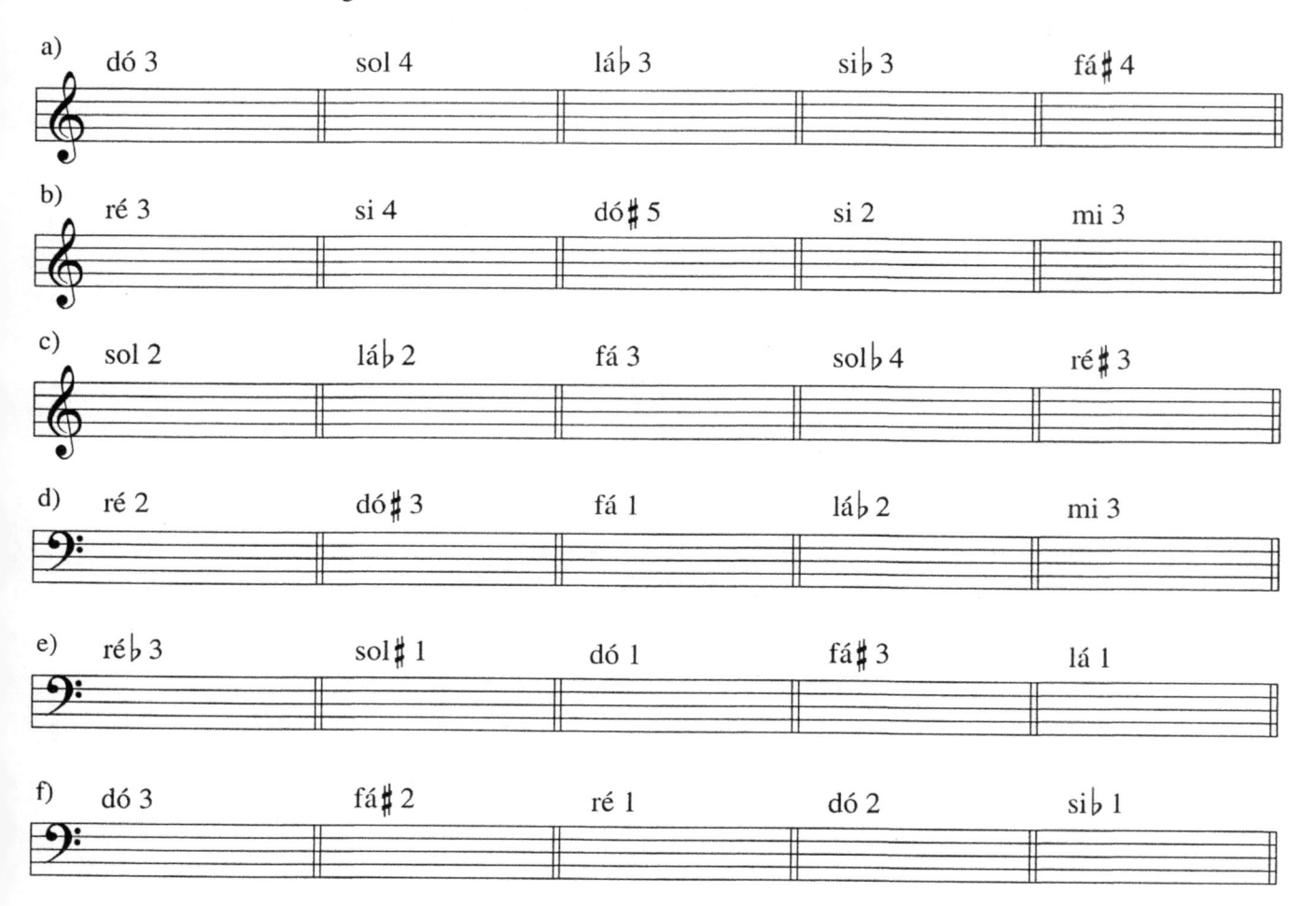

a) dó 3 — sol 4 — láb 3 — sib 3 — fá# 4

b) ré 3 — si 4 — dó# 5 — si 2 — mi 3

c) sol 2 — láb 2 — fá 3 — solb 4 — ré# 3

d) ré 2 — dó# 3 — fá 1 — láb 2 — mi 3

e) réb 3 — sol# 1 — dó 1 — fá# 3 — lá 1

f) dó 3 — fá# 2 — ré 1 — dó 2 — sib 1

Leitura métrica

1)

2)

3)

4)

Balada das luzes (A. Adolfo)

5)

6) *Baião (A. Adolfo)*

✎ **Questionário:**

1) Para que servem as linhas suplementares?
2) Qual o critério de distanciamento para as linhas suplementares?
3) Onde ficam situadas as linhas suplementares superiores?
4) E as inferiores?
5) Onde devem se situar?
   a) na clave de fá: nota situada na segunda linha suplementar inferior da clave de sol?
   b) na clave de sol: nota situada no segundo espaço suplementar superior da clave de fá?

Treinamento adicional: Professor formula perguntas similares.

AULA 23

◻ Sinais indicadores de oitavas

As linhas suplementares poderiam se deslocar infinitamente através da pauta. Porém, isso dificultaria a leitura de notas, pois ficaria difícil visualizar (identificar) notas com muitas linhas suplementares:

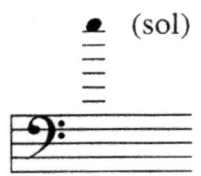

(sol)

Portanto, para facilitar a leitura em regiões diferentes, utilizamos dois recursos:

1) mudança de clave, já que esta situa a altura.
2) sinais indicadores de oitava acima (8va) ou abaixo (8vb).

Exemplos:

a) melodia escrita na clave de sol: *Cascavel (A. Adolfo)*

b) a mesma melodia transposta para a clave de fá:

c) mudança de oitava utilizando sinal indicador:

Obs.: O resultado sonoro em termos de altura será o mesmo nos três exemplos acima.

Treinamento adicional (a ser dado pelo professor):

1) Leitura de notas: utilizando o instrumento com indicação de oitava.
2) Leitura métrica

Exercício: Escreva os trechos musicais abaixo utilizando os sinais indicadores de oitava.

1) na clave de fá, sem mudar a altura real.

2) na clave de sol, sem mudar a altura real.

Treinamento adicional: Professor inventa outras possibilidades com exercícios similares.

✍ Questionário:

1) Para que servem os sinais indicadores de oitava acima ou oitava abaixo?
2) Escreva como representamos os sinais indicadores de oitava acima e oitava abaixo?

AULA 24

Quiáltera (I)

Quiáltera é uma figuração rítmica cuja divisão está em antagonismo com as divisões do compasso (Esther Scliar).
Sua divisão é marcada pelo número que agrupa as notas que fazem parte das quiálteras.
As quiálteras podem ser:

1) Quanto ao total de notas na sua relação com os valores básicos:
aumentativas ou diminutivas

2) Quanto à uniformidade de duração das suas notas:
uniformes ou desiguais

3) Quanto a sua regularidade (3 ou múltiplos de 3):
regulares ou irregulares

4) Quanto às quantidades de tempos que ocupam:
de tempo ou de parte de tempo ou de vários tempos ou de compasso inteiro

Existem quiálteras com diferentes numerações e subdivisões, mas no momento abordaremos a mais simples delas, ou seja, três colcheias ocupando o espaço de um tempo:

As quiálteras podem ser formadas combinando-se notas e pausas:

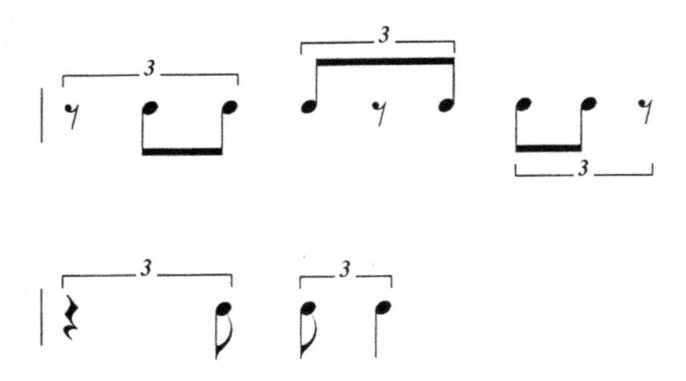

Leitura rítmica

1)

2)

3)

4)

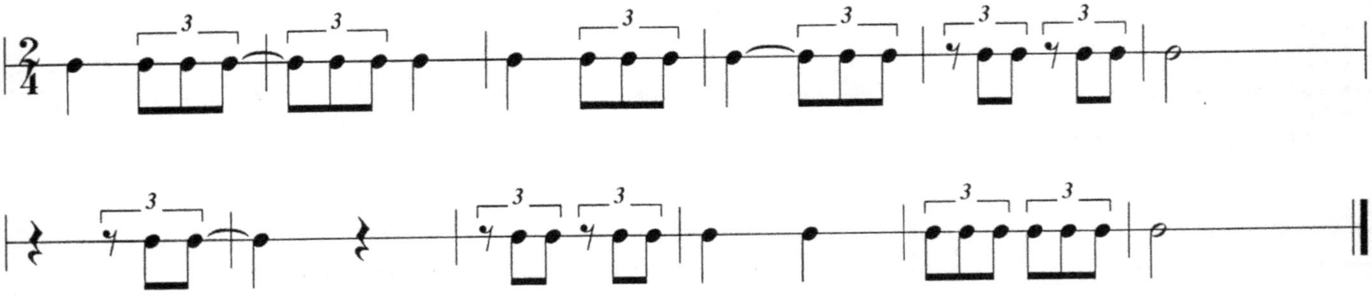

5)

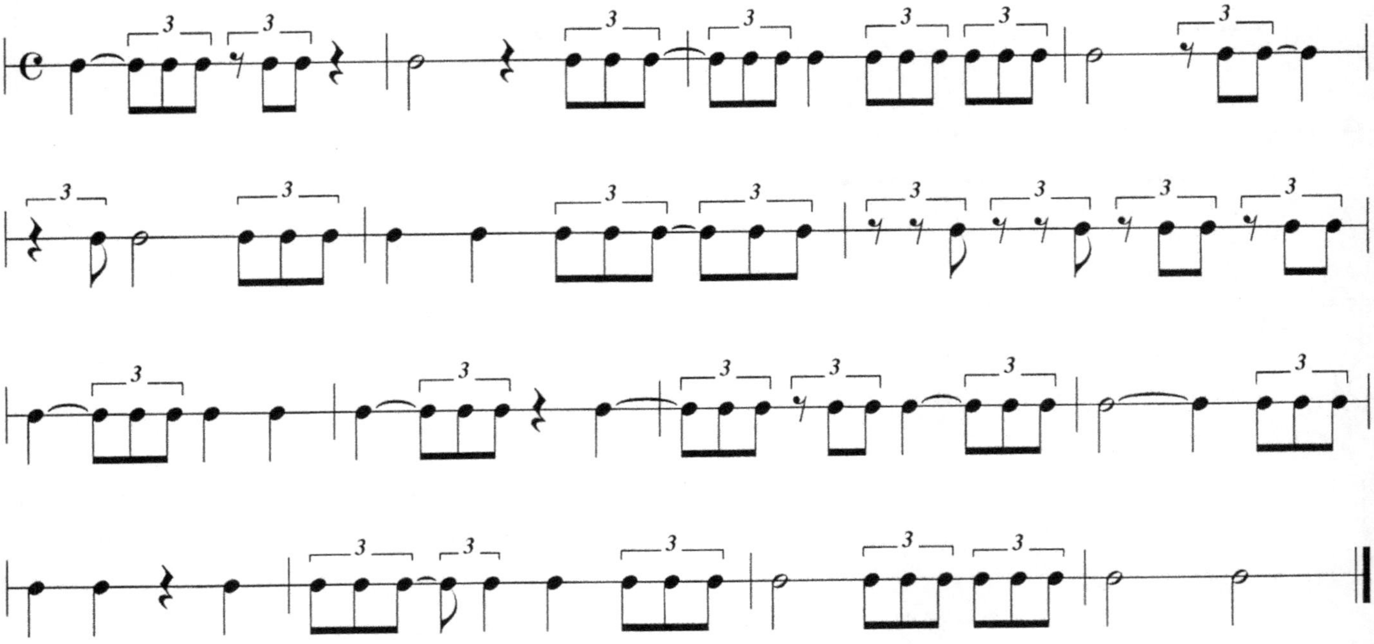

6)

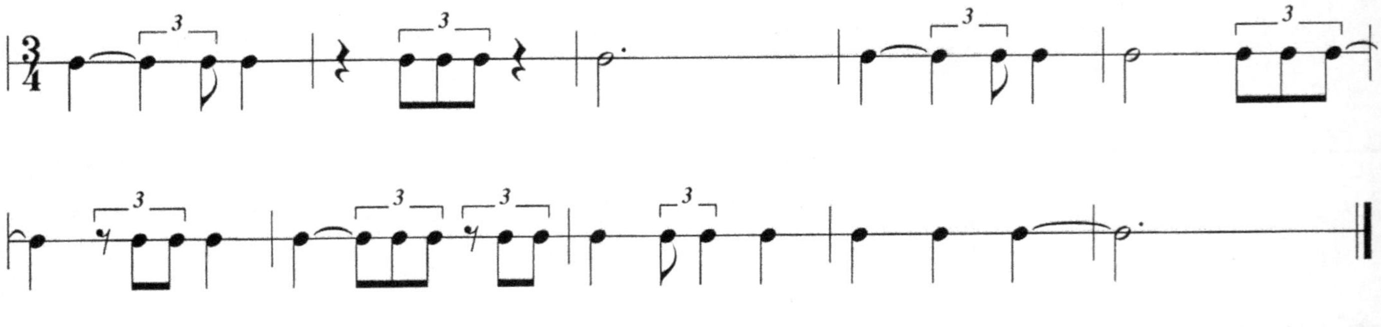

Leitura métrica

1)

2)

3)

✍ **Questionário:**

1) Defina quiáltera.
2) Como podem ser classificadas as quiálteras?
3) Para que serve a numeração colocada nas quiálteras?

AULA 25

Padrão *shuffle*

Em estilos como blues, swing, slow rock, xote e marcha inglesa (*march*), utilizamos, para colcheias agrupadas em duas ou quatro, uma interpretação diferente:
A primeira colcheia de cada tempo tem valor de 2/3 (dois terços).

duas colcheias:

a primeira passa a ter valor de 2/3:

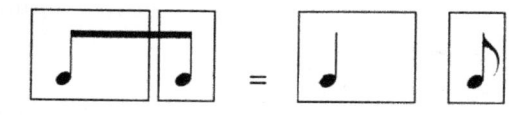

O resultado disso é o que chamamos de "padrão *shuffle*".
Observe que, nos estilos musicais acima, a pulsação interna do tempo é ternária. Portanto, sempre que encontrarmos música nos estilos acima, usaremos a pulsação do "padrão *shuffle*":

quatro colcheias   subdivisão   resultado final

Exercício: Treinamento preparatório (ficar repetindo).

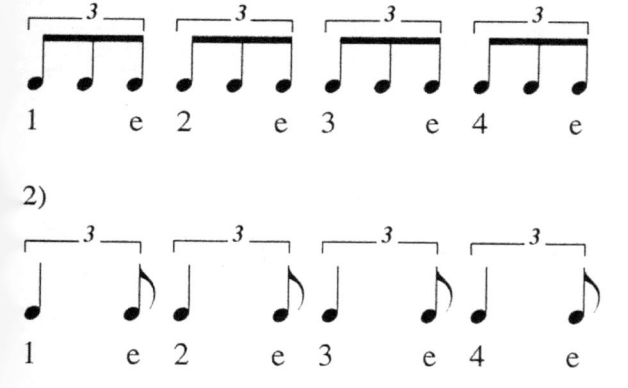

1)

1   e   2   e   3   e   4   e

2)

1   e   2   e   3   e   4   e

Leitura rítmica (utilizar padrão *shuffle*)

Leitura métrica (utilizar padrão *shuffle*)

Swing, swing (A. Adolfo)

Exercício: Toque os trechos melódicos a seguir, utilizando o padrão *shuffle*, e identifique as músicas:

1)

2)

3)

4)

5)

Leitura métrica: a duas vozes, utilizando padrão *shuffle*. (Não pronunciar as alterações).

Valswing (A. Adolfo)

Treinamento adicional (professor sugere):

Leitura métrica

✍ **Questionário:**

1) Explique o procedimento da divisão do tempo em colcheias, utilizando padrão *shuffle*.

AULA 26

Pentacorde maior

O pentacórdio ou pentacorde maior é formado pelas cinco primeiras notas da escala maior. Ele servirá de base para nosso estudo de solfejo melódico, ou seja, cantos entoados utilizando a altura exata das notas.

Tomemos como base o modelo do pentacorde maior:

Nota: Utilizaremos em nosso livro, daqui para a frente, o termo pentacorde para nos referirmos às cinco primeiras notas da escala maior.

No formato do pentacorde maior, temos a seguinte disposição de tons e semitons:

Do I para o II grau: tom (T)
Do II para o III grau: tom (T)
Do III para o IV grau: semitom (St)
Do IV para o V grau: tom (T)

Já sabemos formar tons e semitons e, assim, fica fácil formarmos qualquer pentacorde maior.

Exemplos:

1) Pentacorde de sol:

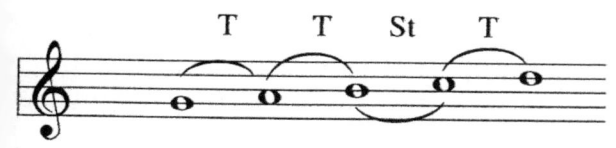

2) Pentacorde de mi bemol:

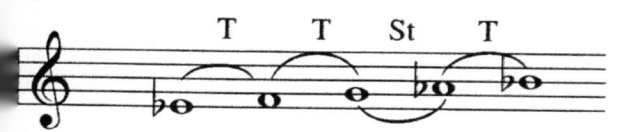

Treinamento adicional: Professor deverá tocar diversos pentacordes para que o aluno se familiarize com o som.

Exercício: Formar diferentes pentacordes maiores.

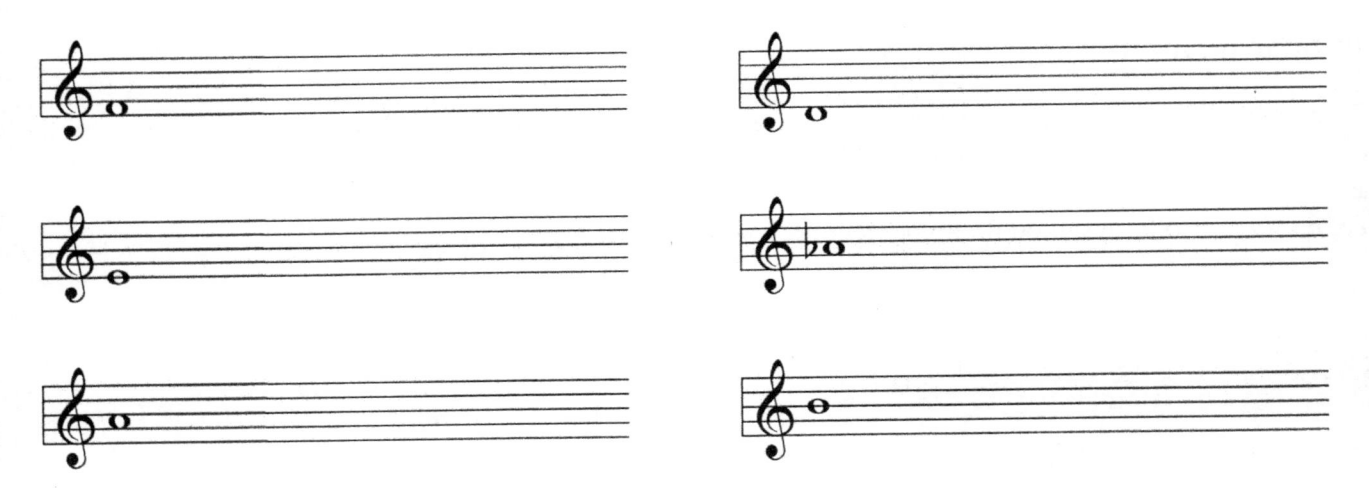

(exercícios em pauta musical)

Obs.: A partir deste ponto, combinaremos treinamento de solfejo por graus com solfejo melódico. Combinaremos também enfoque harmônico (formação de acordes) com solfejo.

✍ **Questionário:**

1) Como é formado o pentacorde maior?
2) Qual é a disposição de tons e semitons encontrada no pentacorde maior?

AULA 27

▫ Formando tríades a partir do pentacorde maior

A harmonia ajuda a vestir a música, trazendo-lhe maior beleza. Harmonia, segundo Esther Scliar (*Elementos de teoria musical*), é o aspecto vertical da linguagem musical. Esta conceituação é genérica, porquanto, no seu sentido específico, a harmonia estuda a formação, natureza, função e encadeamento dos diferentes acordes. Para tanto é muito importante o uso dos acordes.

Acorde é a estrutura una; um bloco constituído de três ou mais sons de diferentes alturas relacionados entre si.

Os acordes são formados por notas que podem ser tocadas simultaneamente ou de forma alternada (arpejada).

Para entendermos os acordes básicos, os de três sons (tríades), a melhor maneira é sabermos como construir os pentacordes maiores.

Mais adiante (aula 36), estudaremos os acordes de forma mais detalhada e completa.

Solfejo por graus: Cante com os graus.
Etapa 1: repetindo os graus do pentacorde: um, dois, três, quatro, cinco, três, um
Etapa 2: cantar, pronunciando os nomes das notas: dó, ré, mi, fá, sol, mi, dó
Etapa 3: cantar, pronunciando outras sílabas, por exemplo: lá, lá, lá, lá, lá, lá, lá

Caso o registro não suporte, pois normalmente a voz humana não consegue ter um registro maior do que duas oitavas, o aluno deverá entoar em outra oitava (mais grave ou mais aguda), conforme for necessário.

Solfejo por graus: Cante pentacordes usando também os nomes das notas.
- a duas vozes
- usando o ritmo com padrão *shuffle*

Dança dos pentacórdios (A. Adolfo)

Obs.: Todos os solfejos por graus podem ser também praticados pronunciando-se os nomes das notas nas alturas exatas. Chama-se essa modalidade de **solfejo completo**.

✍ Questionário:

1) Como podemos definir harmonia?
2) O que é acorde?

AULA 28

Intervalos (I)

Intervalo é qualquer distância entre duas alturas, duas notas musicais, sejam estas intercaladas (intervalo melódico) ou simultâneas (intervalo harmônico).

No pentacorde maior, encontramos, em relação à fundamental (nota que dá nome ao acorde), os seguintes intervalos:

segunda maior: formada por um tom ou dois semitons, o que é a mesma coisa.
terça maior: formada por dois tons (ou quatro semitons).
quarta justa: formada por dois tons mais um semitom (ou cinco semitons).
quinta justa: formada por três tons mais um semitom (ou sete semitons).

Exemplo:

2ª M   3ª M   4ª J   5ª J

Exercício: Formar pentacordes seguindo modelo dado.
Solfejo por graus: Cante os pentacordes formados pronunciando as sílabas (um, dois, três, qua(t), cin(c)). Posteriormente, cante pronunciando também os nomes das notas (**solfejo completo**).

Pentacorde de dó maior

1 2 1 3 1 4 1 5

Pentacorde de ré maior

1 2 1 3 1 4 1 5

Pentacorde de fá maior

1 2 1 3 1 4 1 5

Pentacorde de sol maior

Pentacorde de mi♭ maior

Pentacorde de lá♭ maior

Pentacorde de si maior

Pentacorde de fá♯ maior

Pentacorde de dó♯ maior   Pentacorde de mi maior

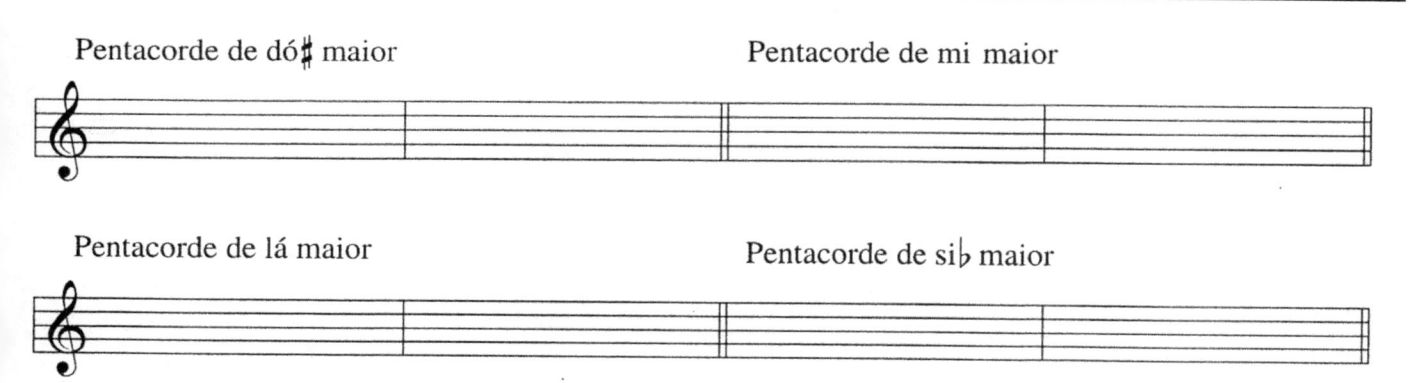

Pentacorde de lá maior   Pentacorde de si♭ maior

Treinamento adicional: Professor cria outras possibilidades com pentacordes.

Exercício: Escrever os intervalos pedidos.

Solfejo por graus: Cantar os intervalos pedidos.

1) intervalos de segunda maior para as notas dadas abaixo:

  1   2   1
  mi fá

2) intervalos de terça maior para as notas dadas abaixo:

  1   1
  mi

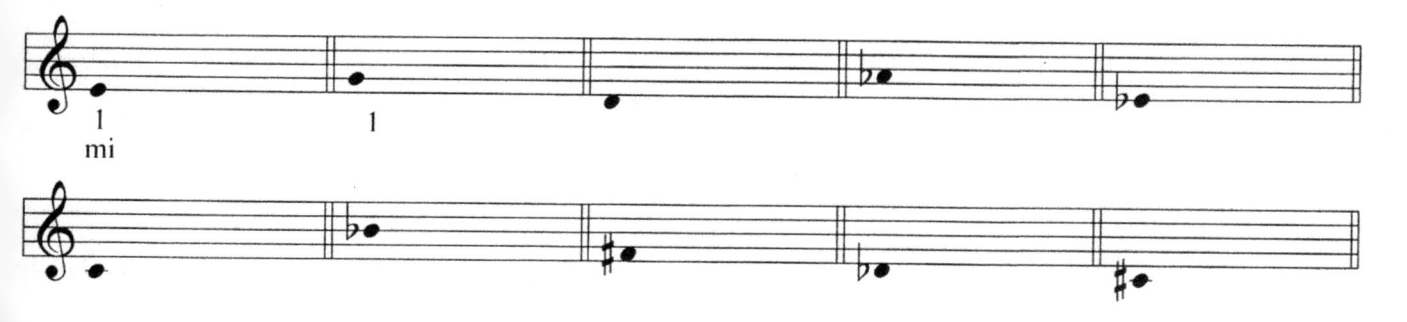

3) intervalos de quarta justa para as notas dadas abaixo:

  1
  mi

4) intervalos de quinta justa para as notas dadas abaixo:

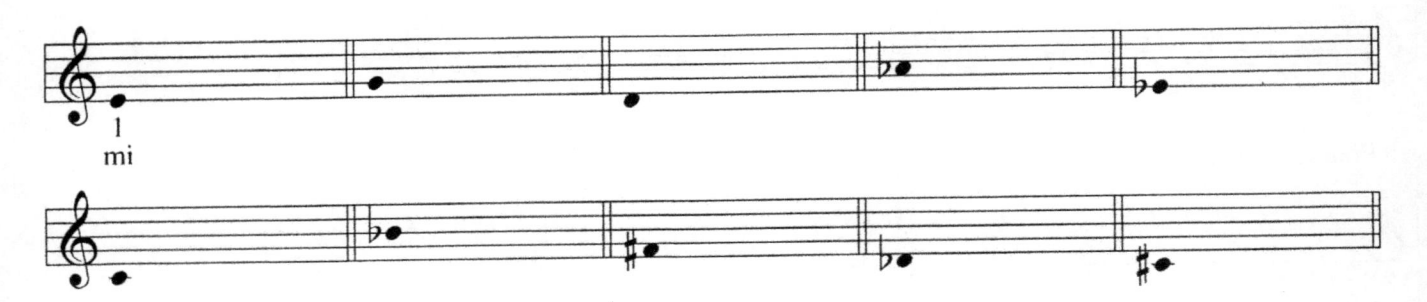

[pauta musical]
mi

[pauta musical]

✎ **Questionário:**

1) O que é intervalo em música?
2) Diferencie intervalo melódico de intervalo harmônico.
3) Qual a distância (tons e semitons) encontrada nos intervalos abaixo?
    segunda maior
    terça maior
    quarta justa
    quinta justa

AULA 29

Graus do pentacorde

Relembramos o formato do pentacorde maior:
tom, tom, semitom, tom

```
    T    T    St   T
   I   II   III  IV   V
```

> I = primeiro grau
> II = segundo grau
> III = terceiro grau
> IV = quarto grau
> V = quinto grau

Obs.: Os algarismos romanos são, normalmente, utilizados no estudo de harmonia. No entanto, faremos uso deles em nosso estudo como base para as melodias a serem escritas e cantadas e que, por sua vez, utilizarão algarismos arábicos. Vide abaixo.

Exercício: Seguindo o ritmo escrito e os graus determinados, construa melodias para os pentacordes pedidos.

Exemplo:
1)

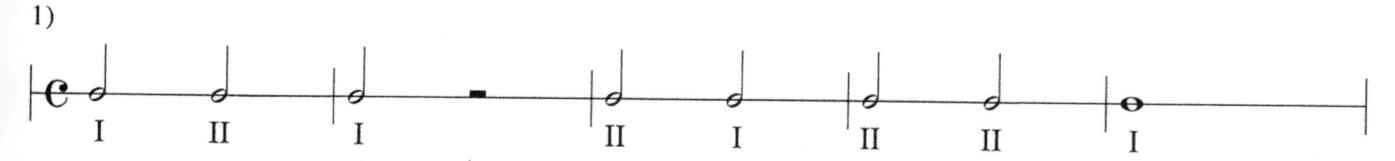

```
  I   II   I       II   I   II  II   I
```

Dó maior

```
  1   2   1       2   1   2   2   1
```

Fá maior

```
  1   2   1       2   1   2   2   1
```

Si♭ maior

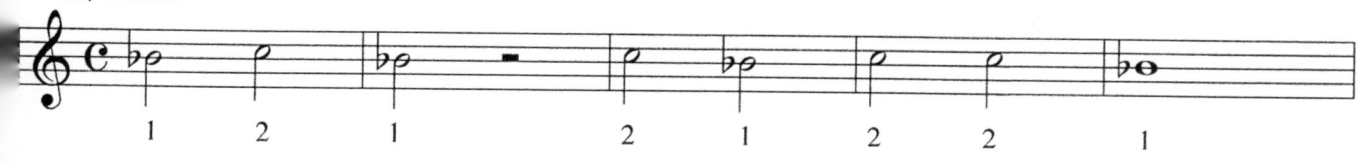

```
  1   2   1       2   1   2   2   1
```

2)

Lá maior

Sol maior

Si maior

3)

Mi maior

Ré maior

Láb maior

4)

   I   III   IV   V   IV   III   II   III   I   III   V

Mi♭ maior

Dó maior

Fá♯ maior

5)

   I   III   V   IV   III   II   I   III   V   III   I

Si maior

Ré maior

Sol maior

Solfejo por graus: Cante, utilizando as sílabas dos graus, os trechos escritos acima. Cante também pronunciando os nomes das notas.

Exercício: Escolha três tonalidades diferentes para cada um dos exemplos abaixo e transcreva as melodias para a pauta.

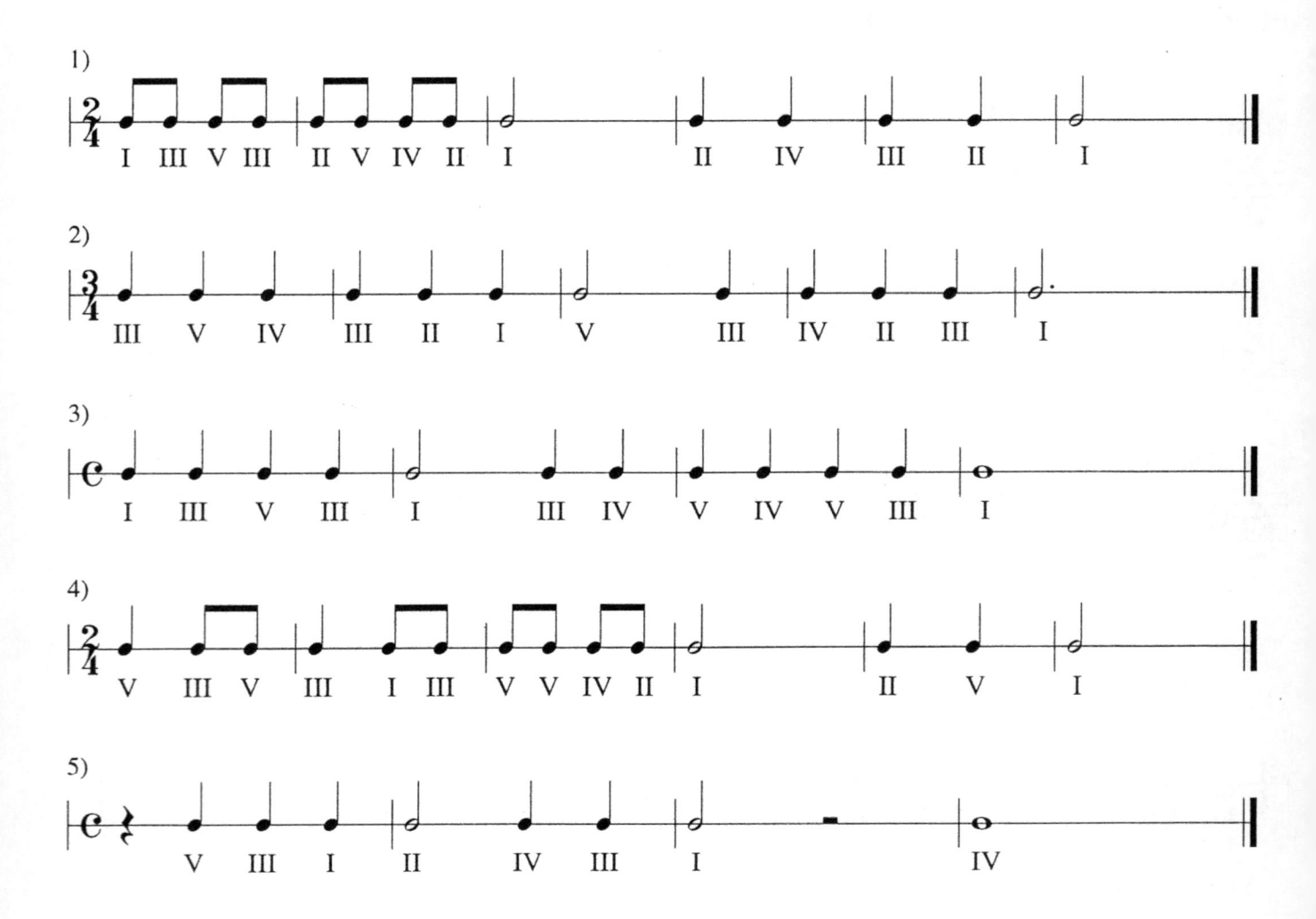

1)
I III V III II V IV II I II IV III II I

2)
III V IV III II I V III IV II III I

3)
I III V III I III IV V IV V III I

4)
V III V III I III V V IV II I II V I

5)
V III I II IV III I IV

Solfejo por graus: Cante, utilizando as sílabas dos graus, os trechos escritos acima. Cante também pronunciando os nomes das notas.

AULA 30

◦ Solfejos (até o quinto grau)

Obs.: Quando o solfejo não começar com o primeiro grau (I), procure cantar o pentacorde mentalmente, para localizar a altura exata do grau em que deveremos começar. Cante um, dois, três, quatro, cinco, três... e comece.

Solfejo por graus

1) *coral (J. S. Bach)*

2) *coral (J. S. Bach)*

3) *coral (J. S. Bach)*

4) *coral (J. S. Bach)*

5) *coral (J. S. Bach)*

6) *coral (J. S. Bach)*

7) *coral (J. S. Bach)*

8) *coral (J. S. Bach)*

9) *coral (J. S. Bach)*

10) *coral (J. S. Bach)*

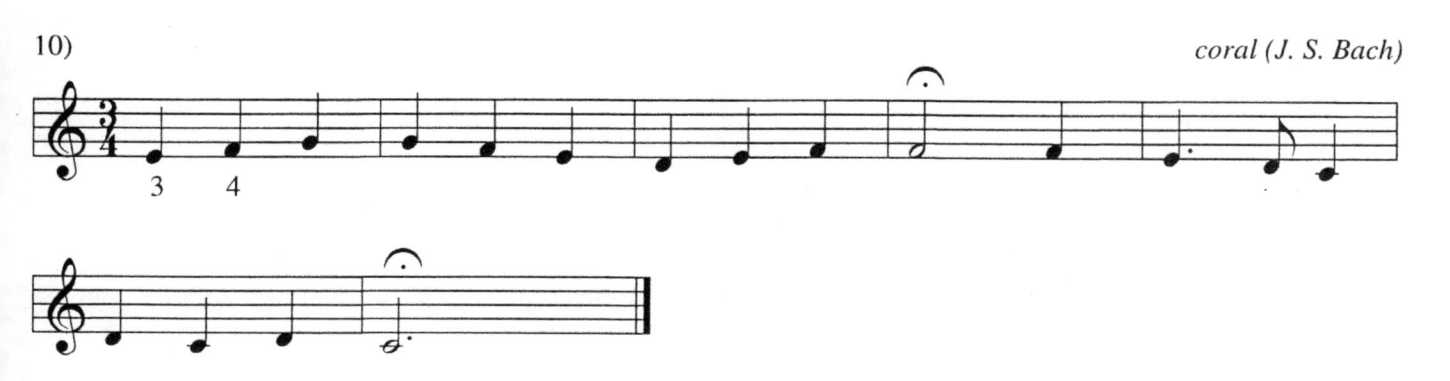

Treinamento adicional: Cante os trechos acima, pronunciando os nomes das notas.

AULA 31
Metrônomo/Andamento

▫ Metrônomo

É um aparelho que permite especificarmos o andamento ou a velocidade de pulsação das batidas de tempo. Especifica quantas batidas teremos por minuto. Hoje em dia, existem metrônomos mecânicos (tradicionais) e metrônomos eletrônicos, sendo estes de maior precisão.

Geralmente, na pauta, a indicação vem marcada pela unidade de tempo indicando a velocidade:

♩ = 80

Quanto maior for o número, mais rápido será o andamento. No entanto, é importante que a relação unidade de tempo seja igual à velocidade por minuto.

Obs.: Alguns músicos têm os andamentos na memória. É comum, também, músicos portarem um metrônomo. Os regentes de orquestra, em geral, têm os andamentos memorizados.

▫ Andamento (fixos e expressões)

A palavra andamento está intimamente ligada à velocidade em música, ou melhor, à velocidade de cada batida (pulsação) de tempo.

Os andamentos podem ser marcados como vimos anteriormente, mas também através de expressões usadas.

Eis, em ordem de aceleração, algumas expressões tradicionais, geralmente em idioma italiano, usadas para determinarmos aproximadamente os andamentos:

Obs.: Autores brasileiros, normalmente, podem usar as expressões em português.

1a) *largo* que tem unidade de tempo (ut) = 40 a 60 batidas por minuto (bpm).
1b) *larghetto* (ut = 46 a 60 bpm)
1c) *lento* (ut = 50 a 56 bpm)
1d) *adágio* (ut = 48 a 54 bpm)
2a) *andante* (ut = 60 a 63 bpm)
2b) *andantino* (ut = 66 a 69 bpm)
2c) *moderato* (ut = 80 a 88 bpm)
2d) *allegretto* (ut = 92 a 106 bpm)
3a) *allegro* (ut = 120 a 132 bpm)
3b) *presto* ou *vivo* (ut = 144 a 184 bpm)
3c) *prestíssimo* (ut = 200 a 208 bpm)

No Brasil são mais encontrados termos como:

1) *lento* (ut = 40 a 76 bpm)
2) *médio* (ut = 60 a 120 bpm)
3) *médio/rápido* (ut = 120 a 160 bpm)
4) *rápido* ou *ligeiro* (ut = 160 em diante)

Há, ainda, termos como:

1) *tempo de blues*
2) *balada/slow*
3) *sambão (acelerado)*
4) *up/fast*
5) *chorinho (rápido ou médio)* etc.

Outros termos ou expressões menos usados:

1) *lentos:*
- *grave* (extremamente lento)

2) *médios:*
- *sostenuto* (76 bpm)
- *commodo* (80 bpm)
- *maestoso* (84 bpm)
- *allegro moderato* (108 bpm)
- *animato* (120 bpm)

3) *rápidos:*
- *vivace* (120 a 132 bpm)

Andamento (variações)

Veremos adiante as alterações de andamento numa mesma peça (música). Os mais usados são:

Para acelerar: *accelerando, allargando, accelerando poco a poco.*
Para diminuir o andamento: *rall* (ralentar), *ritard* ou *allargando.*
Ad libitum (Ad Lib): tocar ou cantar sem andamento determinado (à vontade)
Rubato: à vontade, mas sem alterar a marcação do compasso.

Outros, menos usados:

1) para acelerar: *affretando, stringendo, più mosso, stretto, più vivo*
2) para diminuir: *ritardando, meno mosso, calando, smorzando*

Nuances

São expressões que antecipam os termos acima, como:

- *poco* ou *molto*
- *poco a poco*
- *non troppo*
- *assai* (muito)
- *mosso* (movimentado)

Solfejo por graus: Solfejar, observando os andamentos com suas variações e as ligaduras de expressão.

Obs.: Utilize o metrônomo como referência de andamento.

1)

folclore europeu

rall... a tempo

2)

médio *folclore europeu*

rall... a tempo

rit...

3)

ad lib *folclore europeu*

rall... a tempo *rall...*

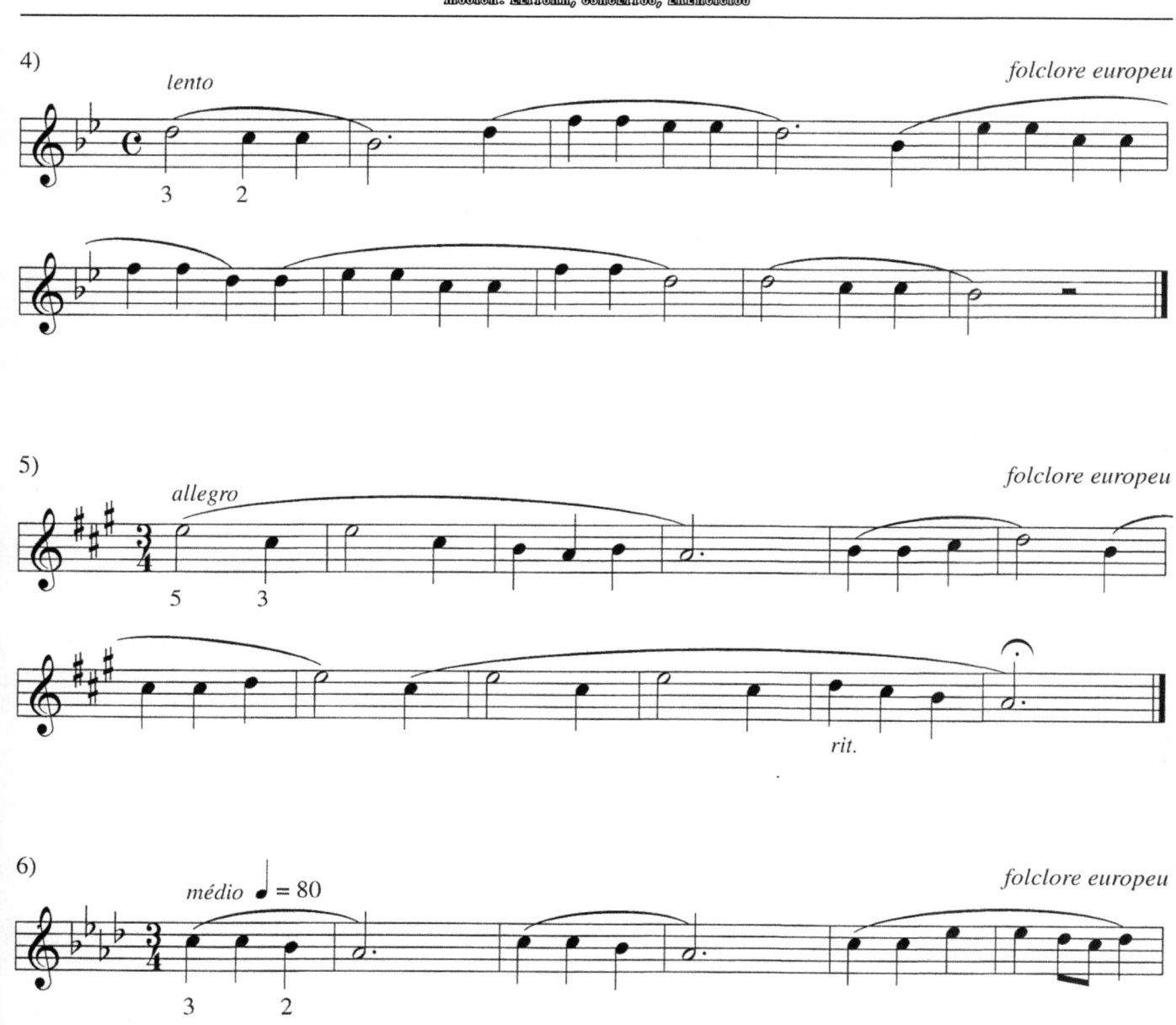

Treinamento adicional: Cante os trechos acima pronunciando os nomes das notas.

✎ Questionário:

1) Para que serve o metrônomo?
2) Como podemos interpretar a seguinte indicação: ♩ = 108?
3) Enumere duas expressões tradicionais para cada andamento (lento, médio, ligeiro).
4) Que outros termos podem ser usados para:
    a) acelerar o andamento?
    b) diminuir o andamento?
    c) tocar ou cantar sem andamento definido?

AULA 32

▫ Sinais de indicação de roteiro III (continuação)

Como vimos, podemos repetir uma parte de uma música usando o termo *ritornello* e finalizá-la de maneiras diferentes com casa de primeira e casa de segunda.

Vimos também que é possível retornar ao início se encontrarmos a expressão *Da capo* (*D.C.*) ou ainda retornar a um outro ponto qualquer estabelecido (𝄋) (*segno* ou esse).

Veremos agora que, além das possibilidades já apresentadas, podemos saltar de um ponto a outro através do sinal ⊕ (coda), ou simplesmente "ó".

Haverá repetição ou não, desde que seja estabelecida.

Exemplo:

folclore europeu

Além dos sinais de indicação dados, podemos deixar de tocar um trecho (*tacet*) e podemos prolongar uma nota indefinidamente através da *fermata*, como também já foi visto.

Exercício: Solfejar, observando as indicações de roteiro dadas.

Obs.: Utilize o metrônomo.

1) *folclore europeu*

2) *folclore europeu*

3) W. Irmer

4) *allegro* *folclore europeu*

5) *rápido* *folclore europeu*

[A] [B]

Ao [B] e ⊕

rall...

Treinamento adicional (1): Cante os trechos acima, pronunciando os nomes das notas.

Treinamento adicional (2): Professor cria outras possibilidades com indicação de roteiro.

Questionário:

1) Para que serve o sinal ⊕ ?

AULA 33

O compasso ¢

Costuma-se utilizar o compasso ¢, também conhecido como 2/2, para se contar os tempos de dois em dois, o que normalmente seriam quatro tempos em andamento lento no compasso 4/4 ou C. Por este motivo, muitas vezes o ¢ é denominado *Alla Breve* ou "cê cortado", que significa contar em espaços mais breves.

Dessa forma fica mais confortável contarmos os tempos com pulsação binária.

Com pulsação quaternária:

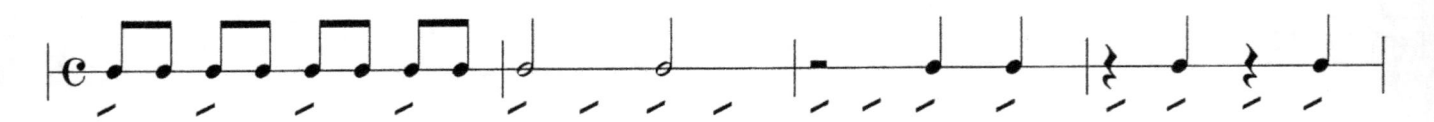

Com pulsação binária:

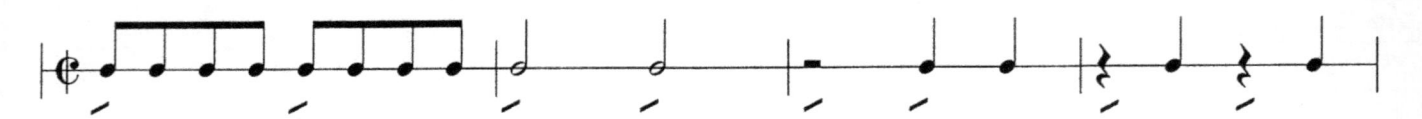

O resultado sonoro é o mesmo, porém, se contarmos a dois, poderemos tocar ou cantar com maior velocidade sem termos o desconforto de uma contagem de tempo muito rápida.

O aluno poderá constatar a diferença ao tentar tocar o exemplo acima, em andamento rápido, contando em quatro e depois em dois.

Uma outra particularidade que ocorre com compasso ¢ é a maneira como se escreve o que está contido em um tempo. Por se tratar de compasso binário, normalmente agrupam-se as colcheias de acordo com a contagem dos tempos.

Em lugar de escrevermos:

passamos a agrupar da forma abaixo:

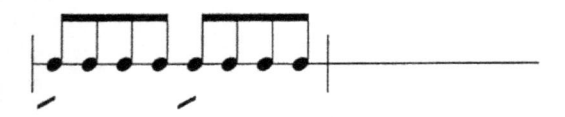

A unidade de tempo no compasso ¢ é a mínima.

Leitura rítmica
- ler também em 4/4
- adicionar o padrão *shuffle* em 4/4

(O professor poderá também sugerir leitura por graus, desde que os determine.)

1)

2)

3)

4)

✍ **Questionário:**

1) Quantos tempos contém o compasso ¢?
2) Qual é o termo também utilizado para nos referirmos ao compasso ¢?
3) Qual é a unidade de tempo (figura que corresponde a um tempo) no ¢?
4) Qual a maior vantagem em escrevermos ou cantarmos/tocarmos em ¢ em vez de C?
5) De que forma devemos agrupar as colcheias em ¢?

AULA 34

Abreviações (I): abreviações usadas para figuras rítmicas / Síncopes freqüentemente usadas em C e/ou ₡

Abreviações (I): abreviações usadas para figuras rítmicas

Muitas vezes, encontramos partituras com escrita rítmica simplificada. É comum encontrarmos as abreviações abaixo para notas repetidas:

[exemplos musicais de abreviações rítmicas e suas interpretações]

Assim, também podemos encontrar notas sem cabeça. Este recurso é muito utilizado em manuscritos de alguns arranjadores ou compositores como forma de acelerar a escrita de nota(s) da mesma altura, pois o copista (profissional que fazia cópias a mão e, hoje, em geral, utiliza softwares para tal) já sabe como interpretar a escrita simplificada. No entanto, o instrumentista deverá encontrar a partitura escrita por extenso.

Outra abreviação usada por arranjadores e compositores para acelerar a escrita refere-se à repetição de um grupo de notas.

Em vez de se escrever:

Simplesmente escreve-se:

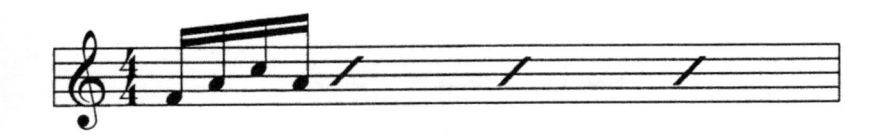

Assim como no caso anterior (notas sem cabeça), o músico deverá encontrar a partitura escrita por extenso.

◻ Síncopes freqüentemente usadas em C e/ou ¢

Algumas possibilidades com síncopes nos contratempos devem ser estudadas a partir de agora.

Regulares:

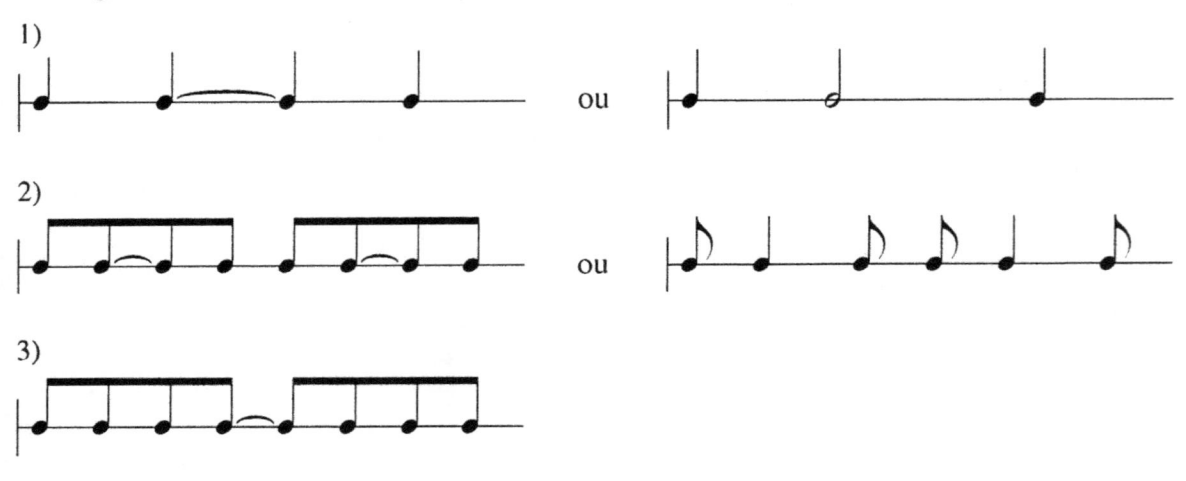

1)

2)

3)

Irregulares:

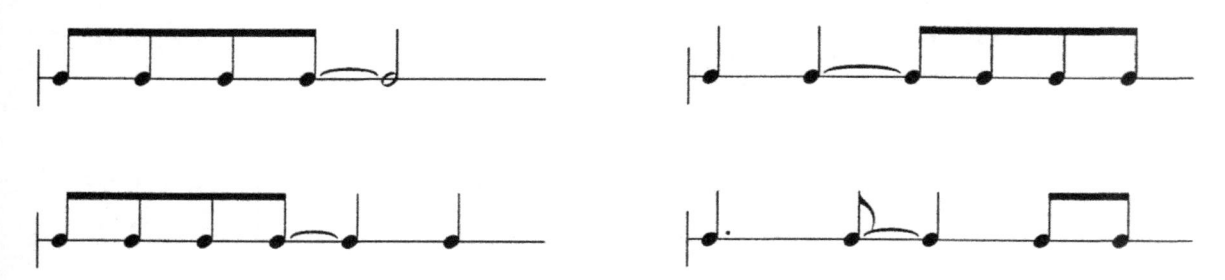

Leitura rítmica

Os trechos abaixo devem ser praticados tanto em **C** quanto em **¢**. Podem também ser estudados utilizando-se o padrão *shuffle* em compasso **C**. Caberá ao professor avaliar a necessidade de tais itens serem praticados.

O aluno deverá indicar as síncopes, marcando tanto as regulares (SR) quanto as irregulares (SI).

1)

2)

3)

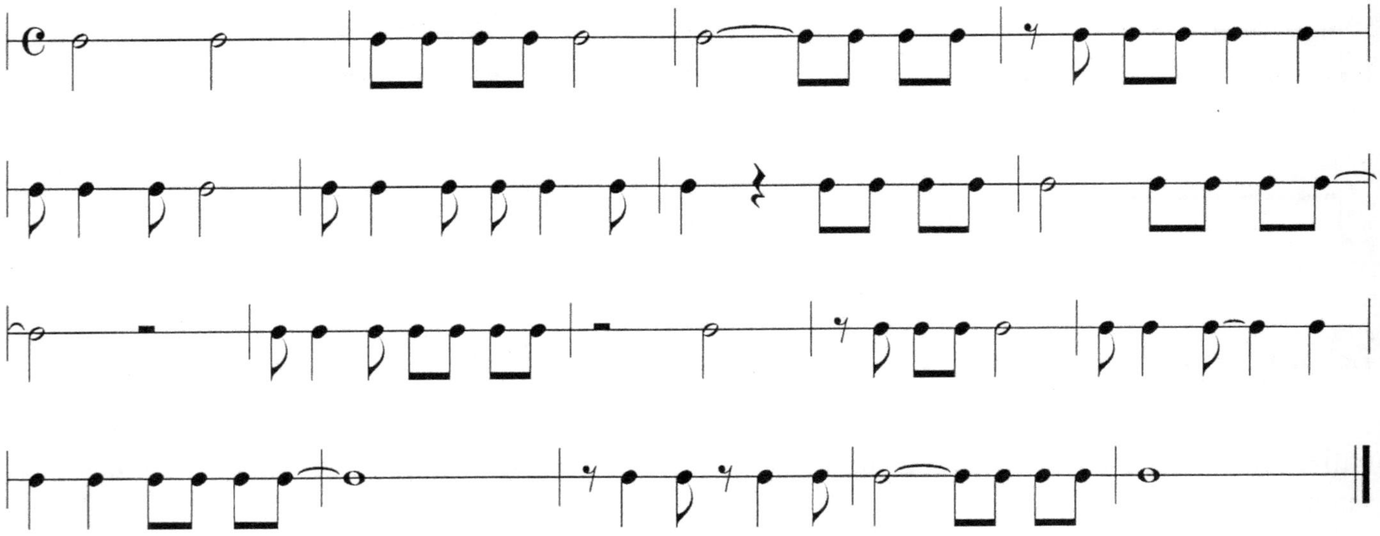

4)

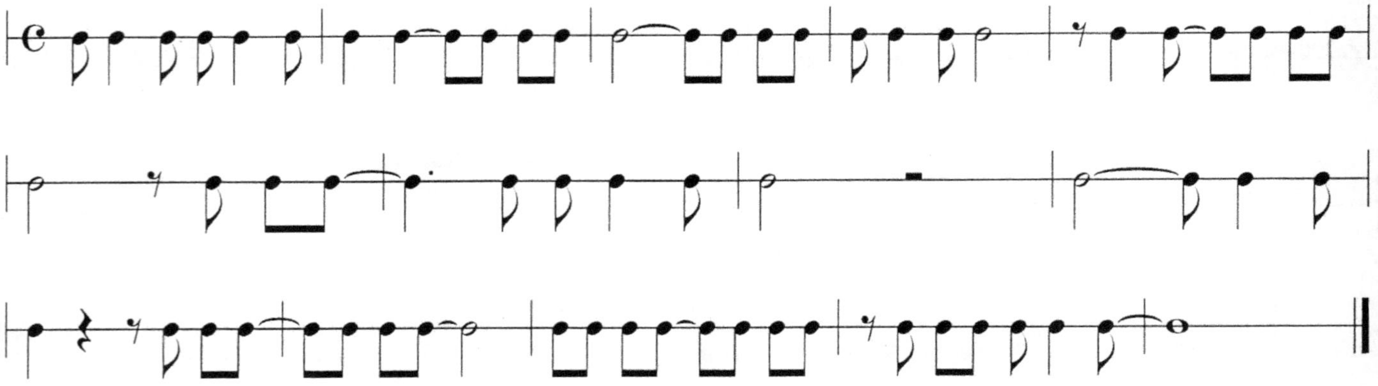

5)

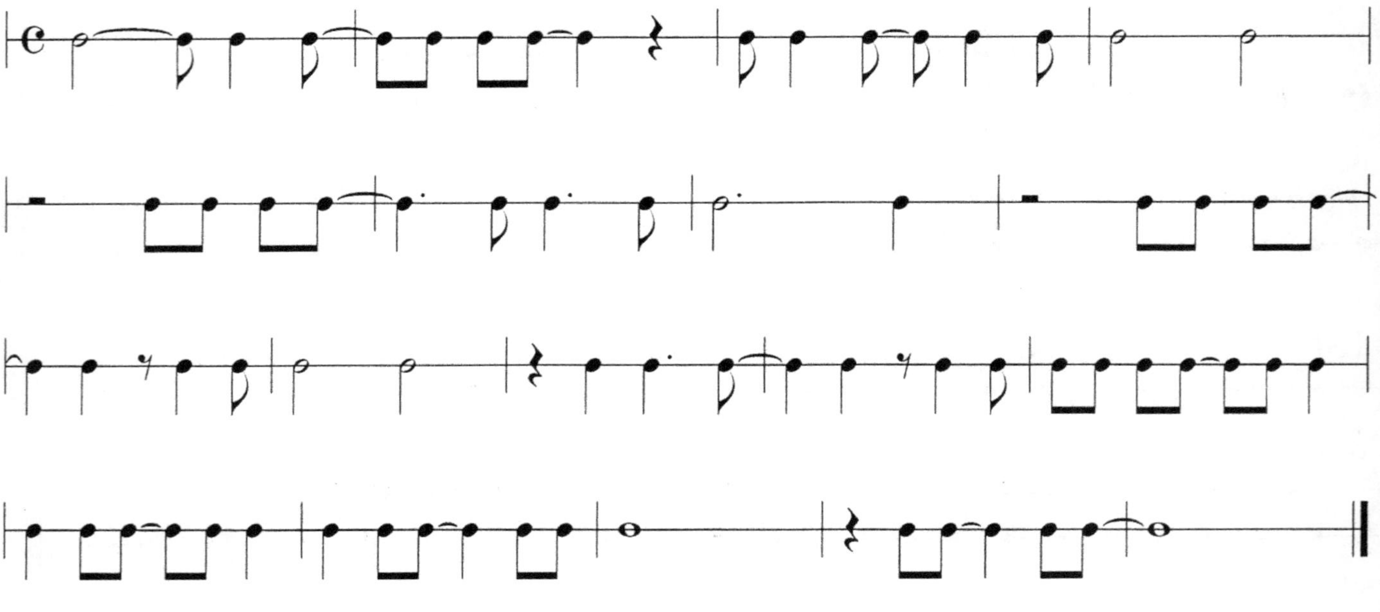

Leitura métrica

1)

2)

3)

Exercício adicional: Transcrever os exercícios 2 e 3 para a clave de sol.

✎ Questionário:

1) Como deverão ser interpretadas as abreviações abaixo? Escreva de forma não-abreviada nos compassos em branco.

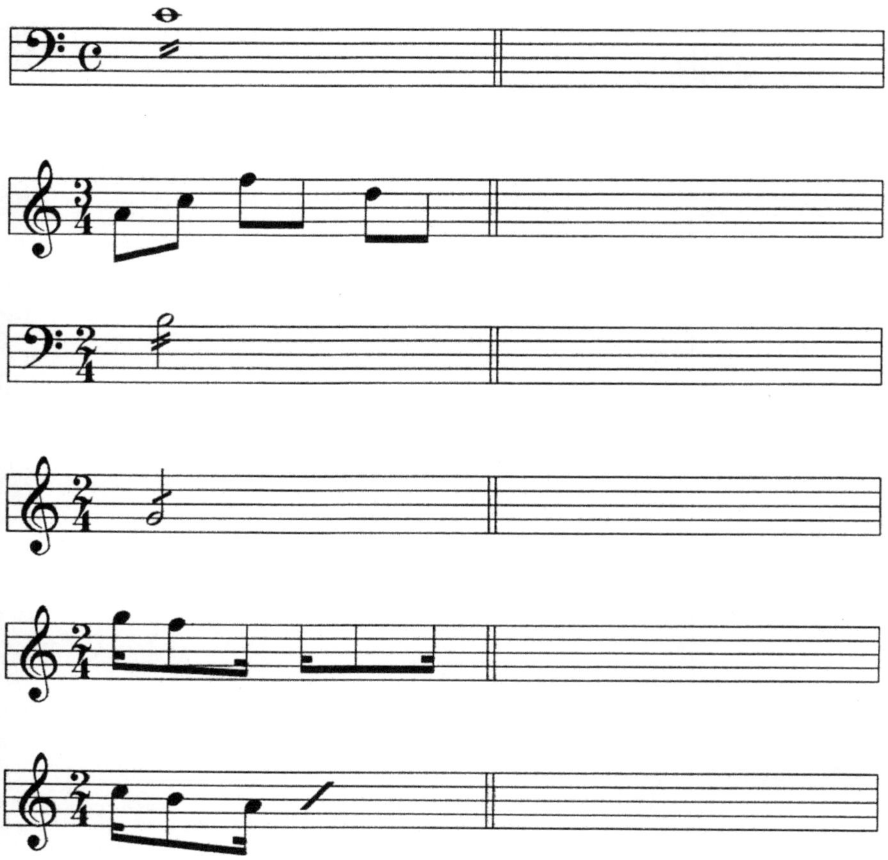

AULA 35

Semicolcheia / Relação colcheia/semicolcheia

▫ Semicolcheia

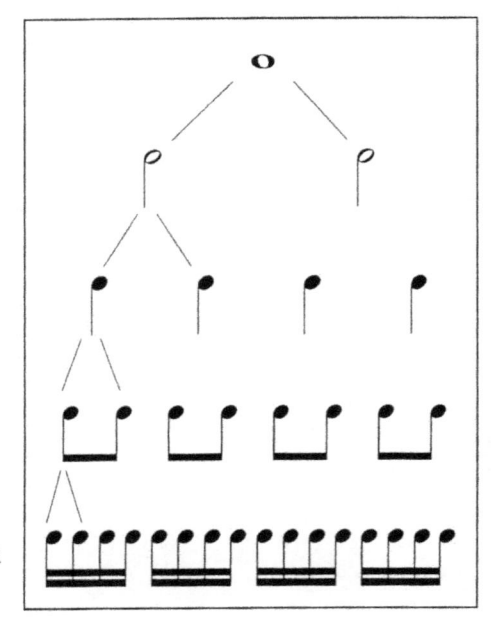

semicolcheia

A semicolcheia é a figura que tem metade do valor da colcheia, um quarto do valor da semínima etc. É representada geralmente nas formas abaixo, com dois colchetes:

♪   Isolada (menos usada, a não ser em partituras para canto)

    Agrupada em quatro

    Agrupada, com colcheia intermediária

    Agrupada, com colcheia anterior

    Agrupada, com colcheia posterior

    Agrupada em quiálteras (menos usada)

    Pausa

◻ Relação colcheia/semicolcheia

Dependendo do denominador, colcheias e semicolcheias têm o mesmo valor. Ou seja, num compasso ₵ (2/2) uma colcheia tem o mesmo valor de uma semicolcheia num compasso 2/4, ou seja, vale um quarto de tempo.

Leitura rítmica

1)

2)

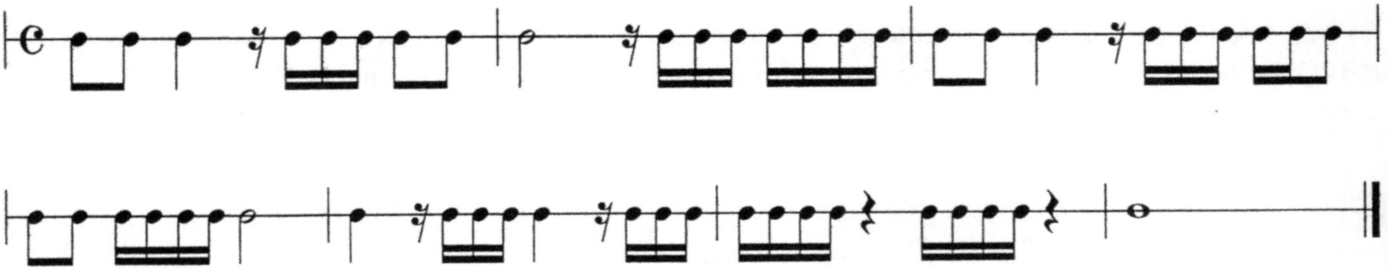

3)

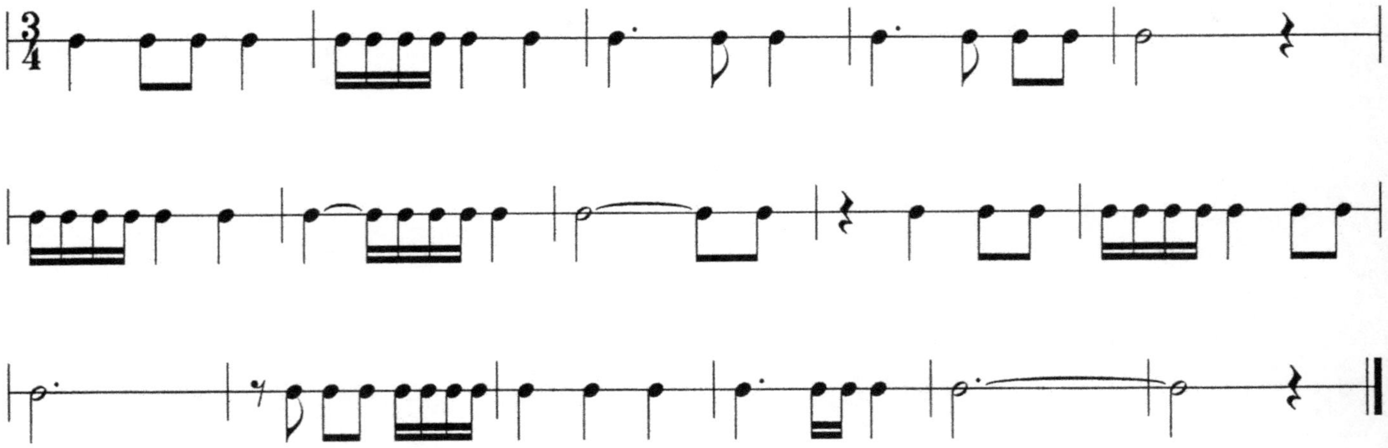

4)

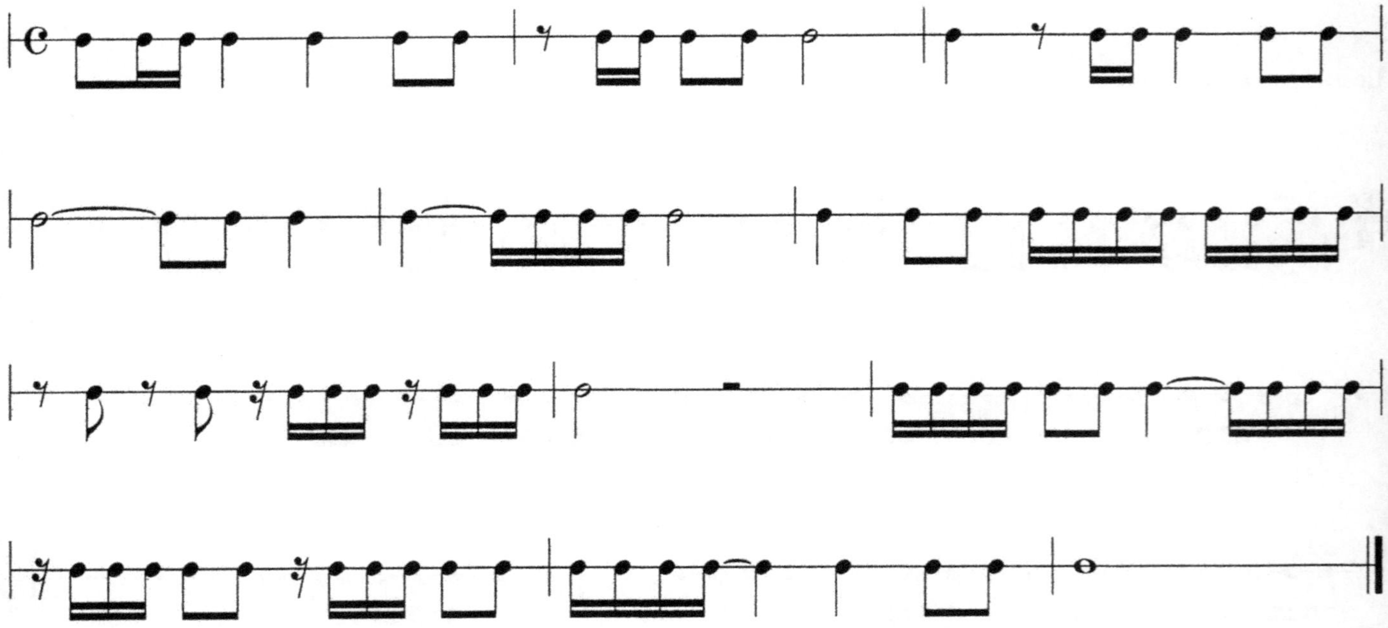

5)

6)

Exercício: Transforme o trecho abaixo em compasso 2/4.

Exercício: Reescreva o exercício nº 5 da página anterior, mudando o compasso para ₵, e leia o que escreveu.

Como podemos notar, é muito freqüente o aparecimento de semicolcheias em compasso 2/4. As semicolcheias também aparecem constantemente no compasso **C** (4/4).

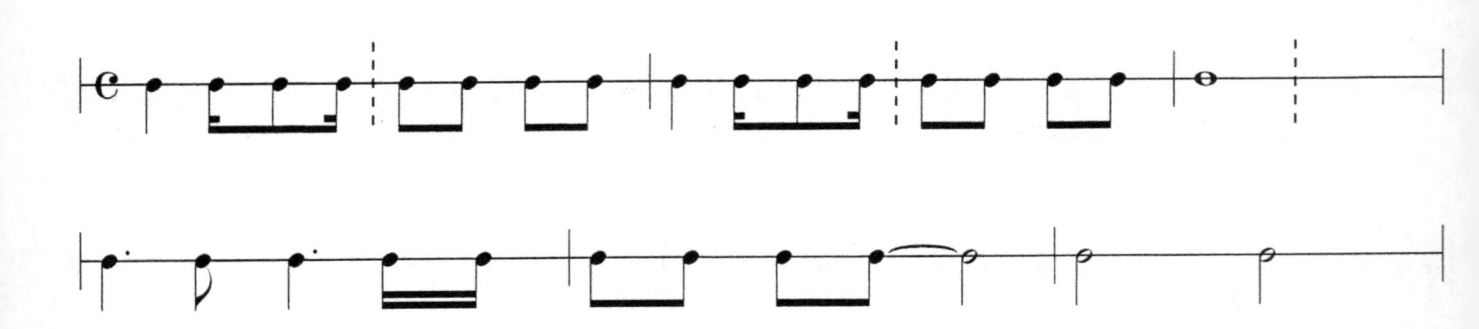

Leitura métrica

1)

2)

3)

Questionário:

1) Quanto vale uma semicolcheia em relação à colcheia?
2) E em relação à semínima?
3) Explique a relação colcheia/semicolcheia em compassos binários com denominadores diferentes.

AULA 36

Os quatro elementos da música / Acordes/Intervalos (II) / Tríade maior / Tríade menor

▫ Os quatro elementos da música

Apesar dos tratados de teoria musical afirmarem que a música contém três elementos (melodia, harmonia e ritmo), adotamos neste livro um quarto elemento – a linha do baixo. Sendo assim, em música, temos os quatro elementos seguintes:

1) melodia
2) harmonia
3) ritmo
4) linha do baixo

Separá-los pode ser um equívoco, pois, na verdade, um elemento se funde com o outro:

A melodia contém harmonia e ritmo, e pode estar na linha do baixo, que, por sua vez, abraça todos os outros elementos. Existem instrumentos musicais dedicados mais a um ou outro elemento. Por exemplo, a flauta é um instrumento melódico, mas isso não impede que ela utilize todos os quatro elementos. Por sua vez, o contrabaixo e a tuba dedicam-se mais ao elemento linha do baixo e, mesmo assim, não deixam de ser melódicos, harmônicos e rítmicos. Até mesmo um percussionista munido de diferentes instrumentos de percussão pode estar desempenhando os diferentes elementos apesar de seu elemento principal ser o ritmo.

▫ Acordes / Intervalos (II)

Como vimos anteriormente, acorde é a combinação de três ou mais notas (três ou mais sons) tocadas simultânea ou alternadamente e que constituem a essência da harmonia em música.

Os acordes podem ser classificados:

1) quanto à sonoridade:

a) consonantes
b) dissonantes

Obs.: O conceito de dissonância é relativo e subjetivo.

2) quanto à disposição e quantidade de notas:

a) tríades (três sons com terças superpostas)
b) tétrades (quatro sons com terças superpostas)
c) tétrades (quatro sons com terças superpostas) com extensões de sexta, nona, décima primeira e décima terceira
d) quartas superpostas
e) formações variadas não-tradicionais

3) quanto à posição:

a) estado fundamental
b) invertido (primeira inversão, segunda inversão, terceira inversão)

4) quanto à posição do baixo:

    a) na fundamental (nota que dá nome ao acorde)
    b) invertido (terça, quinta, sétima)
    c) trocado (outros)

Cifragem é o conjunto de abreviações (símbolos) que determinam os acordes. Em música popular, costumamos utilizar cifragem para designar os acordes. As notas fundamentais, que dão nome aos acordes, são representadas por letras maiúsculas (prefixos), que vão de **A** (lá) a **G** (sol).

Podem vir acompanhadas de sufixos, que determinam a qualidade dos acordes. Quando a letra maiúscula inicial vier sozinha, estaremos diante de uma tríade maior. Quando acompanhada da letra **m** minúscula, temos uma tríade menor.

A partir do pentacorde maior, podemos formar as tríades básicas bem como as tríades complementares, que veremos mais adiante.

Tríades básicas: tríade maior, tríade menor, tríade aumentada e tríade diminuta.

Pentacorde de dó maior:

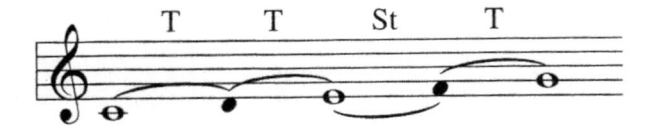

□ Tríade maior

Tomemos a primeira (fundamental), a terceira (terça maior) e a quinta nota (quinta justa) do pentacorde maior e estamos diante de uma tríade maior.

Cante:

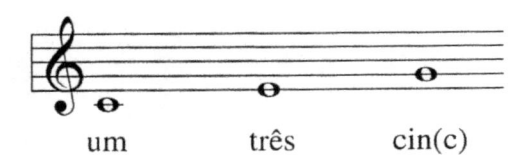

um   três   cin(c)

Lembrete: cin(c) é usado como abreviação de cinco para efeito de solfejo por graus.

Exercício: Forme pentacordes a partir das notas dadas e escolha o primeiro, terceiro e quinto graus de cada um deles, formando, assim, as tríades maiores respectivas.

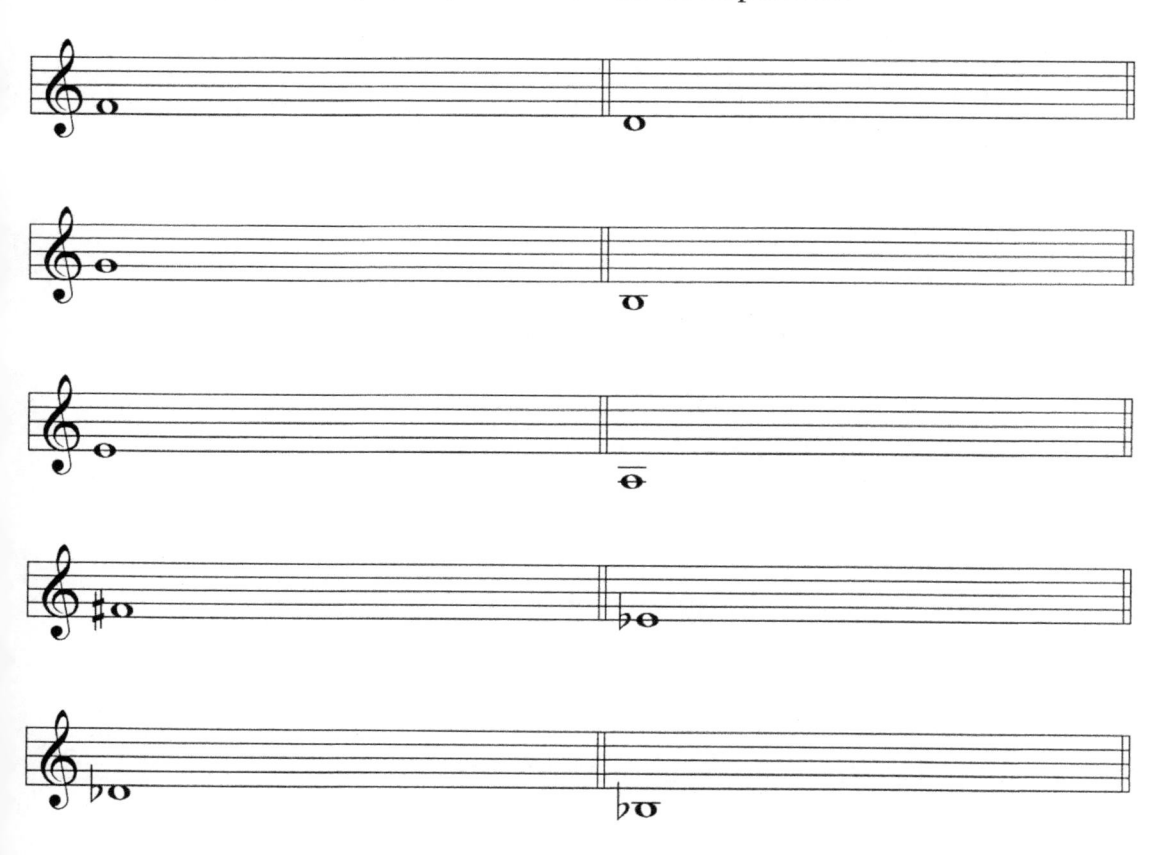

Solfejo por graus: Cante os acordes escritos acima, utilizando as sílabas um, três, cin(c) e, depois, pronunciando os nomes das notas (**solfejo completo**).

▫ Tríade menor

Para obtermos uma tríade menor basta diminuirmos um semitom da terça (terceira nota do pentacorde).

Pentacorde de dó maior:

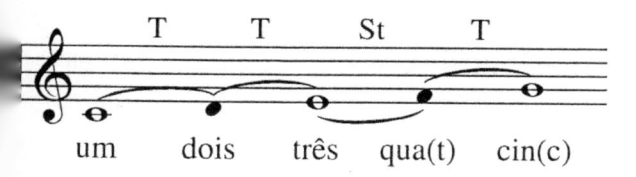

Acorde de dó maior

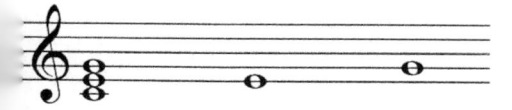

Acorde de dó menor (com terça menor)

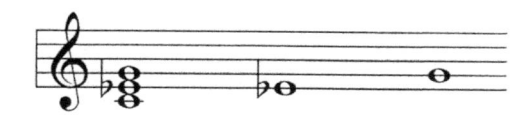

Pentacorde de fá maior:

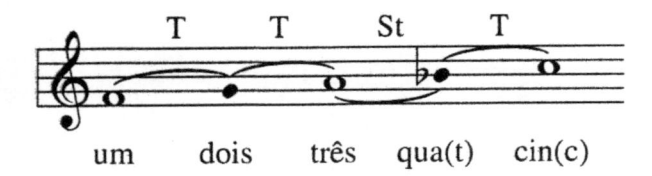

um   dois   três   qua(t)   cin(c)

Acorde de fá maior   Acorde de fá menor

Sendo assim, temos, na terça menor, uma distância que totaliza um tom e um semitom.

Exercício: Escreva, vertical e horizontalmente, os seguintes acordes menores.

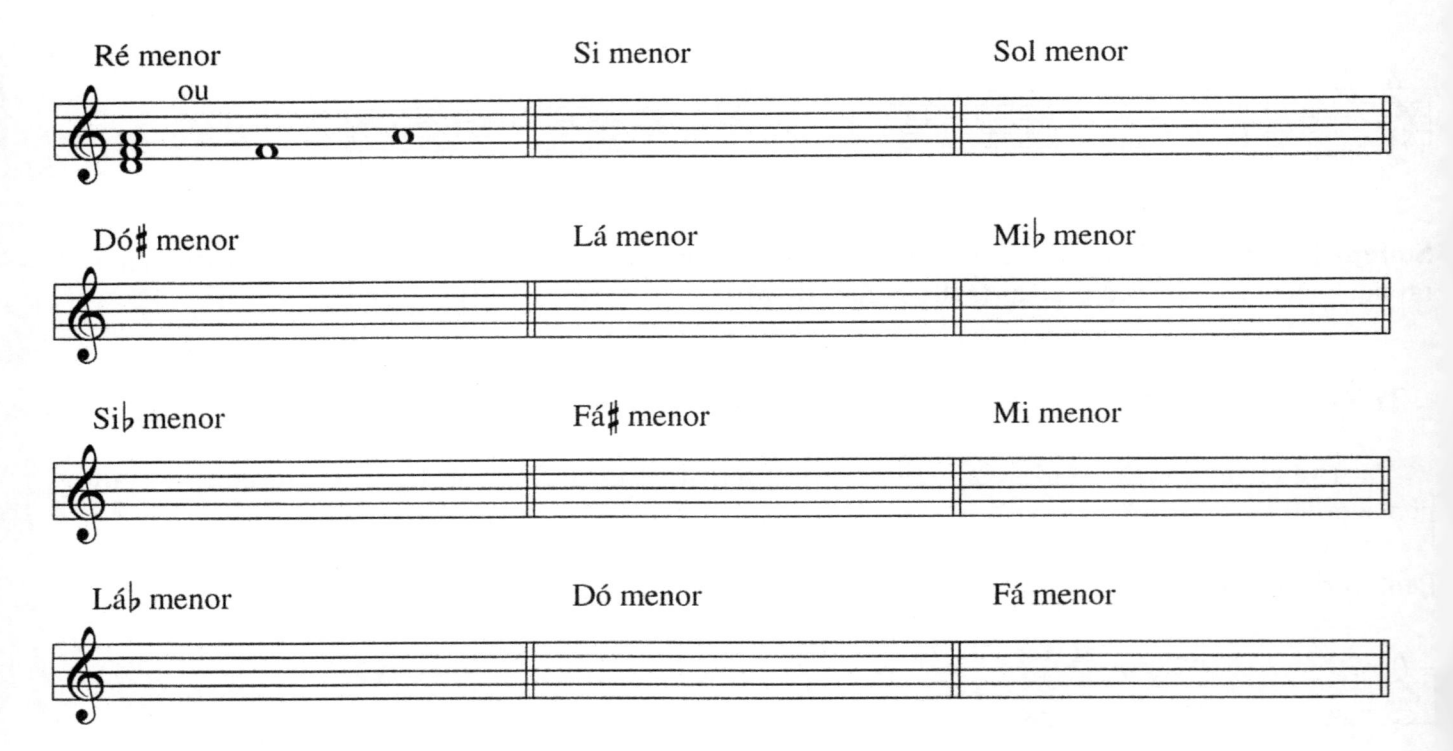

Ré menor   ou   Si menor   Sol menor

Dó# menor   Lá menor   Mi♭ menor

Si♭ menor   Fá# menor   Mi menor

Lá♭ menor   Dó menor   Fá menor

Solfejo por graus: Cante os acordes acima, utilizando as sílabas um, três, cin(c) e, depois, pronunciando os nomes das notas.

Cifragem das tríades maiores e tríades menores

A = Lá maior	Am = Lá menor
B = Si maior	Bm = Si menor
C = Dó maior	Cm = Dó menor
D = Ré maior	Dm = Ré menor
E = Mi maior	Em = Mi menor
F = Fá maior	Fm = Fá menor
G = Sol maior	Gm = Sol menor

Treinamento adicional (percepção): Professor canta ou toca de forma arpejada diferentes tríades maiores e menores para que o(s) aluno(s) as identifique(m).

Podemos adicionar bemois ou sustenidos à cifragem das diferentes tríades:
C♯m (acorde de dó sustenido menor), **B♭** (acorde de si bemol maior)

Exercício: Escreva os seguintes acordes. (Atenção à clave.)
   Obs.: A partir deste ponto, podemos escrever os acordes em posição vertical somente.

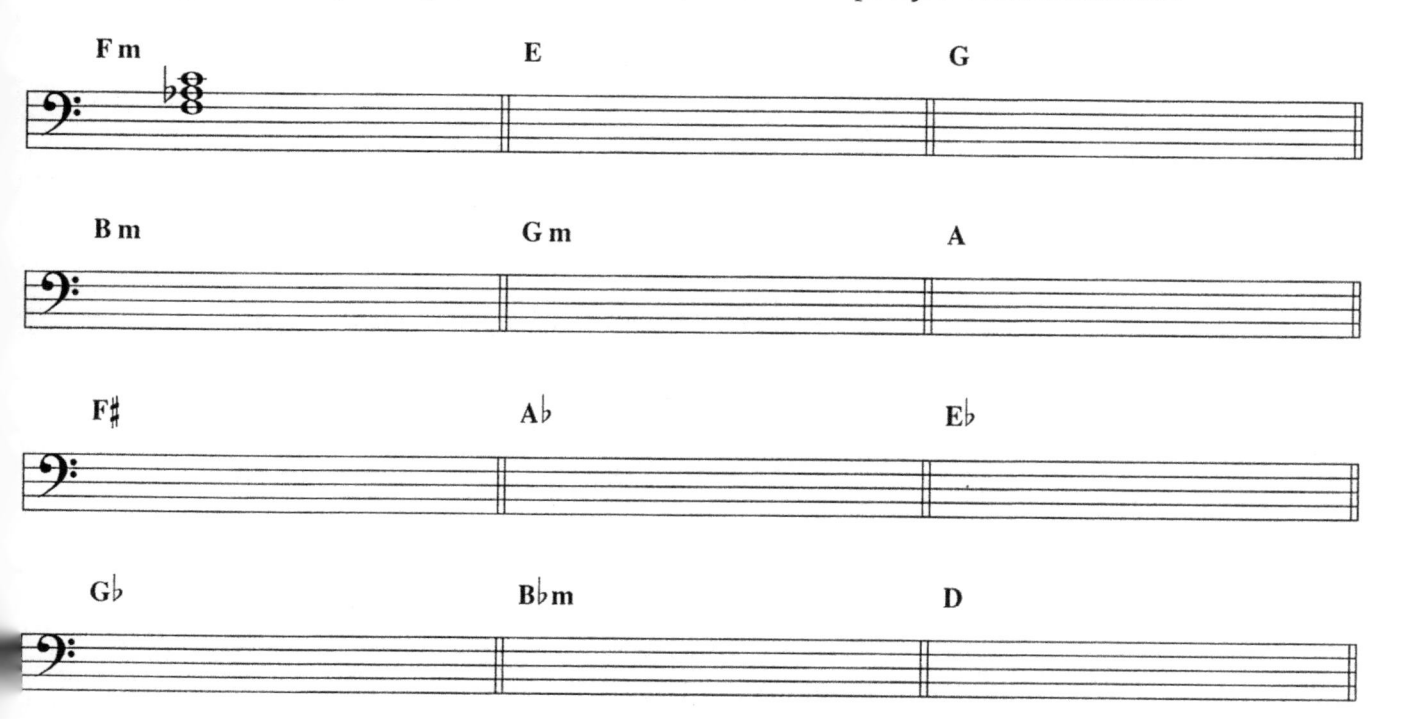

Fm   E   G

Bm   Gm   A

F♯   A♭   E♭

G♭   B♭m   D

Solfejo por graus: Cante os acordes acima usando as sílabas/notas um, três, cin(c). Cante também pronunciando os nomes das notas.

Treinamento adicional: Cante sem pronunciar as sílabas um, três, cin(c) nem os nomes das notas. (Professor sugere outras sílabas, como por exemplo: lá-lá-lá, ou iê-nã-nã, ou ainda pá-lá-iá etc.)

✎ **Questionário:**

1) Quais são os quatro elementos da música?
2) Como podemos classificar os acordes?

    a) quanto à sonoridade
    b) quanto à disposição e à quantidade de notas
    c) quanto à posição
    d) quanto à posição do baixo

3) Defina cifragem.
4) Quais são as letras maiúsculas utilizadas para dar nome aos acordes?
5) Como podemos representar as tríades menores?
6) Que intervalos encontramos na tríade maior?
7) Quantos tons e semitons temos em uma terça menor?

AULA 37

Quiáltera (II)
Tercinas

Dá-se o nome de tercinas a um grupo de três notas de igual duração, equivalendo ao valor de outras notas (normalmente uma, como já foi visto, duas ou quatro).

As tercinas podem ser compostas por mínimas, semínimas, colcheias etc. As combinações mais usadas são compostas por semínimas ou colcheias.

Como vimos anteriormente, as quiálteras com três notas são acompanhadas pelo algarismo 3 dentro de uma chave.

Exemplos:

1)

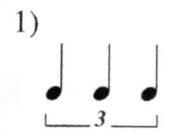

tem o mesmo valor de:    ou de: ou de:

2)

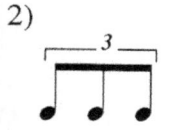

tem o mesmo valor de:    ou de: ou de:

Exemplo em 4/4:

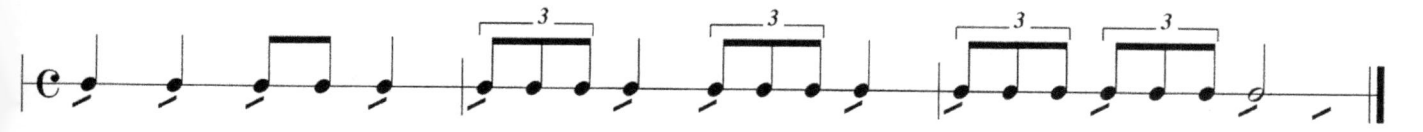

Exemplo em ¢:

Exemplo em 2/4:

Exemplo em 3/4:

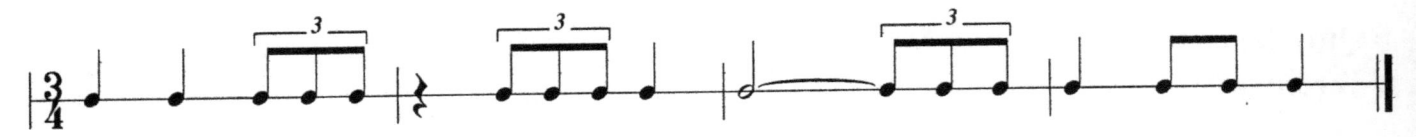

Entendidas as tercinas, agora é questão de praticá-las.

Leitura rítmica

1)

2)

3)

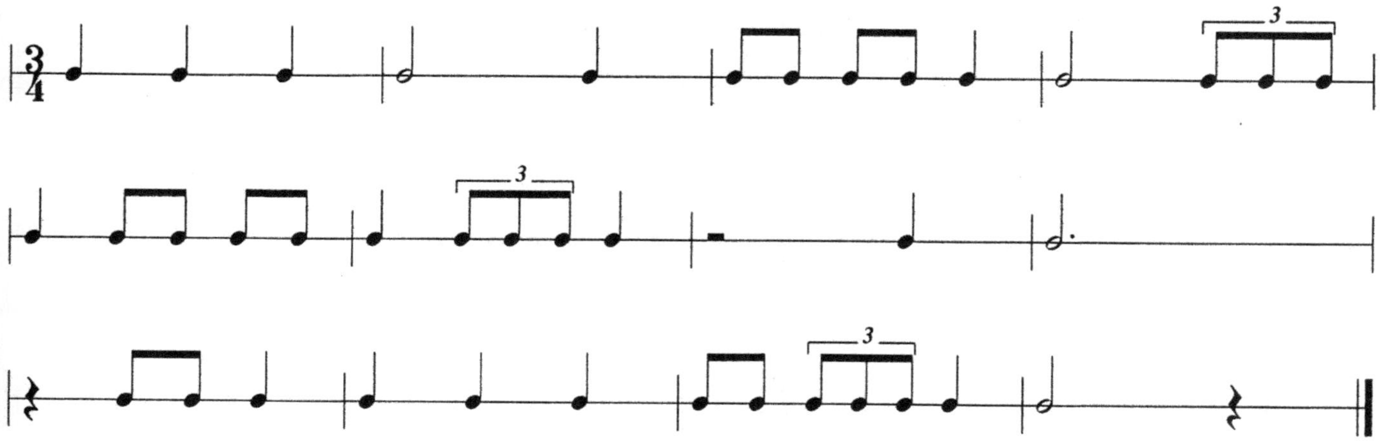

4)

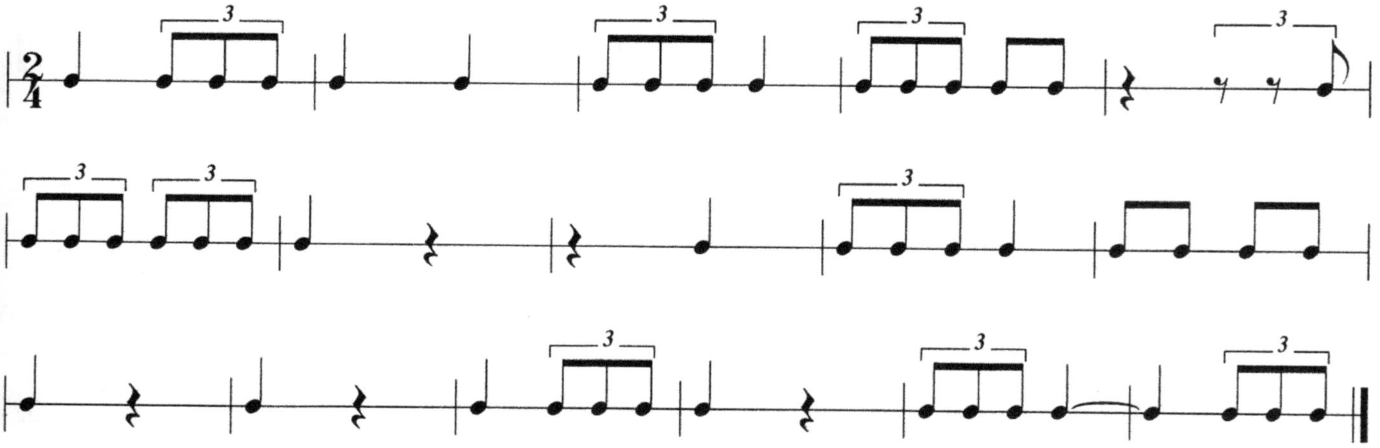

5)

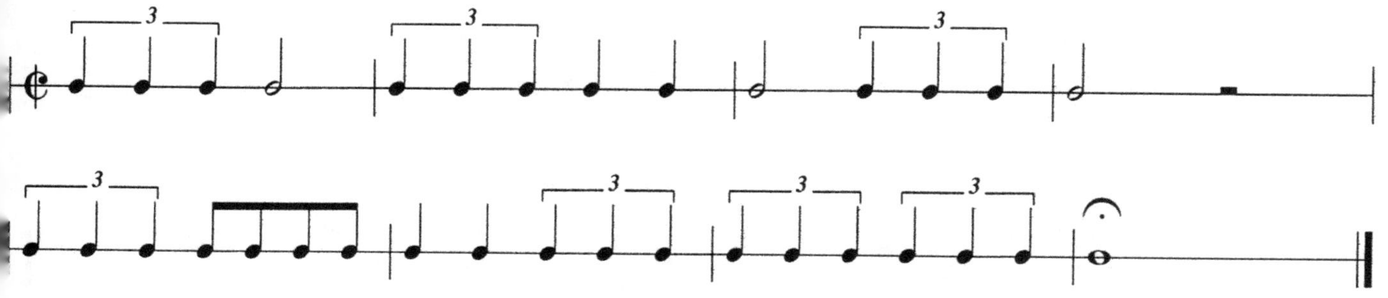

6)

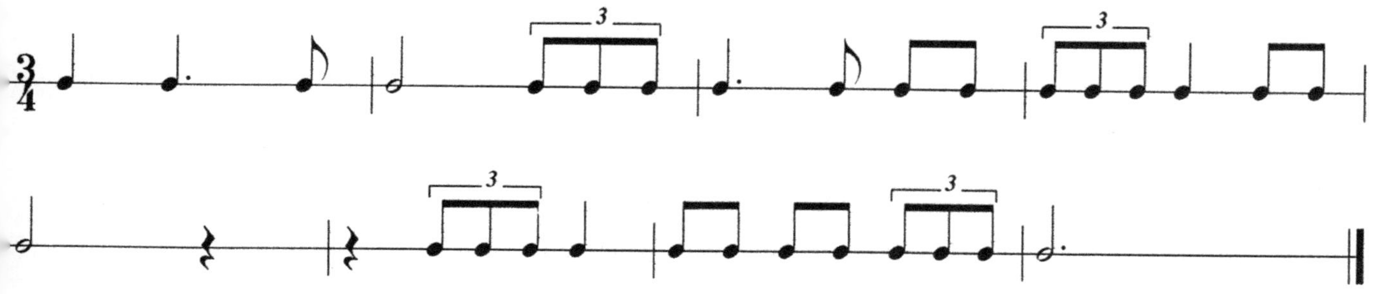

7)

Leitura métrica

1)

2)

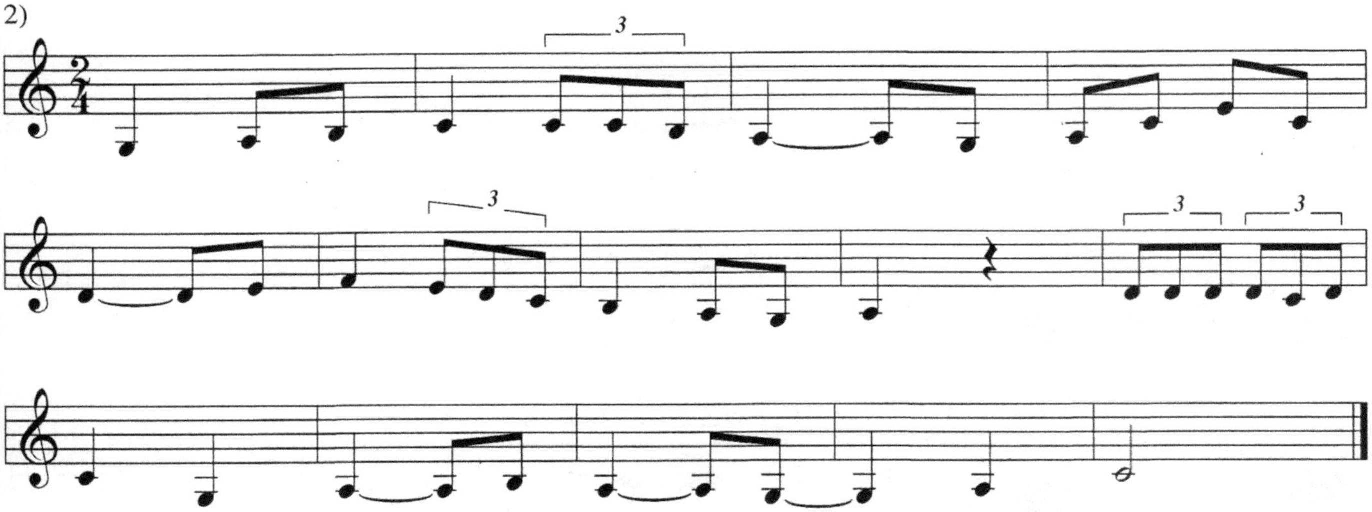

3)

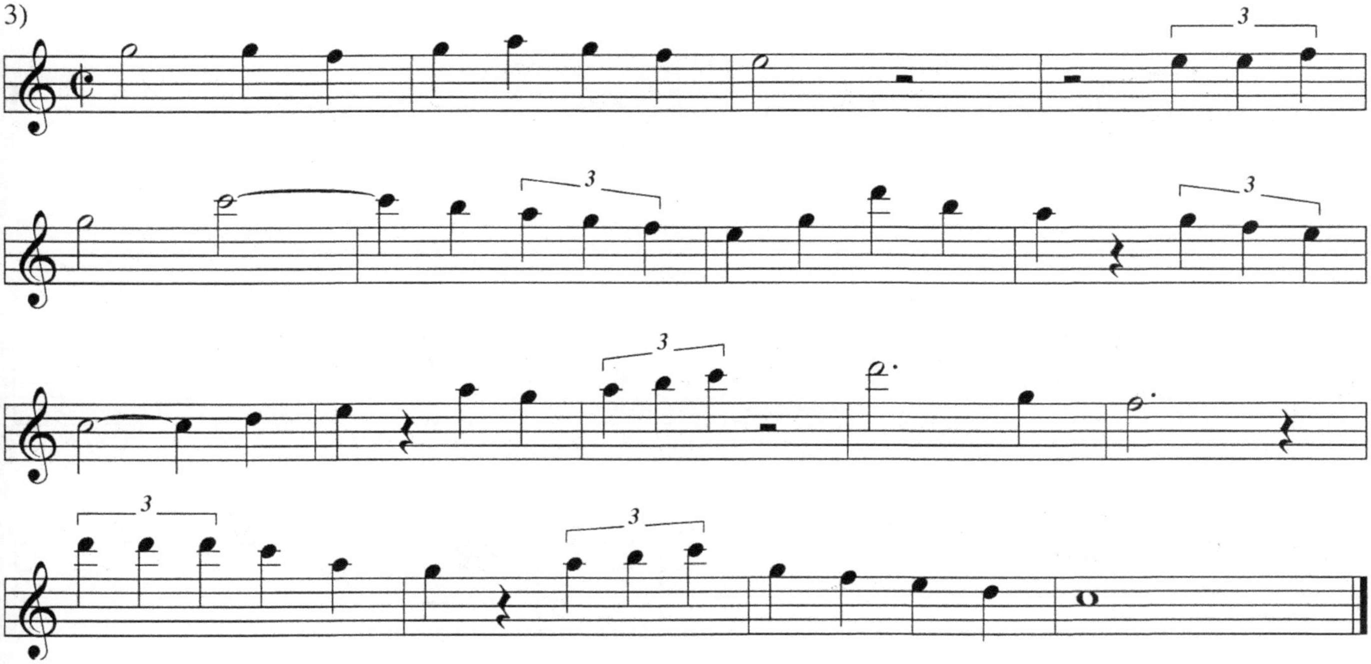

4)

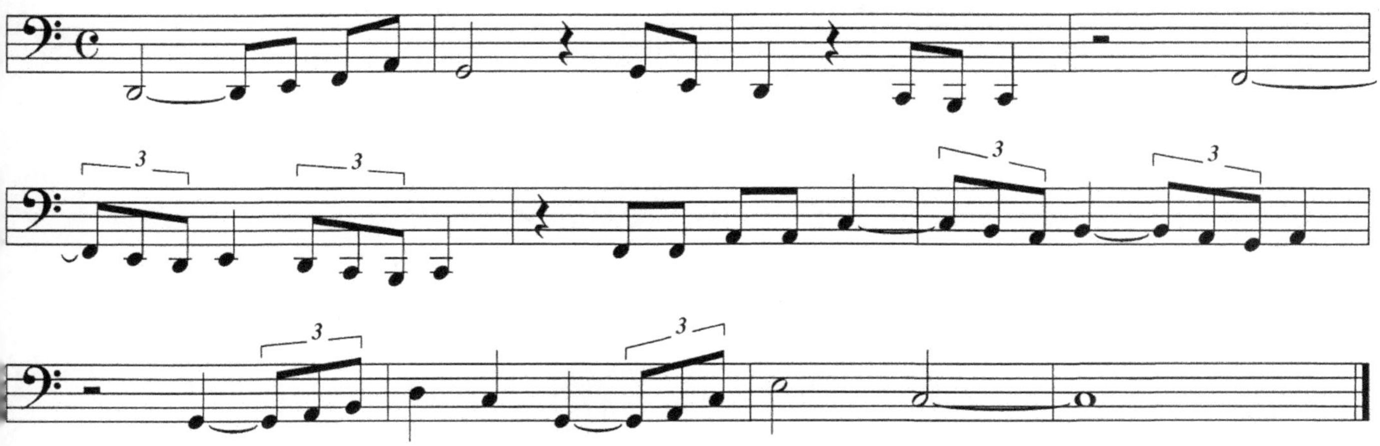

5)

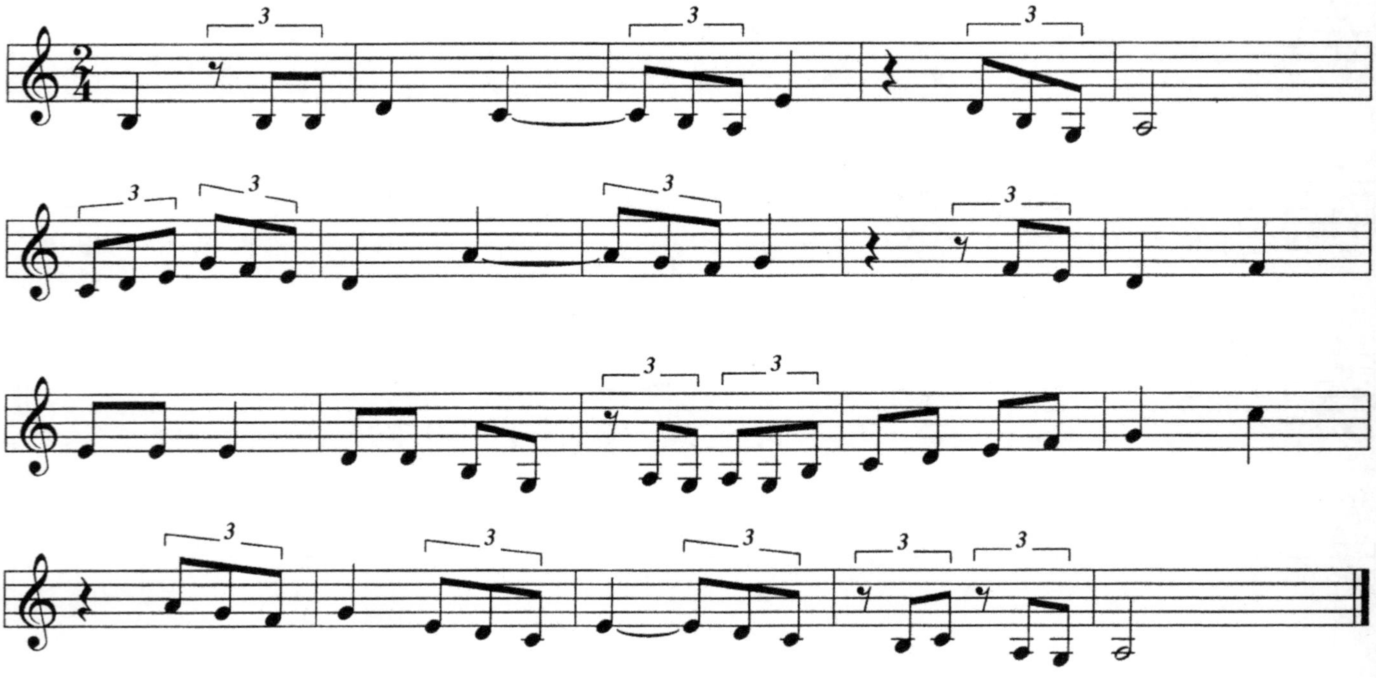

6)

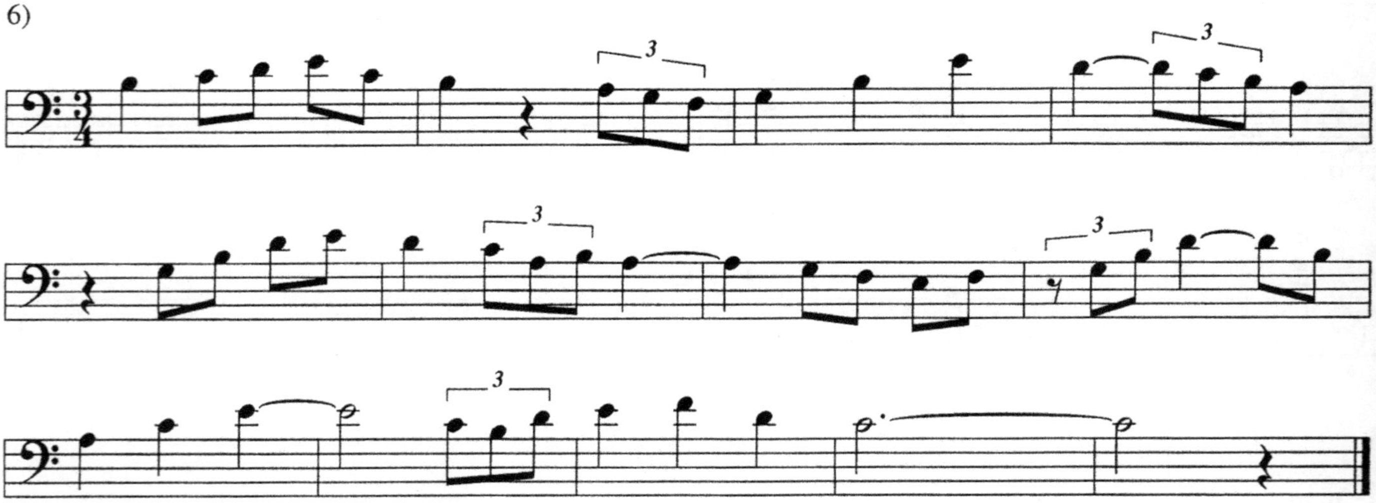

✍ Questionário:

1) O que são tercinas?
2) Quais são as combinações mais usadas para tercinas?
3) Qual é o algarismo utilizado para tercinas?
4) Onde deverá estar localizado o algarismo?

AULA 38

Compasso composto

Dá-se o nome de composto ao compasso cujos tempos se dividem em três partes cada um. Exemplos mostrando sua correspondência com os compassos simples:

♩ = /4 (semínima subentende-se denominador quatro)

♪ = /8 (colcheia subentende-se denominador oito)

6/8 - compasso binário (dois tempos):

Em 2/4 seria:

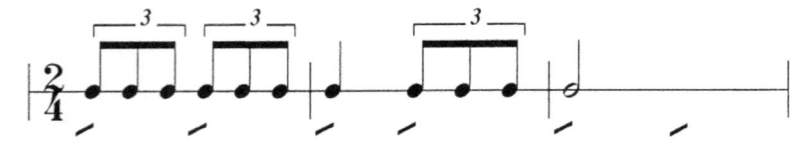

9/8 - compasso ternário (três tempos):

Em 3/4 seria:

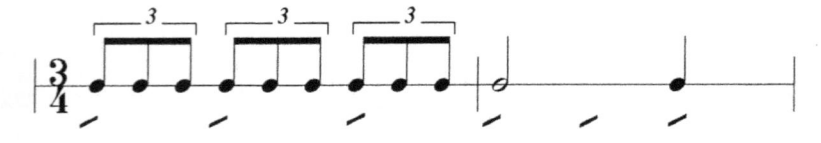

12/8 - compasso quaternário (quatro tempos):

Em 4/4 seria:

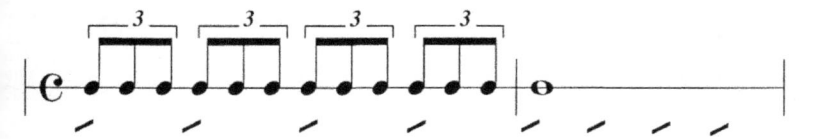

[notação musical: compasso 4/4 com quatro grupos de tercinas de colcheias, seguido de semibreve]

Podemos ter compassos compostos com outros denominadores, como 2, 4, 16, porém menos usados. De todo modo, é só efetuar a conversão:

6/8 = binário composto de 2 tempos de três pulsações cada (colcheia)
6/4 = binário composto de 2 tempos de três pulsações cada (semínima)
6/16 = binário composto de 2 tempos de três pulsações cada (semicolcheia)

▫ **Representação da marcação dos tempos em compasso composto**

1) Compasso binário composto:

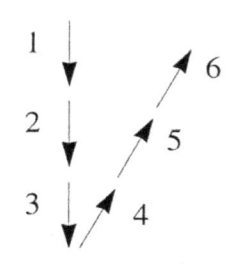

[diagrama com setas indicando marcação 1, 2, 3 para baixo e 4, 5, 6 para cima]

2) Compasso ternário composto:

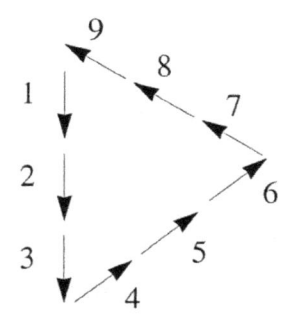

[diagrama com setas indicando marcação 1, 2, 3 para baixo; 4, 5, 6 diagonal; 7, 8, 9 para cima]

3) Compasso quaternário composto:

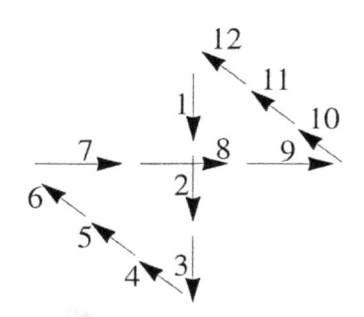

[diagrama com setas indicando marcação dos 12 tempos do compasso quaternário composto]

A unidade de tempo em compassos compostos será sempre uma figura pontuada.
Por exemplo:
Em 6/8, a unidade de tempo é uma semínima pontuada.
Em 12/16, a unidade de tempo é uma colcheia pontuada.

Leitura métrica

1)

2)

3)

Leitura rítmica

1)

2)

3)

✍ **Questionário:**

1) Defina compasso composto.
2) Cite:
    a) um compasso binário composto
    b) um compasso ternário composto
    c) um compasso quaternário composto
3) Qual é a unidade de tempo num compasso 12/4?

AULA 39

Unidade de compasso / Hastes: direcionamento e espaçamento / Alinhamento

Unidade de compasso

Unidade de compasso é uma única figura que corresponde à duração total de um compasso.
Em 2/4 é a mínima
Em 3/4 é a mínima pontuada
Em 4/4 é a semibreve
Esse conceito aplica-se também aos compassos compostos. Por exemplo, a unidade de compasso de um 6/8 é a soma de seus tempos: 6 colcheias totalizam uma mínima pontuada.

Hastes: direcionamento e espaçamento

No início do nosso curso, apontamos a importância do direcionamento correto das hastes: notas acima da terceira linha devem utilizar hastes para baixo e notas abaixo da terceira linha, hastes para cima. Existem, no entanto, algumas situações em que podemos ter variações e também hastes mistas:

O critério passa a ser a lógica e a praticidade. É importante também que essas variações sejam conhecidas dos músicos.

Não podemos nos esquecer da questão do espaçamento, já vista anteriormente, onde devemos, dentro do possível, manter as distâncias corretas, ou seja, de acordo com os valores, sua relação tempo/espaço.

Alinhamento

Há, ainda, a questão do alinhamento. Vejamos o exemplo abaixo, em duas pautas:

Alinhamento correto:

Alinhamento incorreto:

[exemplo musical]

Exercício: Corrigir espaçamento. Reescreva no caderno ou numa folha avulsa.

[exemplo musical]

Exercício: Corrigir alinhamento. Reescreva no caderno ou numa folha avulsa.

[exemplo musical]

Treinamento adicional: Professor sugere correções de espaçamento e alinhamento a partir de exemplos musicais dados.

Questionário:

1) Qual é a unidade de compasso para:

   ¢ -
   6/8 -
   9/8 -
   12/8 -

AULA 40

Tríade aumentada / Dobrado sustenido / Tríade diminuta / Dobrado bemol

▫ Tríade aumentada

Basta aumentarmos a última nota do pentacorde maior para obtermos uma tríade aumentada, que é formada pelo primeiro grau (a nota fundamental), terceiro (a terça) e quinto grau (a quinta) aumentado.

Pentacorde de dó maior

um   dois   três   qua(t)   cin(c)

Tríade maior 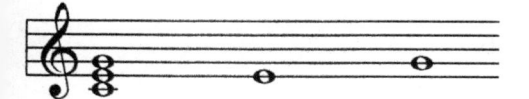   Tríade aumentada

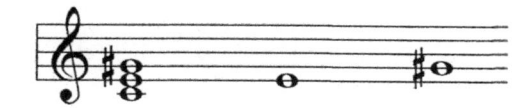

▫ Dobrado sustenido

É a alteração que aumenta em dois semitons uma nota natural: ✖

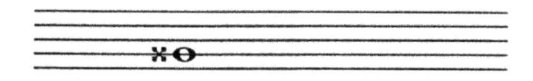

Na tríade aumentada, encontramos, por vezes, o dobrado sustenido:

B (♯5)

Existem três maneiras de cifrarmos a tríade aumentada:

aum

(♯5)

+

Como podemos notar, a tríade aumentada é formada pela fundamental, pela terça maior e pela quinta aumentada.

Exercício: Escreva as seguintes tríades aumentadas:
Obs.: Utilize somente posição vertical.

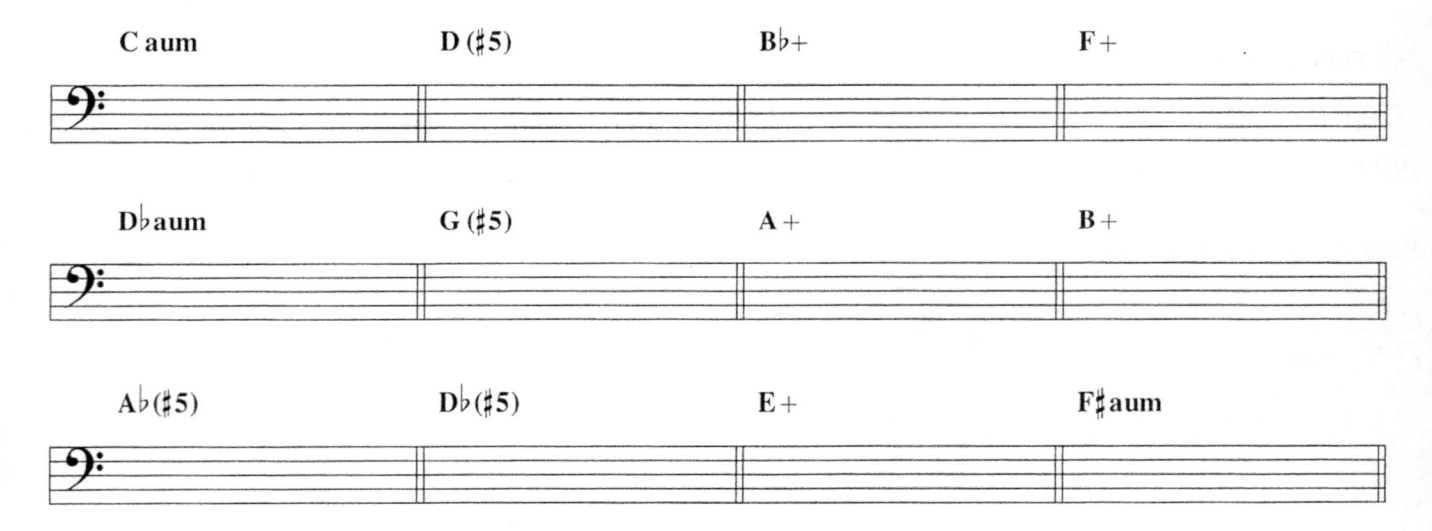

| C aum | D (♯5) | B♭+ | F+ |

| D♭ aum | G (♯5) | A+ | B+ |

| A♭(♯5) | D♭(♯5) | E+ | F♯ aum |

Solfejo por graus: Cante as tríades acima, utilizando um, três, cin(c) e também os nomes das notas.
Treinamento adicional: Cante as tríades acima, utilizando outras sílabas.

▫ Tríade diminuta

A partir do pentacorde maior, formamos também a tríade diminuta. Diminuímos a terça e a quinta:

Pentacorde de dó maior

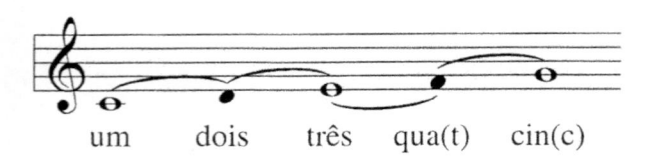

um   dois   três   qua(t)   cin(c)

Tríade maior   Tríade diminuta

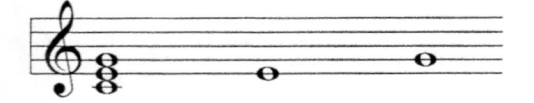

▫ Dobrado bemol

É a alteração que diminui em dois semitons uma nota natural: ♭♭

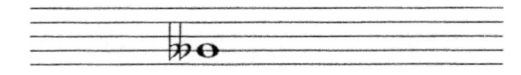

Na tríade diminuta, encontramos, por vezes, o dobrado bemol:

Existem três maneiras de cifrarmos a tríade diminuta:

dim
m(♭5)
°

Como podemos notar, a tríade diminuta é formada pela fundamental, pela terça menor e pela quinta diminuta.

Exercício: Escreva as seguintes tríades diminutas:
Obs.: Utilize somente posição vertical.

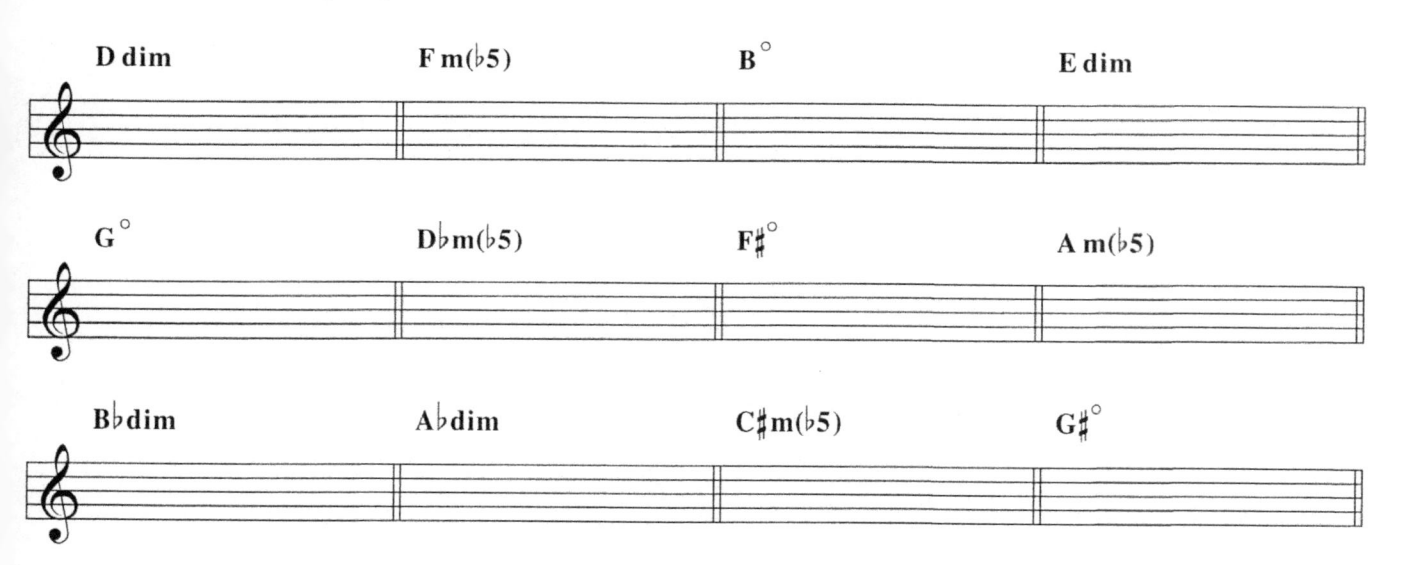

D dim   F m(♭5)   B°   E dim

G°   D♭m(♭5)   F#°   A m(♭5)

B♭dim   A♭dim   C#m(♭5)   G#°

Solfejo por graus: Cante as tríades acima, utilizando um, três, cin(c) e também os nomes das notas.
Treinamento adicional: Cante as tríades acima, utilizando outras sílabas como já sugerido anteriormente.

✍ Questionário:

1) Como podemos obter uma tríade aumentada?
2) Por quantos tons e semitons é formada uma quinta aumentada?
3) Como o dobrado sustenido altera uma nota?
4) Cifre, de três maneiras diferentes, o acorde de fá aumentado.
5) Como podemos obter uma tríade diminuta?
6) Por quantos tons e semitons é formada uma quinta diminuta?
7) Como o dobrado bemol altera uma nota?
8) Cifre, de três maneiras diferentes, o acorde de ré diminuto.

AULA 41

Quiáltera (III)

Como falamos anteriormente, a quiáltera, quando for tercina, pode substituir duas pulsações, dois tempos.

Para tanto, precisamos efetuar a seguinte subdivisão, a fim de tocarmos ou cantarmos com precisão esse tipo de quiáltera:

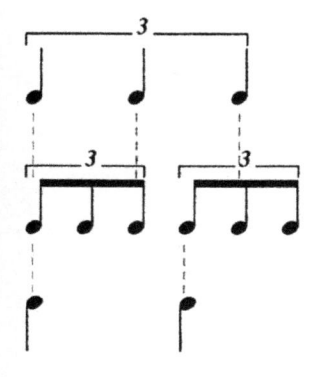

Leitura rítmica

1)

2)

Treinamento adicional (leitura rítmica): Professor cria outras possibilidades com quiálteras.

AULA 42

Intervalos (III)

Intervalos ascendentes

Depois de termos aprendido a formar todas as tríades básicas, fica fácil construirmos os intervalos ascendentes de 3ª maior, 3ª menor, 5ª justa, 5ª aumentada e 5ª diminuta.

Exercício: Forme os seguintes intervalos ascendentes:

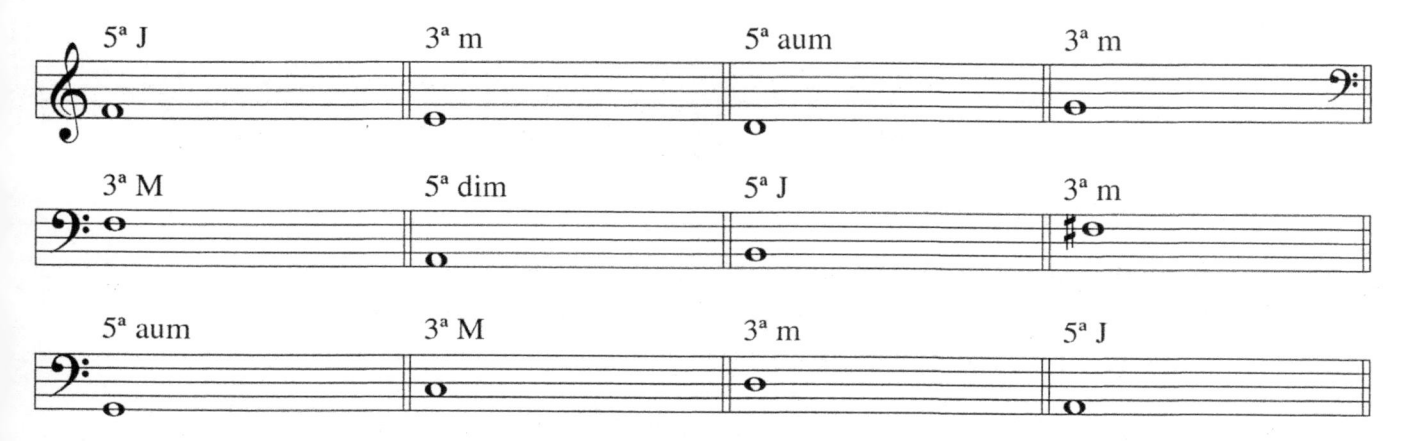

Solfejo por graus: Cante os intervalos escritos acima, utilizando as sílabas numéricas.

Treinamento adicional: Cante os intervalos acima, utilizando outras sílabas.

Treinamento adicional (percepção): Professor toca ou canta diferentes intervalos de terças e quintas ascendentes para que o aluno os identifique.

Leitura métrica

2)

3)

□ **Intervalos descendentes**

Os intervalos podem ser ascendentes, como já vimos, ou descendentes.

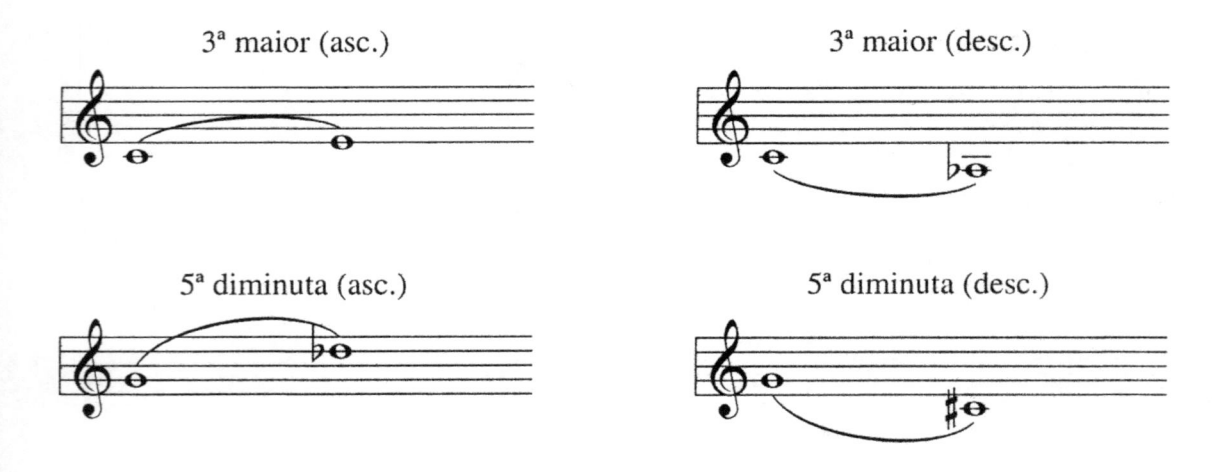

3ª maior (asc.)   3ª maior (desc.)

5ª diminuta (asc.)   5ª diminuta (desc.)

Exercício: Escreva os intervalos pedidos para as notas abaixo:

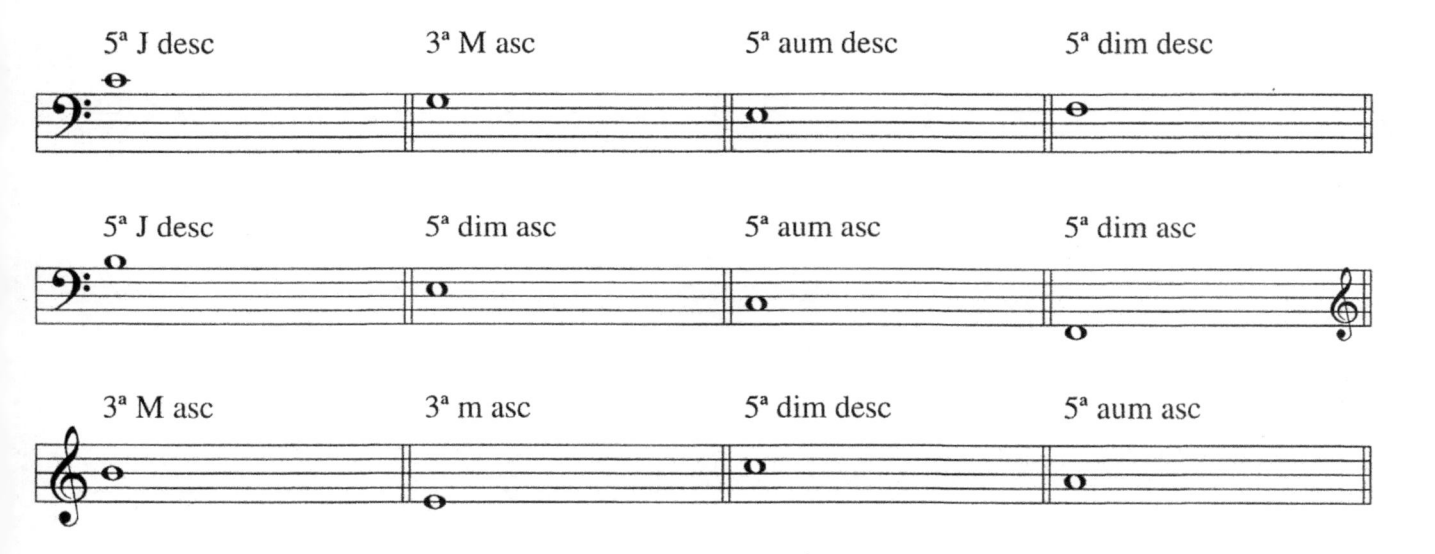

(Pauta em clave de Fá com notas dadas e indicações: 5ª J desc, 3ª M asc, 5ª aum desc, 5ª dim desc)

(Pauta em clave de Fá com notas dadas e indicações: 5ª J desc, 5ª dim asc, 5ª aum asc, 5ª dim asc)

(Pauta em clave de Sol com notas dadas e indicações: 3ª M asc, 3ª m asc, 5ª dim desc, 5ª aum asc)

Solfejo por graus: Cante os intervalos acima, utilizando as sílabas numéricas.

Treinamento adicional: Cante os intervalos acima, utilizando outras sílabas como já sugerido anteriormente.

Exercício: Classifique os intervalos ascendentes apresentados abaixo:

Obs.: Estão incluídos, neste exercício, intervalos de 2ª maior e 4ª justa.

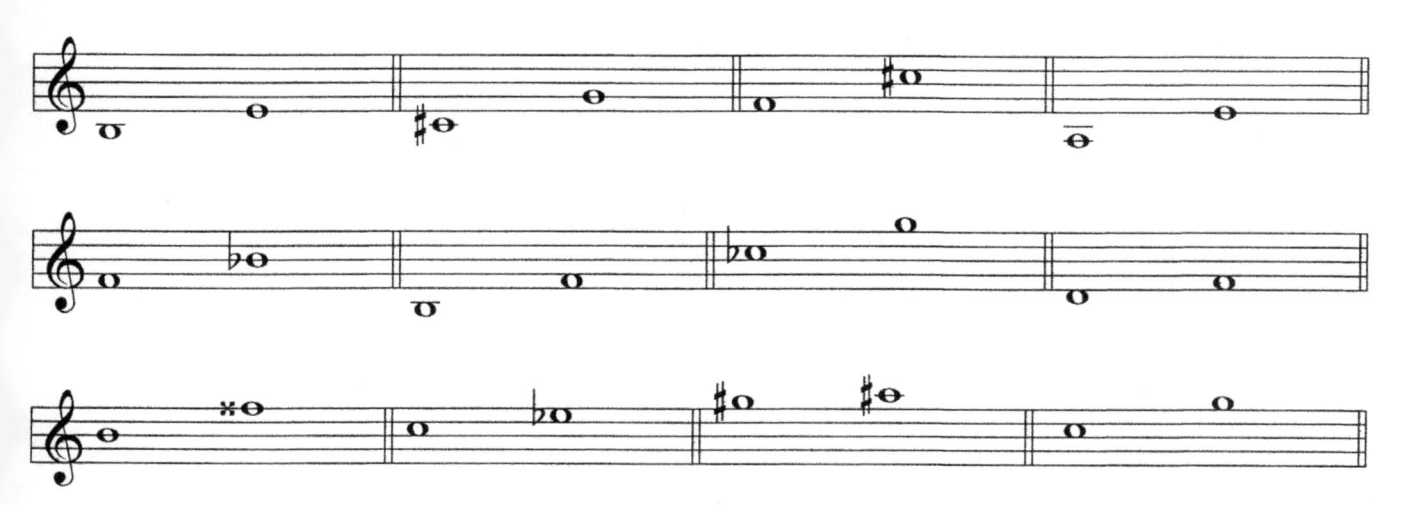

(Três pautas em clave de Sol com diversos intervalos a classificar)

Solfejo por graus: Cante os intervalos acima, utilizando as sílabas numéricas.

Treinamento adicional: Cante os intervalos acima, utilizando outras sílabas.

Exercício: Classifique os intervalos descendentes apresentados abaixo:

Obs.: Estão incluídos, neste exercício, intervalos de 2ª maior e 4ª justa.

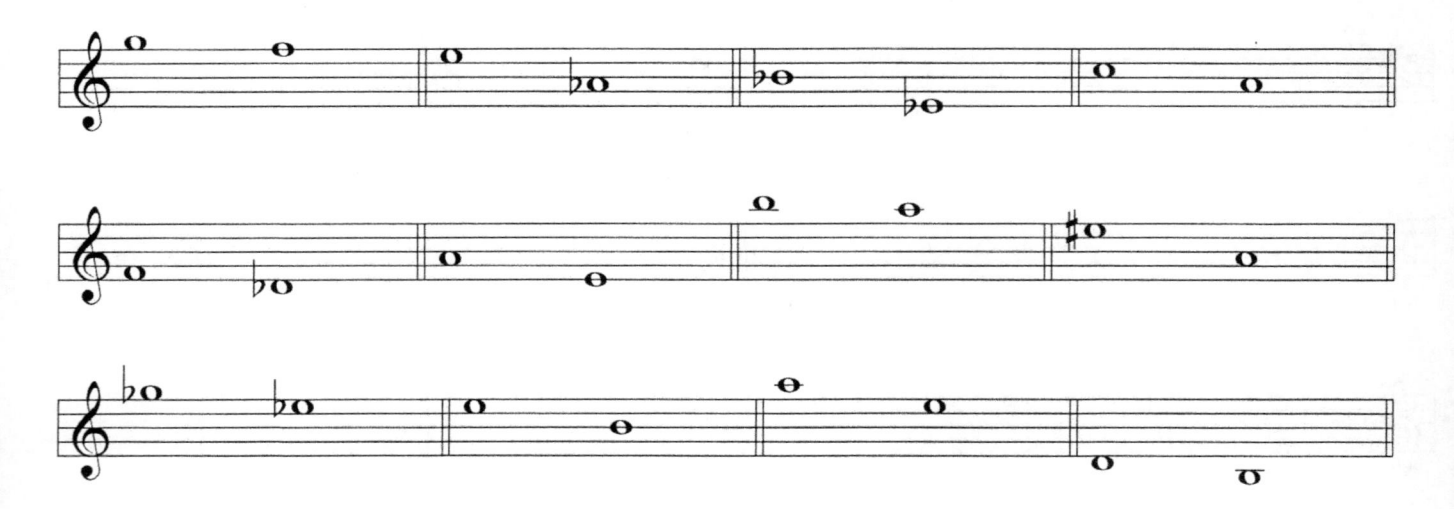

Solfejo por graus: Cante os intervalos acima, utilizando as sílabas numéricas.

Treinamento adicional: Cante os intervalos acima, utilizando outras sílabas.

Treinamento adicional (percepção): Professor toca ou canta diferentes intervalos ascendentes e descendentes para que os alunos os identifiquem.

✍ **Questionário:**

1) Quanto à direção, como podem ser classificados os intervalos?

AULA 43

Síncope (II) – síncopes encontradas em subdivisões do tempo

Podemos encontrar síncopes mais complexas, ou seja, síncopes dentro dos meios-tempos, nos contratempos.

Nota: O contratempo caracteriza-se por notas executadas no(s) tempo(s) de impulso ou, ainda, no meio-tempo, sejam elas prolongadas por ligaduras ou intercaladas com pausas.

Quando as notas que estiverem ligadas, formando síncope, tiverem o mesmo valor, estaremos diante de contratempo regular. Quando tiverem valores diferentes, formarão contratempo irregular.

Anteriormente vimos síncopes antecipando um tempo:

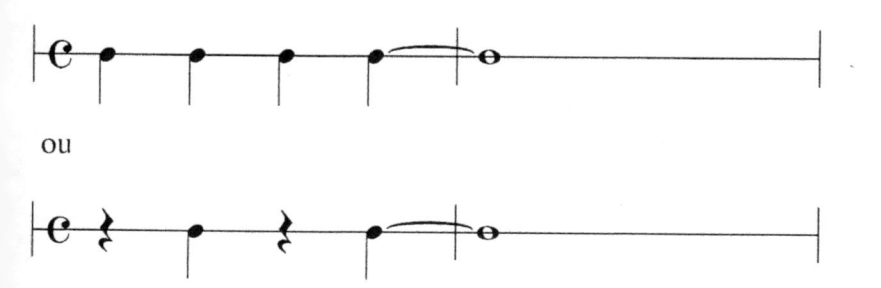

ou

Agora trataremos das síncopes de meio-tempo, formando tanto contratempo regular quanto contratempo irregular.

Exemplos:

1)

2)

3)

4)

Nos compassos compostos, as síncopes podem ser aplicadas nas terceiras e até mesmo em outras notas de cada grupo de três.

Exemplos:

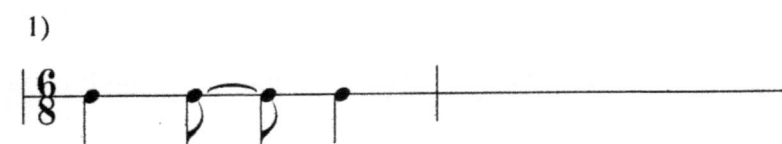

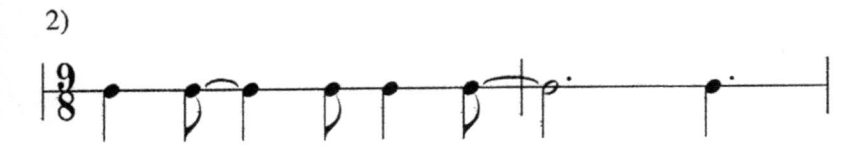

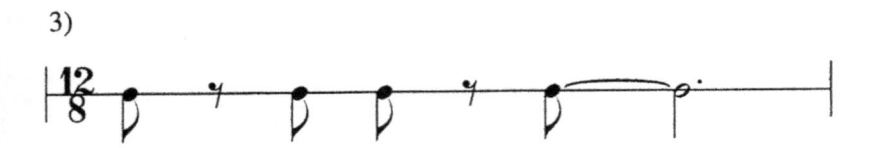

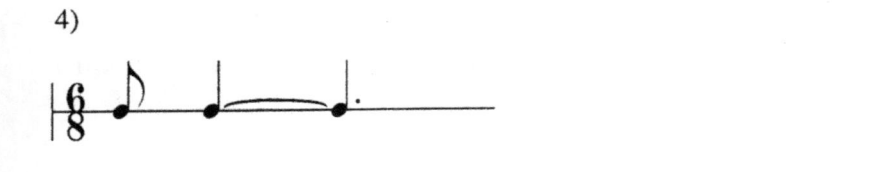

1)

2)

3)

4)

5)

6)

Leitura rítmica

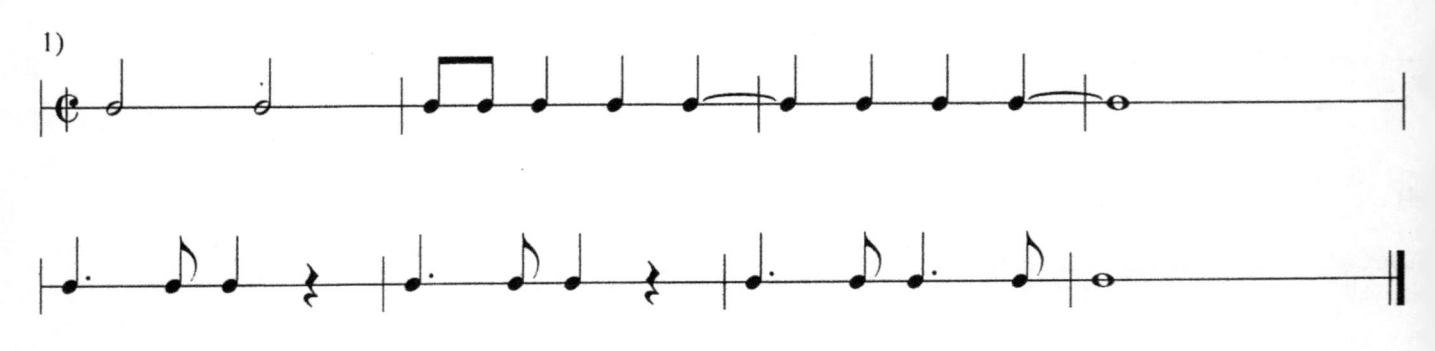

1)

2)

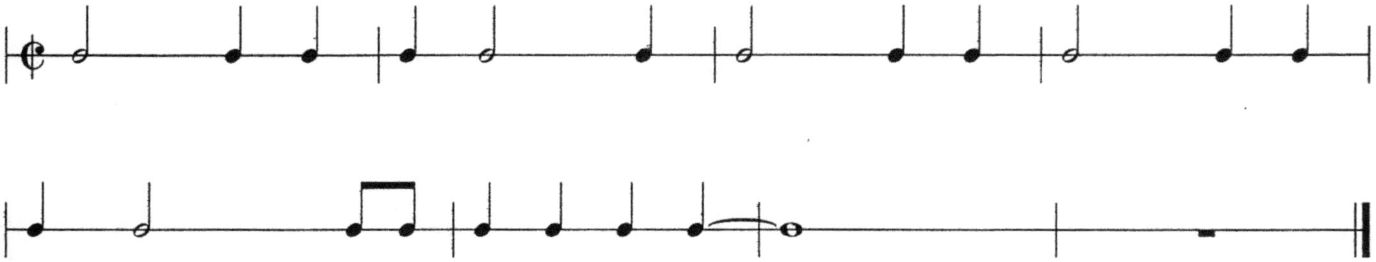

3)

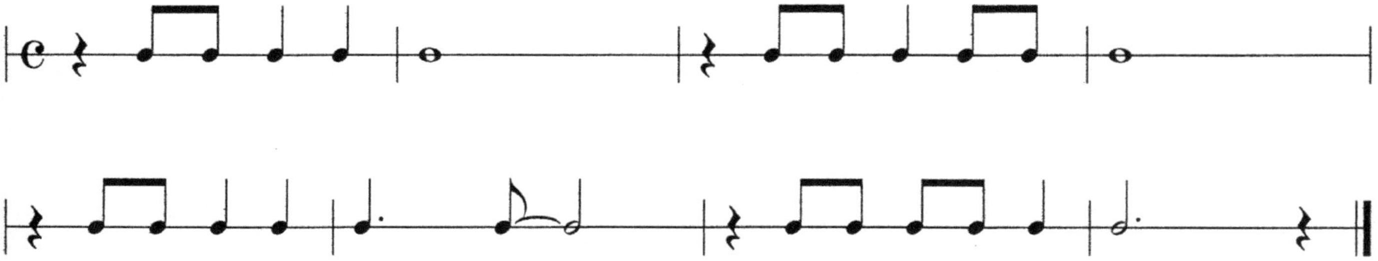

4)

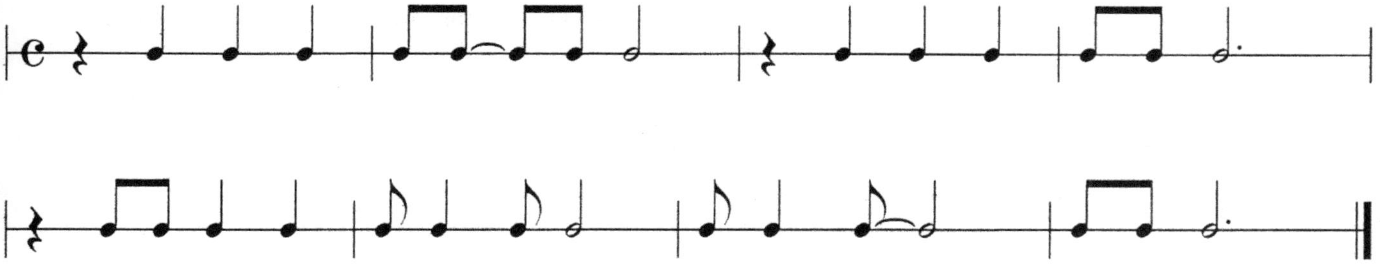

5)

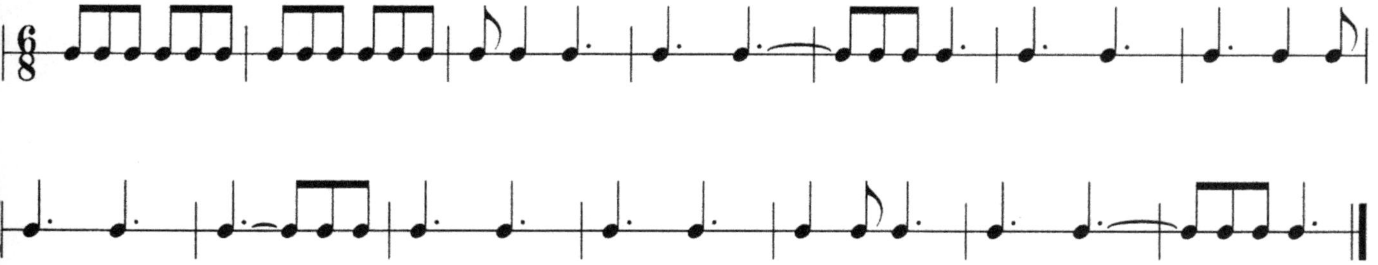

6)

7)

✎ **Questionário:**

1) O que caracteriza contratempo regular?
2) O que caracteriza contratempo irregular?

AULA 44

Leitura rítmica variada

Leitura rítmica

1)

2)

3)

4)

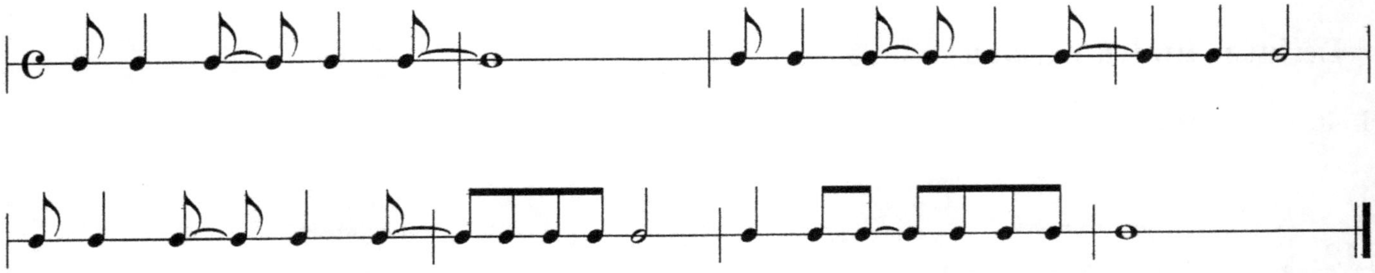

5)

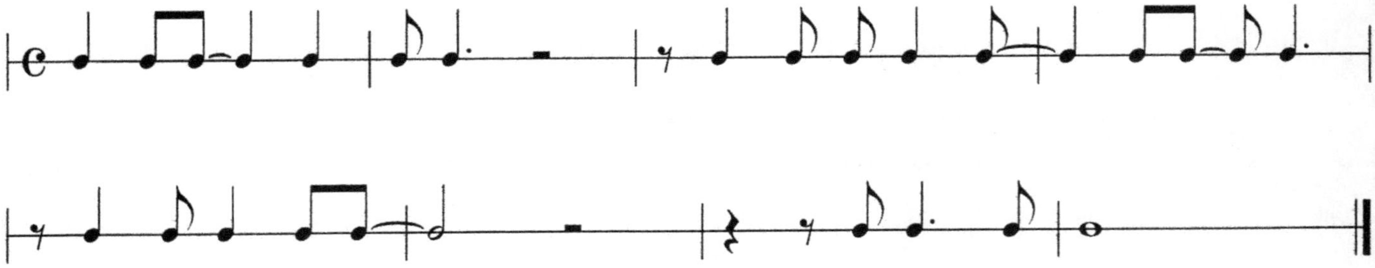

6)

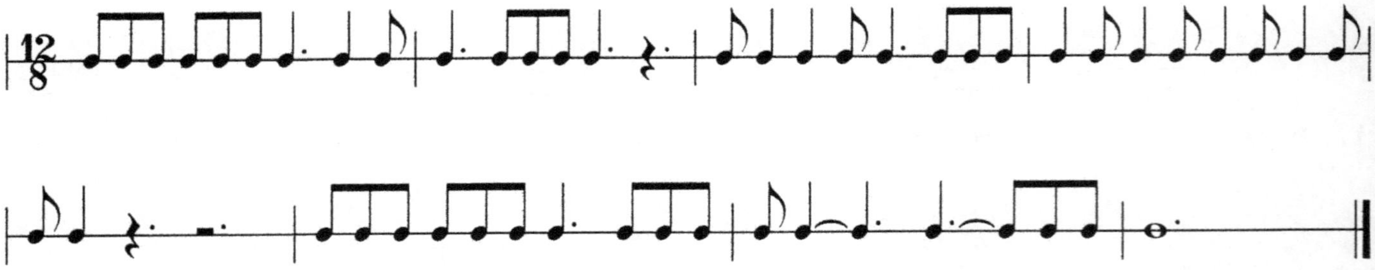

7)

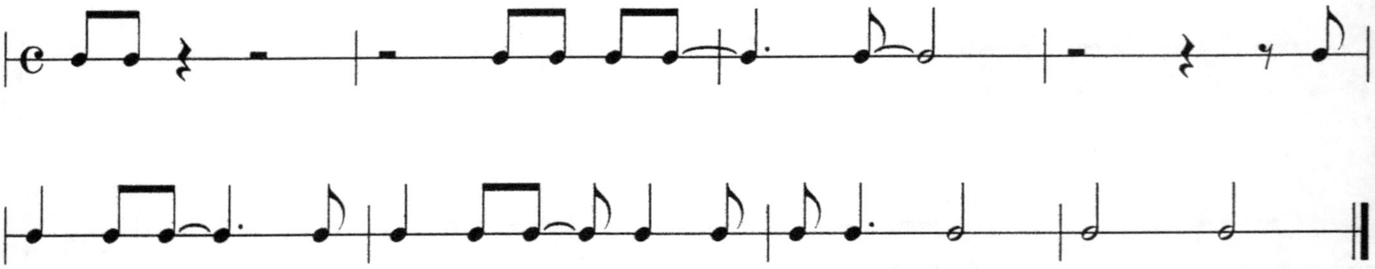

8)

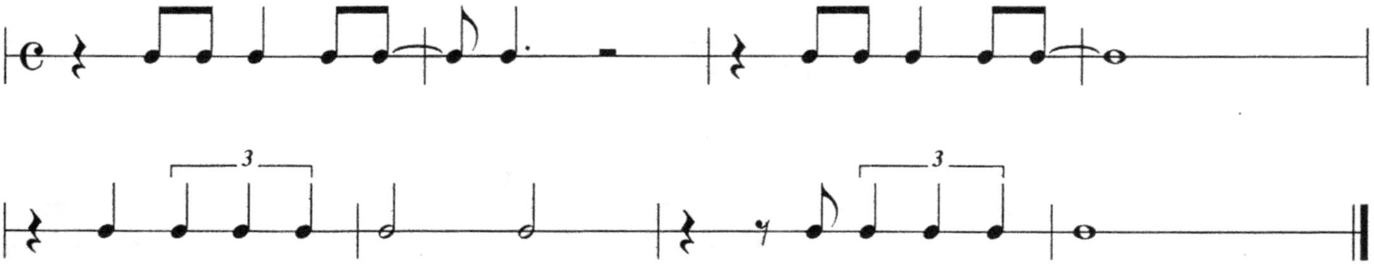

9)

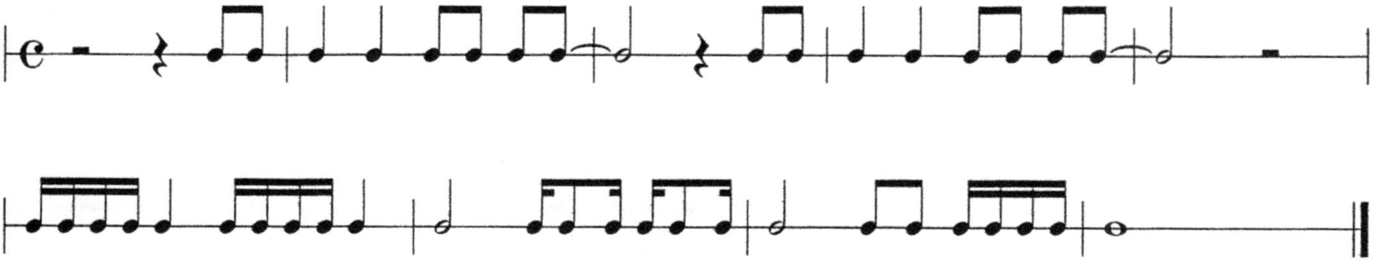

10)

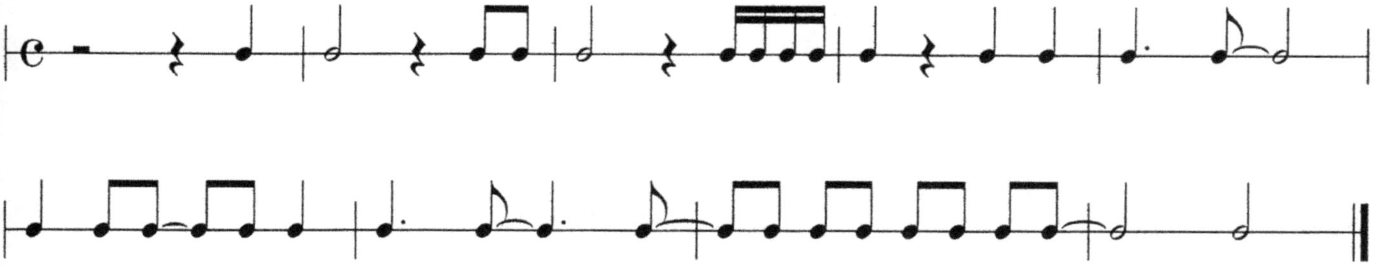

11)

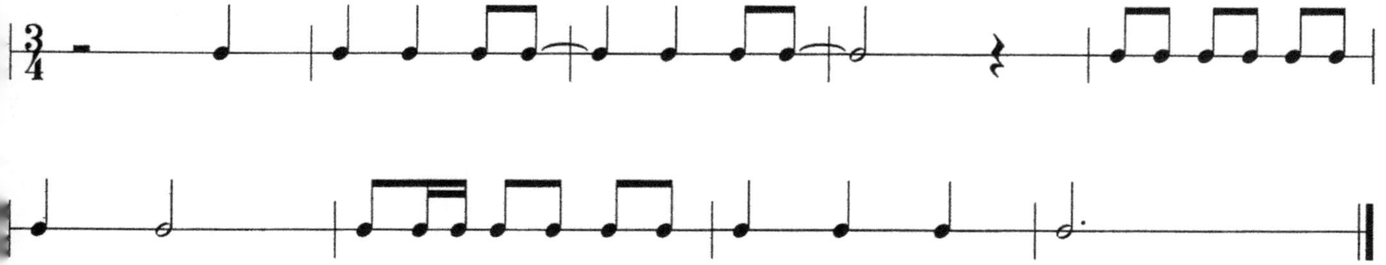

12)

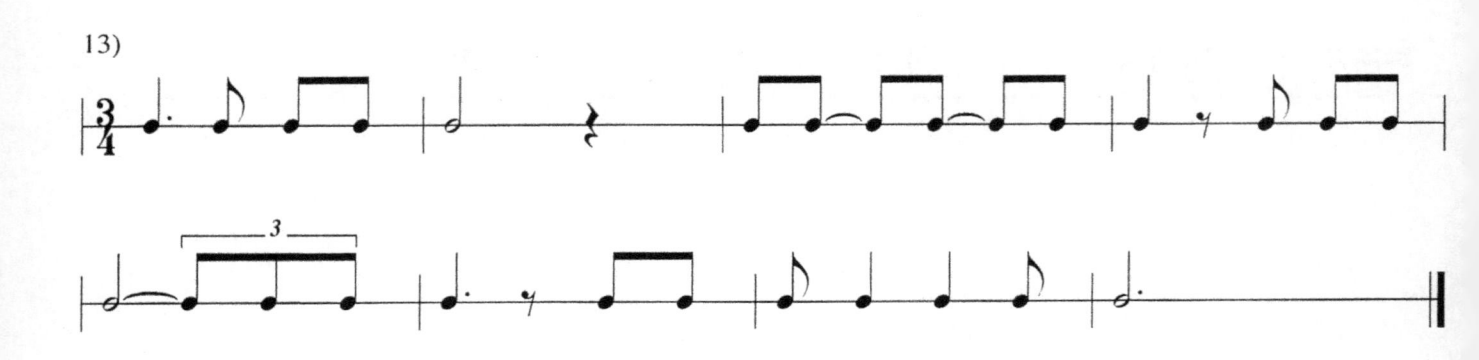

13)

AULA 45

Tríades complementares / Intervalos: quarta e segunda

Tríades complementares

Tríade com quarta

Para obtermos uma tríade com quarta, basta substituirmos a terça maior pela quarta justa (quarta nota do pentacorde maior).

Obs.: Como já vimos, a quarta justa é formada por dois tons mais um semitom (dois tons e meio).

Pentacorde de dó maior

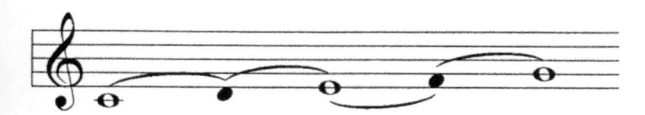

Tríade maior

Tríade com quarta

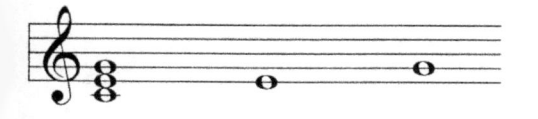

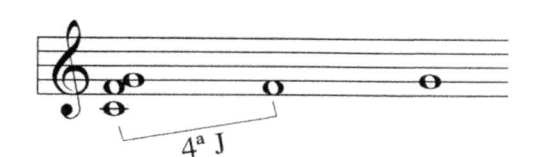

4ª J

Exercício: Escreva as seguintes tríades com quarta:

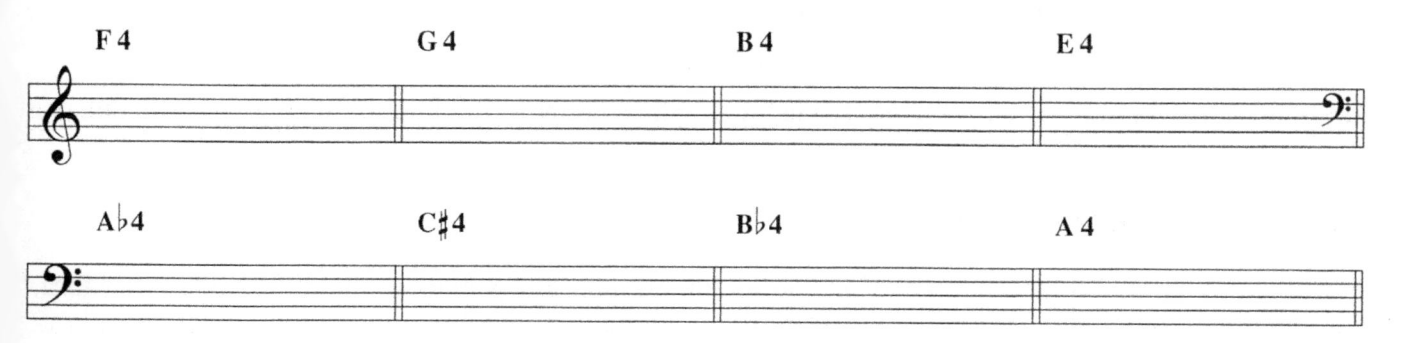

F 4   G 4   B 4   E 4

A♭4   C♯4   B♭4   A 4

Solfejo por graus: Cante, utilizando as sílabas um, qua(t), cin(c), as tríades acima.

Treinamento adicional: Cante os acordes acima, utilizando os nomes das notas bem como outras sílabas.

Treinamento adicional: Professor pede aos alunos que formem outras tríades com quarta, para obterem maior desembaraço no estudo.

▫ Tríade dois

A tríade dois é formada pela fundamental, segunda maior e quinta justa.

Pentacorde de dó maior

Tríade maior   Tríade dois

2ª M

Exercício: Escreva as seguintes tríades dois:

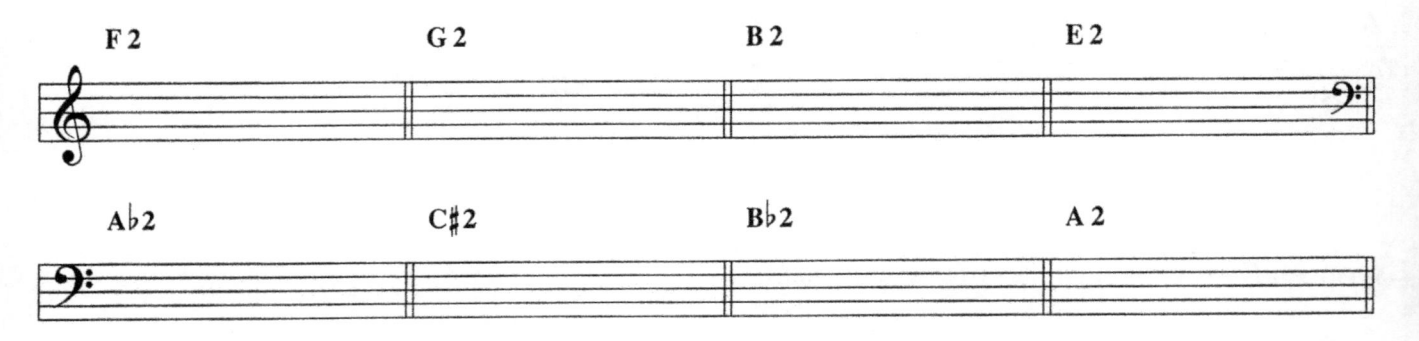

F2   G2   B2   E2

A♭2   C♯2   B♭2   A2

Solfejo por graus: Cante as tríades acima, utilizando as sílabas um, dois, cin(c).

Treinamento adicional: Cante as tríades acima, utilizando os nomes das notas bem como outras sílabas.

▫ Intervalos: quarta e segunda

Já sabíamos formar o intervalo de quarta justa (quarta nota do pentacorde maior). Podemos agora, também formar o intervalo de quarta aumentada. Basta, para tanto, aumentarmos de um semitom a quarta justa, totalizando três tons:

Quarta justa   Quarta aumentada

Exercício: Forme os intervalos de quarta justa e quarta aumentada para as notas abaixo.

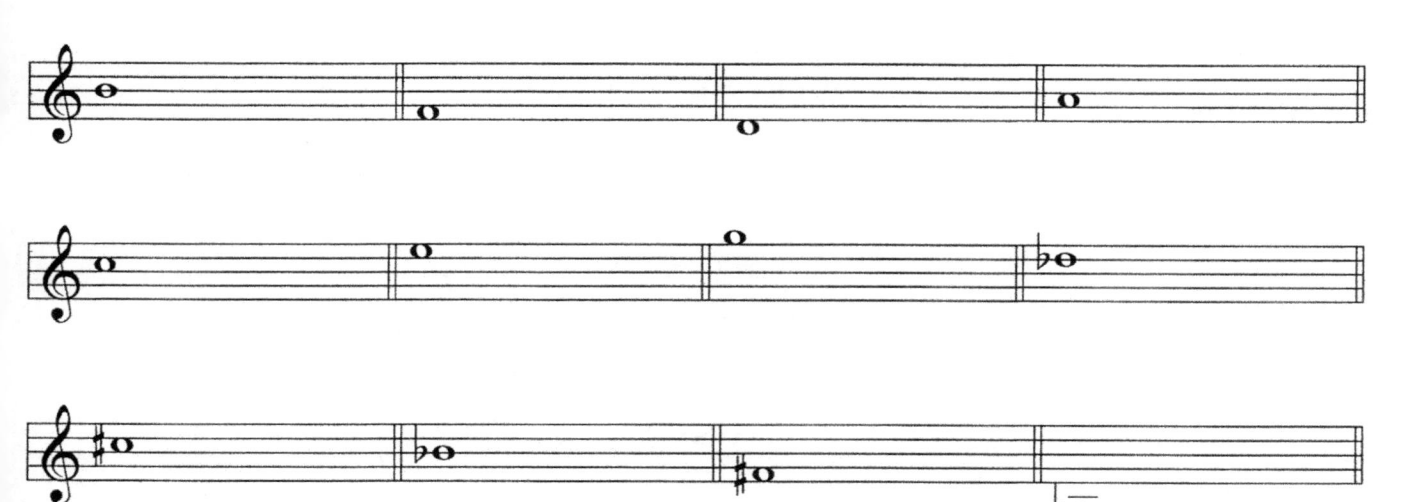

Solfejo por graus: Cante os intervalos pedidos acima, utilizando as sílabas numéricas.
Treinamento adicional: Cante os intervalos pedidos acima, utilizando outras sílabas.

Para formar o intervalo de segunda menor, basta diminuirmos de um semitom a segunda maior; teremos, portanto, uma distância de um semitom na segunda menor:

Segunda maior   Segunda menor

Exercício: Forme os intervalos de segunda maior e de segunda menor para as notas abaixo.

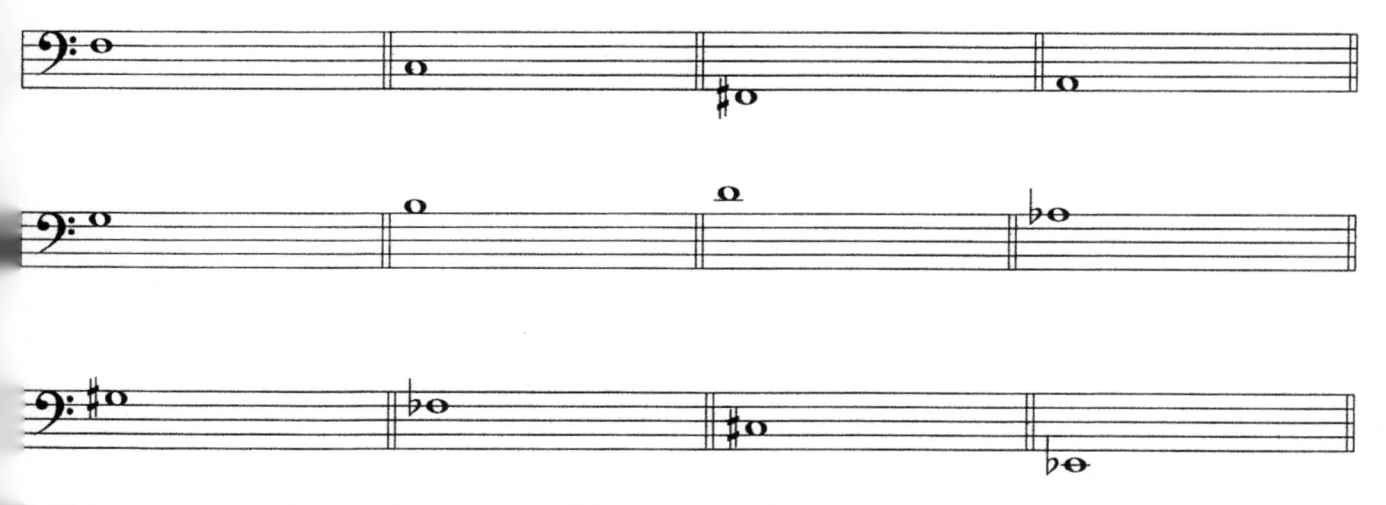

Solfejo por graus: Cante os intervalos pedidos acima, utilizando as sílabas numéricas.
Treinamento adicional: Cante os intervalos pedidos acima, utilizando outras sílabas.

◦ Intervalos descendentes: quarta e segunda

Da mesma maneira como fizemos anteriormente, podemos formar e cantar intervalos de quarta aumentada e de segunda menor descendentes a partir das notas dadas.

Exercício: A partir das notas dadas abaixo, forme intervalos de quarta justa e de quarta aumentada descendentes.

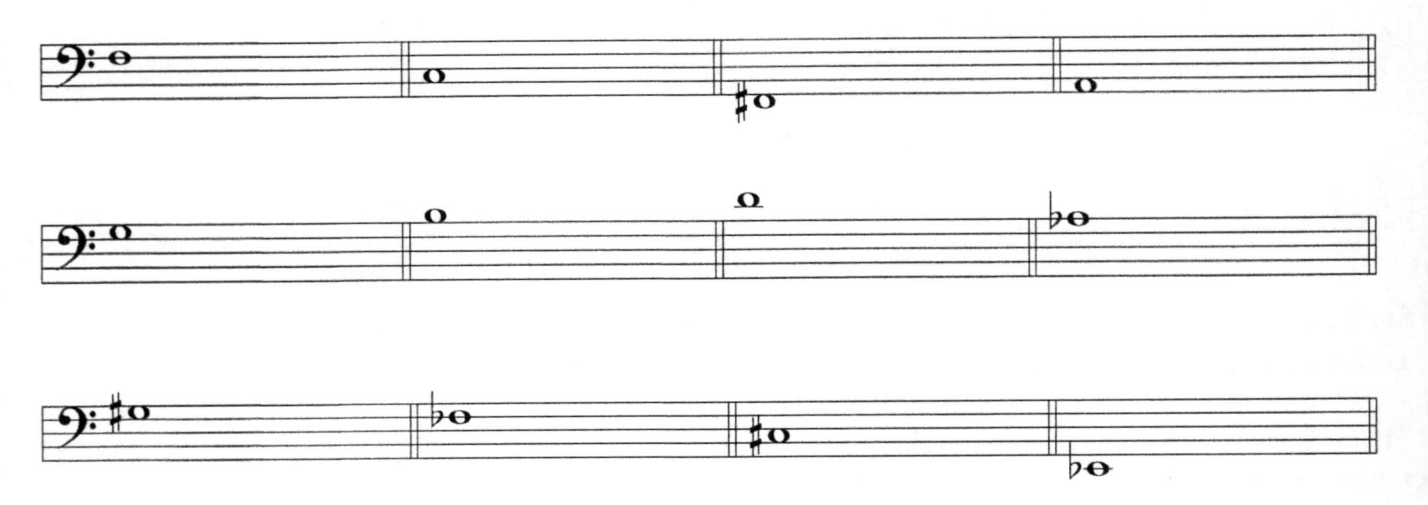

Solfejo por graus: Cante os intervalos pedidos acima, utilizando as sílabas numéricas.
Treinamento adicional: Cante os intervalos pedidos acima, utilizando outras sílabas.

Exercício: A partir das notas dadas abaixo, forme intervalos de segunda maior e de segunda menor descendentes.

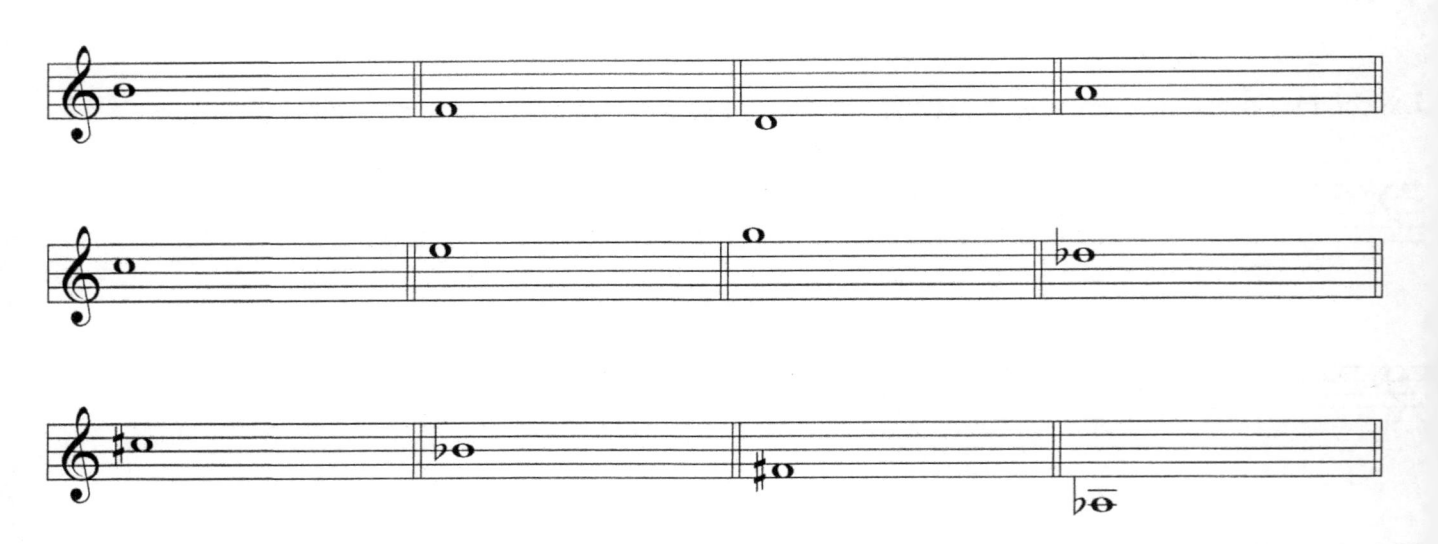

Solfejo por graus: Cante os intervalos pedidos acima, utilizando as sílabas numéricas.
Treinamento adicional: Cante os intervalos pedidos acima, utilizando outras sílabas.

Percepção: Professor toca e canta intervalos diferentes, incluindo os tipos dados até agora, para serem identificados pelos alunos. Se necessário, realizar exercícios complementares.

✎ Questionário:

1) Como podemos obter uma quarta justa?
2) Como podemos obter uma segunda maior?
3) Qual a diferença entre a distância de uma quarta justa e uma quarta aumentada?
4) Qual é a diferença entre uma segunda maior e uma segunda menor?

AULA 46

▫ Abreviações (II) e outros símbolos

Existem símbolos e marcações já dados que não podem ser esquecidos quando tratamos de música:

Ritornello	notas cortadas
Casas de 1ª e 2ª	parte A, B, etc.
Da capo	*tacet*
Ao 𝄋	sinais de dinâmica e intensidade
⌀ (*coda*)	sinais de articulação

Temos ainda:

Compassos de espera, que podem ser representados da forma abaixo:

Os compassos de espera antecedem ou sucedem um trecho musical qualquer. Ao encontrarmos um sinal semelhante ao que apresentamos acima, devemos contar os tempos em silêncio até que encontremos novamente notas escritas. A numeração refere-se à quantidade de compassos de espera. Por exemplo, se encontrarmos o sinal acima com o número 4, ficamos quatro compassos sem tocar (ou cantar).

Repetição de compassos, que é utilizada freqüentemente por arranjadores:

a) repetição de um compasso dado:

escreve-se:

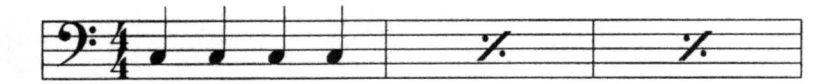

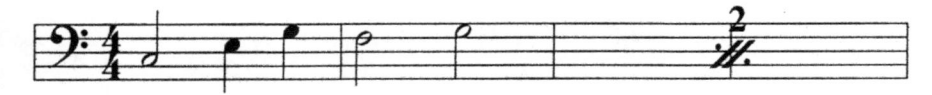

interpreta-se:

b) repetição de dois compassos dados:

escreve-se:

interpreta-se:

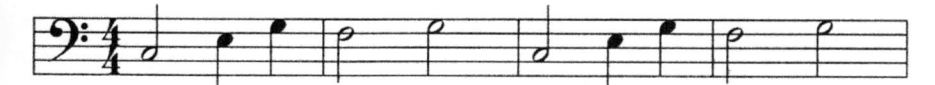

Trêmolos simples, que não devem ser confundidos com notas cortadas (aula 34), são muito utilizados por instrumentos de cordas e nos instrui a repetir uma mesma nota aceleradamente com duração do valor da nota:

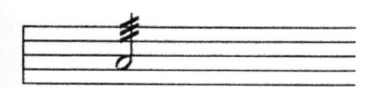

No exemplo acima, a mínima deverá ter a seguinte interpretação:

Trêmolos duplos:

No exemplo acima, temos a seguinte interpretação:

Obs.: O trêmolo, assim como os outros ornamentos (apojatura, trinado, mordente e grupeto), será estudado mais adiante (aula 68).

Compassos numerados, comumente encontrados em partituras longas, constituem-se numa prática que visa facilitar a comunicação entre os músicos. Desta forma, costuma-se numerar os compassos em ordem crescente, do número ① ao último número que se fizer necessário, até atingir-se o final da música. Geralmente, os números vêm dentro de um pequeno círculo, como visto acima, e no canto superior direito de cada compasso.

✍ **Questionário:**

1) Como representamos 10 compassos de espera?
2) Quais são os sinais que utilizamos para representar repetição?
   a) de um compasso
   b) de dois compassos
3) Como representamos um trêmolo de uma nota? Exemplifique.
4) Como representamos um trêmolo de duas notas? Exemplifique.
5) Com que finalidade numeramos os compassos de uma música?

AULA 47

Solfejos por graus (variados)

Em nosso estudo, adotamos as seguintes formas para solfejo melódico:

1) solfejo por graus, pronunciando-se as sílabas numéricas sem dizer os nomes das notas, estabelecendo sempre a relação entre os intervalos melódicos.
2) emissão de intervalos em separado, que pode ser por graus ou cantando, pronunciando-se os nomes das notas ou outras sílabas.
3) solfejo com emissão exata de alturas, com nomes das notas correspondentes.
4) solfejo com emissão exata de alturas, pronunciando-se outras sílabas.

Solfejo por graus: Cante o trecho melódico a partir do ritmo e graus pedidos. (Respire nas vírgulas.)

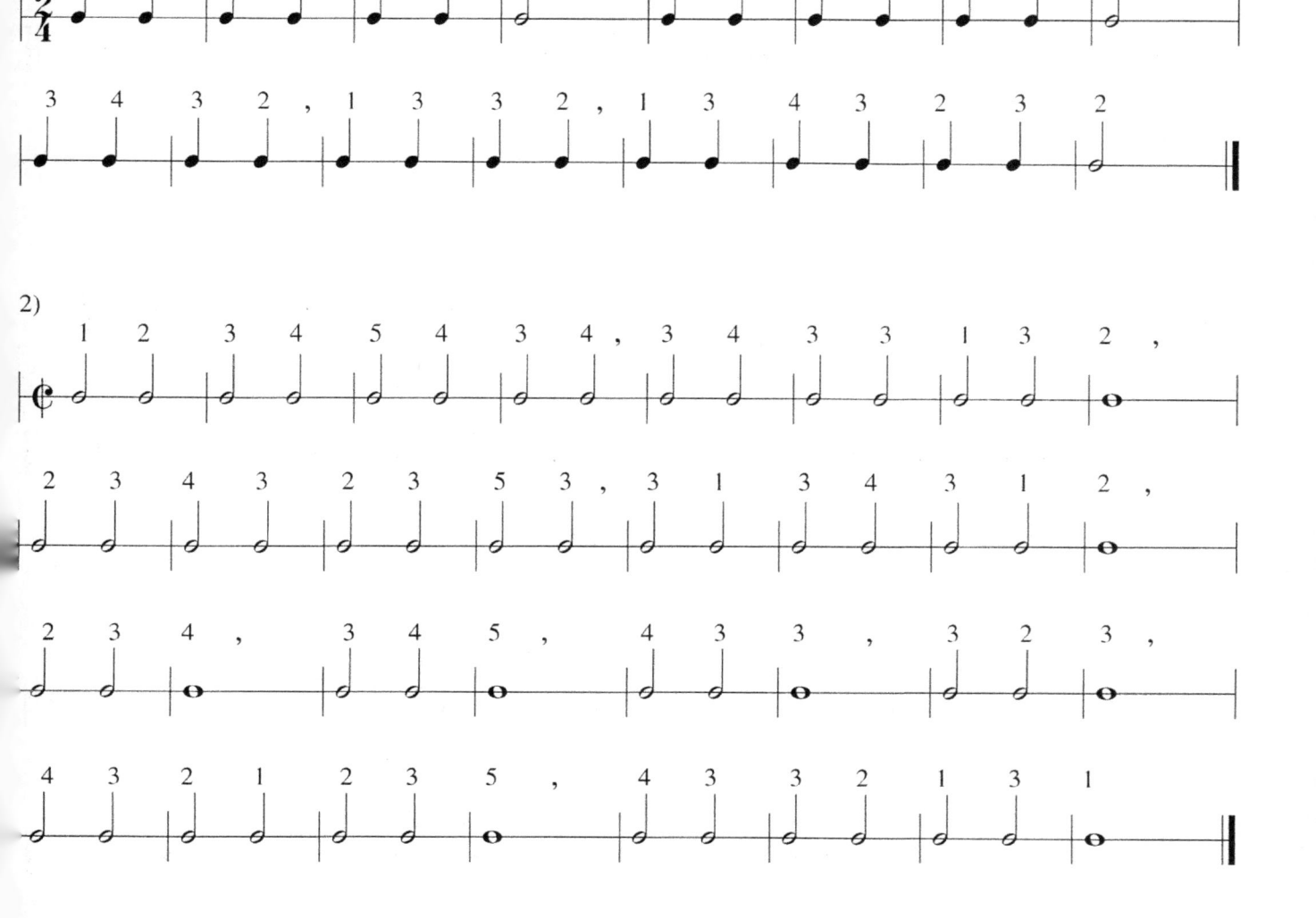

3)

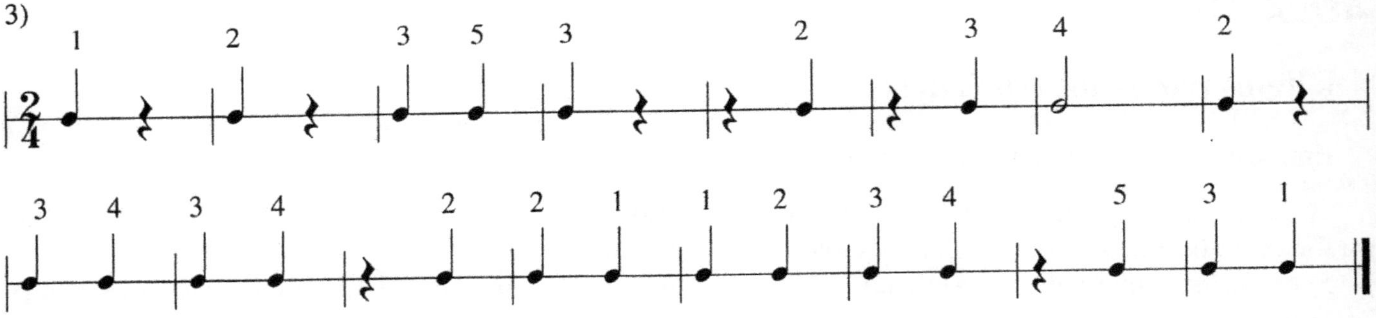
1 2 3 5 3 2 3 4 2
3 4 3 4 2 2 1 1 2 3 4 5 3 1

4)

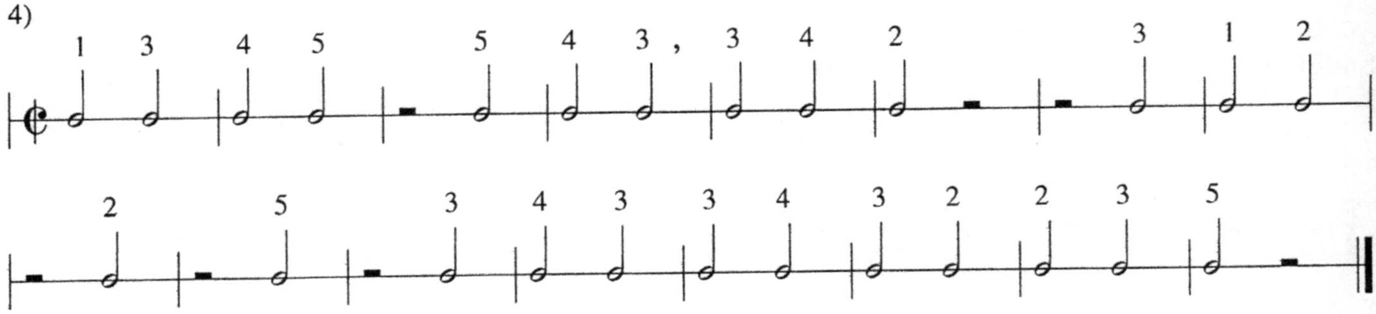
1 3 4 5 5 4 3 , 3 4 2 3 1 2
2 5 3 4 3 3 4 3 2 2 3 5

5)

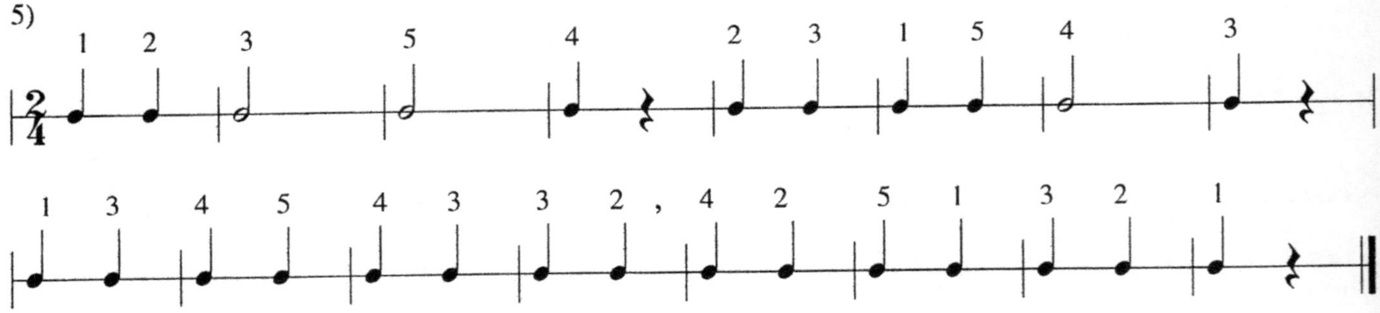
1 2 3 5 4 2 3 1 5 4 3
1 3 4 5 4 3 3 2 , 4 2 5 1 3 2 1

6)

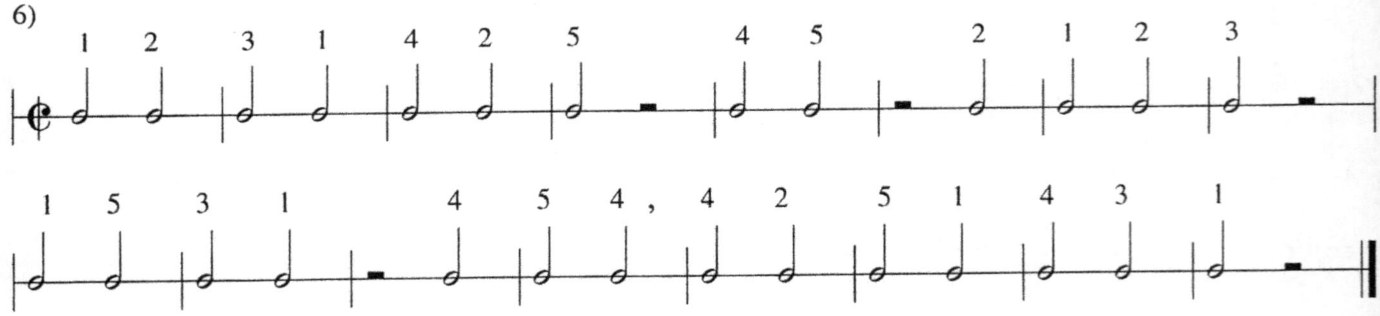
1 2 3 1 4 2 5 4 5 2 1 2 3
1 5 3 1 4 5 4 , 4 2 5 1 4 3 1

7)

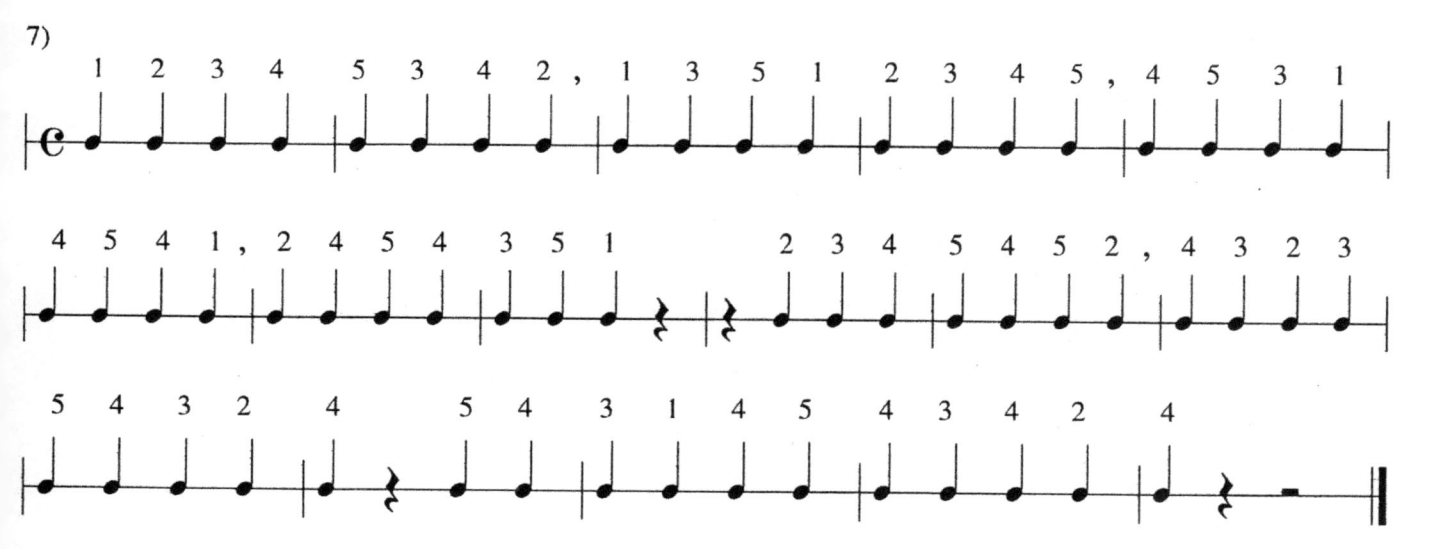

AULA 48

◻ Sinais de dinâmica e intensidade

São sinais que representam a intensidade (volume) com que devem ser emitidos os sons.

Exemplos: (do mais suave (fraco) ao mais forte)

ppp - pianíssimo (extremamente suave/leve)
pp - pianíssimo (muito suave/leve)
p   - piano (suave/leve)
mp - meio piano (meio suave)
mf - meio forte
f   - forte
ff - fortíssimo
fff - muitíssimo forte

Outros exemplos:

sf, *sfz* ou *fz* - subitamente, aumenta-se a intensidade.
> - decrescendo
< - crescendo
dim. - diminuindo a intensidade
cresc. - aumentando a intensidade

Existem ainda outros, pouquíssimo usados. Com finalidade de consulta, colocamos abaixo uma lista mais completa, com os sinais de dinâmica:

1) Intensidade:
più f = mais forte
più p = mais suave
poco a poco = pouco a pouco

2) Interpretação: (alguns dispensam tradução)
affetuoso - com afeto
agitato
amabile
con anima - com alma
animato
con brio
cantabile - realçando a melodia
dolce
dolente
con dolore
giocoso - com graça
leggiero - leve
maestoso - com majestade

marziale
misterioso
con moto - com movimento
perdendosi
tenuto ou *sostenuto* - sustentando

✍ Questionário:

1) Descreva as siglas abaixo:
   p
   mf
   ff
   pp
   <
   dim
   sfz
   fff
   fz
   >

Treinamento adicional: Solfejos ou leitura no instrumento com aplicação dos sinais de dinâmica dados.

AULA 49

Exercícios de independência e coordenação rítmica (I)

Os exercícios que apresentaremos a seguir têm como finalidade aprimorar o desempenho rítmico do aluno através da independência.

Primeiramente, caso seja necessário, deverão ser executados por diferentes alunos lendo as diferentes partes rítmicas de um mesmo exercício, individualmente ou em grupo.

No entanto, o objetivo é que cada aluno, em separado, possa ler os exercícios de independência rítmica.

Para os exercícios de coordenação, sugerimos a seguinte interpretação:

D = dedos da mão direita, excetuando-se o polegar
P = polegar
ME = mão esquerda

Outra possibilidade é ler como partes da bateria: mão direita, mão esquerda e pé.

Leitura rítmica: com coordenação

Obs.: Apesar de adotarmos a sigla (**C**) como padrão para o compasso 4/4, utilizaremos, nos exercícios de leitura rítmica com coordenação, o padrão numérico. Isso, para mostrar que não é errado utilizar, tanto 4/4 para compasso **C**, quanto 2/2 para compasso ¢.

5)

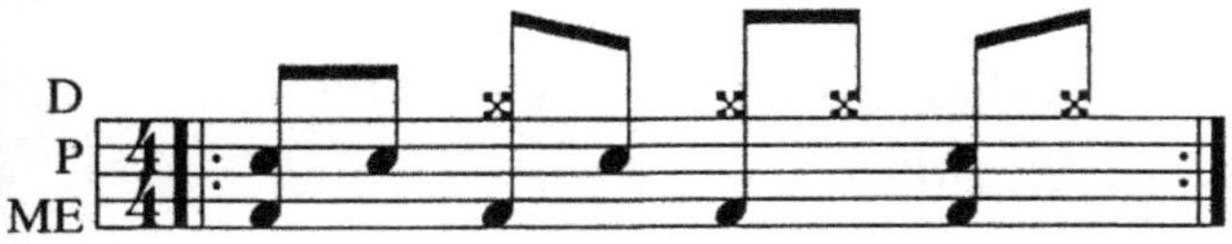

6)

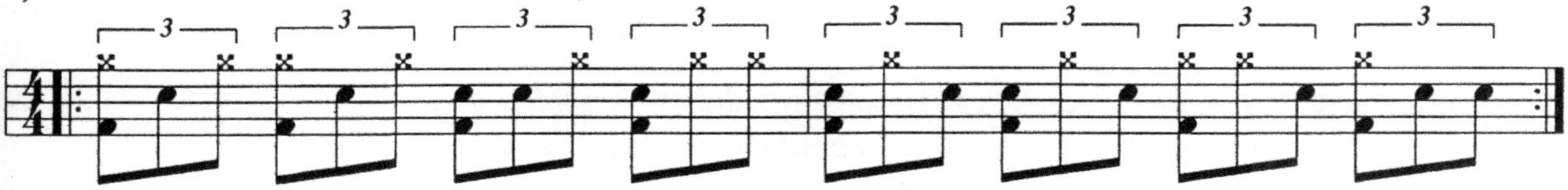

7)

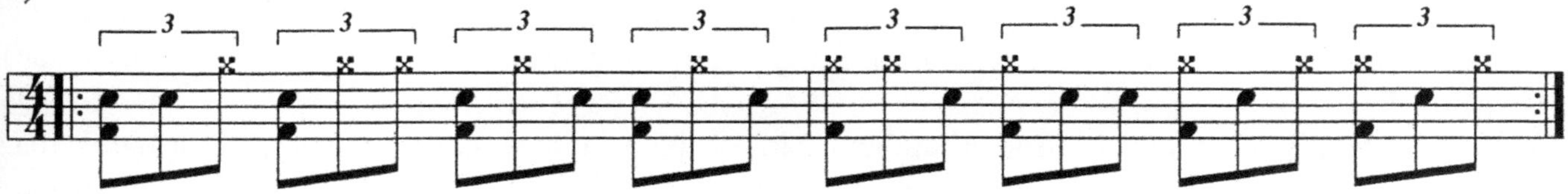

8)

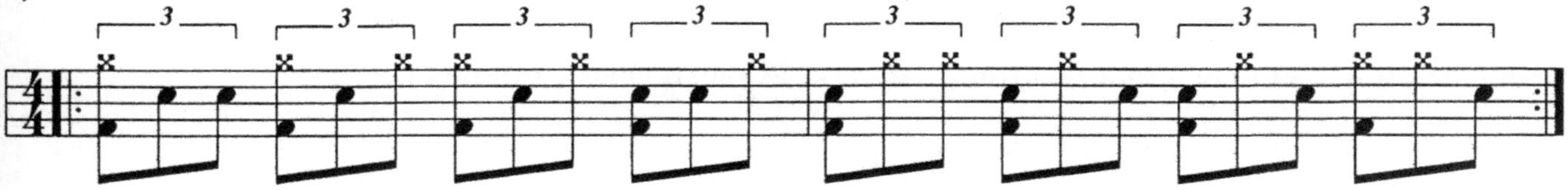

9)

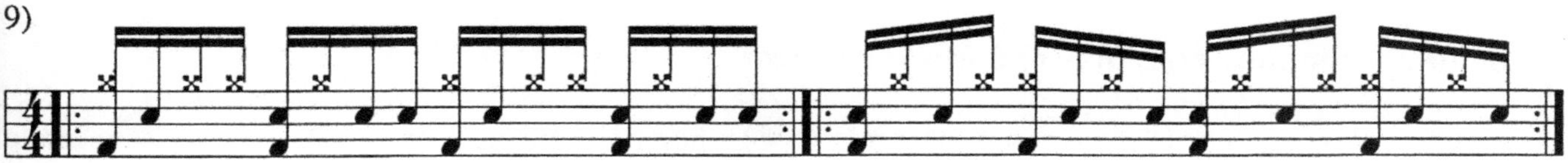

10)

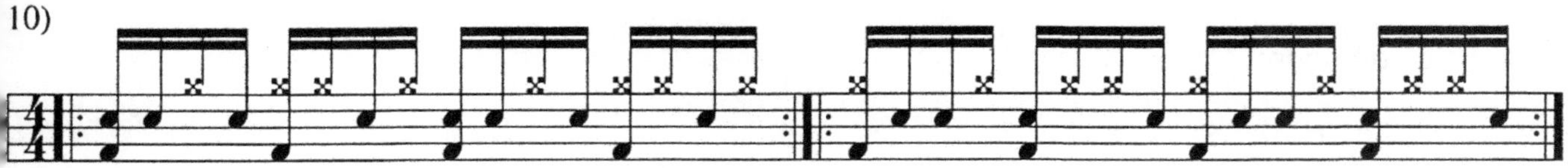

11)

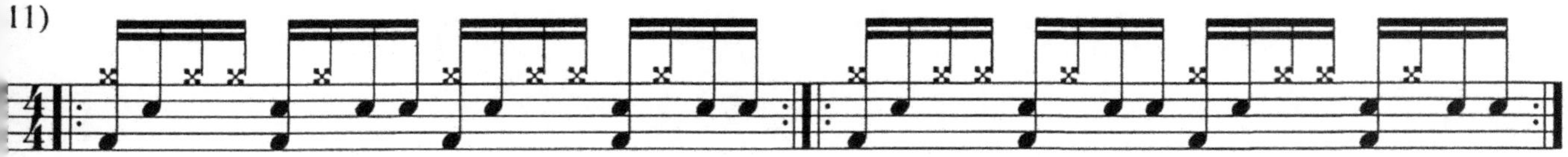

12)

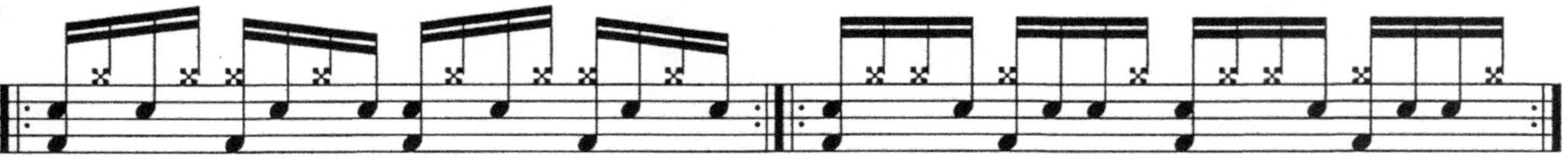

AULA 50

Música tonal / Círculo das quintas (espiral das tonalidades maiores e seus acidentes) / Graus / Tonalidades maiores e suas respectivas armaduras

▫ Música tonal

Música tonal é aquela em que existe hierarquia de sons, distinguindo-se entre estes o centro de atração (E. Scliar).

No sistema ocidental, temos tonalidades (ou tons) maiores e menores.

Antes de prosseguirmos com este assunto, é importante que façamos algumas considerações:

1) tonalidade e tom – apesar de serem usados para designar a mesma coisa, ou seja, a série de alturas que formam qualquer escala maior ou menor, o termo **tonalidade** está mais ligado a hierarquias, funções e centro de atração (A. Guerreiro) e o termo **tom**, à altura em que se fixa a escala, modo ou tonalidade (H. Sena).

2) escala e modo – ambos são usados também para designar a sucessão de notas que formam uma tonalidade (ou tom), porém o termo **escala** refere-se mais à série (quantitativa) de notas (graus) que sobem ou descem, enquanto **modo** tem uma conotação mais ligada ao caráter, à maneira como essas notas se organizam (A. Guerreiro).

3) música tonal e música modal – **tonal** refere-se às tonalidades e **modal**, aos modos.

▫ Tonalidades maiores (escalas maiores/tetracordes)

Se esticarmos o pentacorde maior com mais três notas, chegamos à escala maior. Para tanto, seguimos o modelo da escala de dó maior.

Pentacorde de dó maior

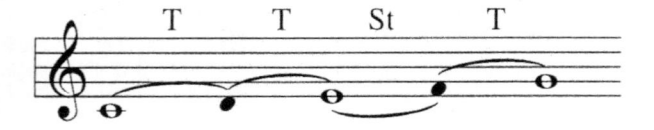

Escala de dó maior

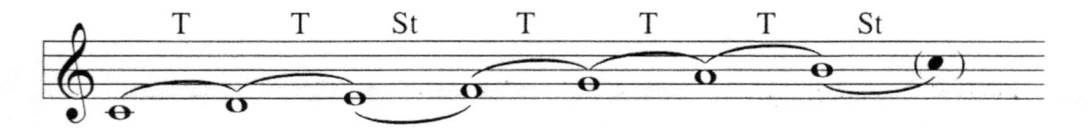

Podemos dividir a escala maior em dois tetracordes idênticos, com a seguinte formação: T - T - St (tom, tom, semitom).

Escala de dó maior

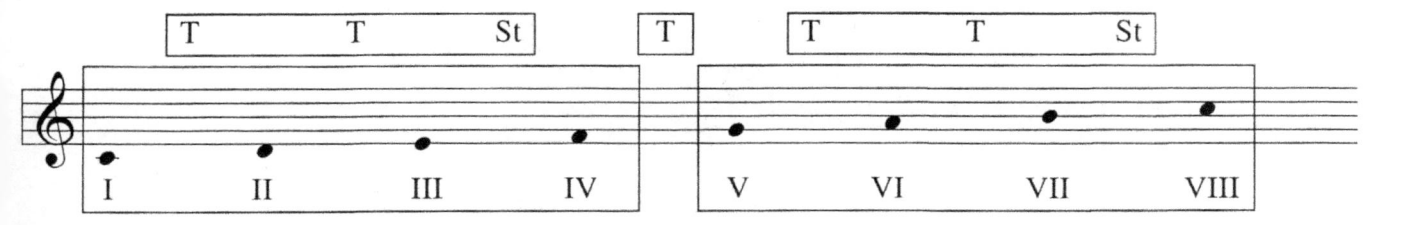

Como podemos notar, os tetracordes são separados por um intervalo de tom. O tetracorde mais grave é chamado de tetracorde inferior ou primeiro tetracorde, e o mais agudo, de tetracorde superior ou segundo tetracorde.

A partir do formato da escala de dó maior, chegamos, então, a todas as escalas maiores. O segundo tetracorde passa a ser o primeiro do tom seguinte.

Escala de sol maior: o primeiro tetracorde é, justamente, o segundo de dó maior.

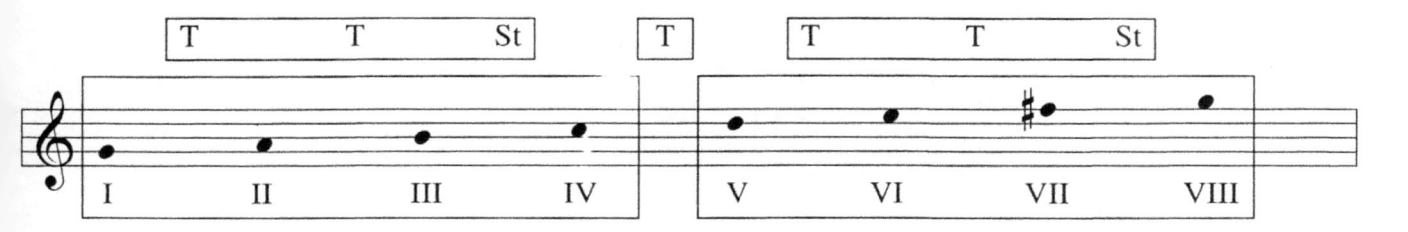

E assim por diante...

Escala de mi♭ maior

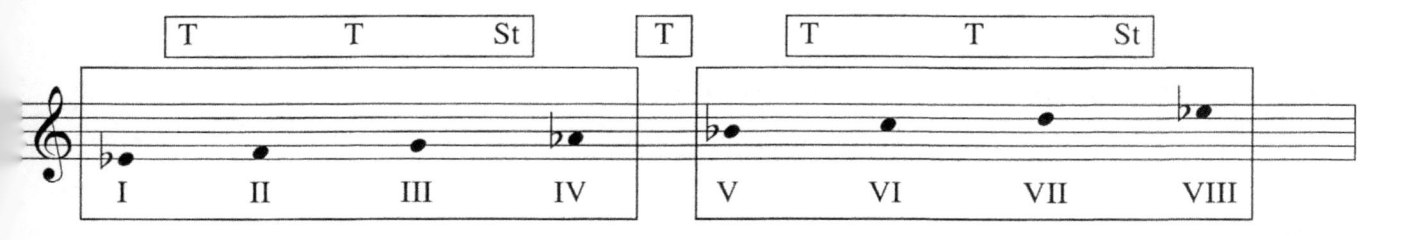

É importante lembrar que a escala de dó maior não possui acidentes.

▫ Círculo das quintas (espiral das tonalidades maiores e seus acidentes)

Se colocarmos todos os tons ou tonalidades maiores iniciando com o de dó maior, e formos progredindo em quintas em ambas as direções, encontraremos o círculo de quintas ascendentes e descendentes.

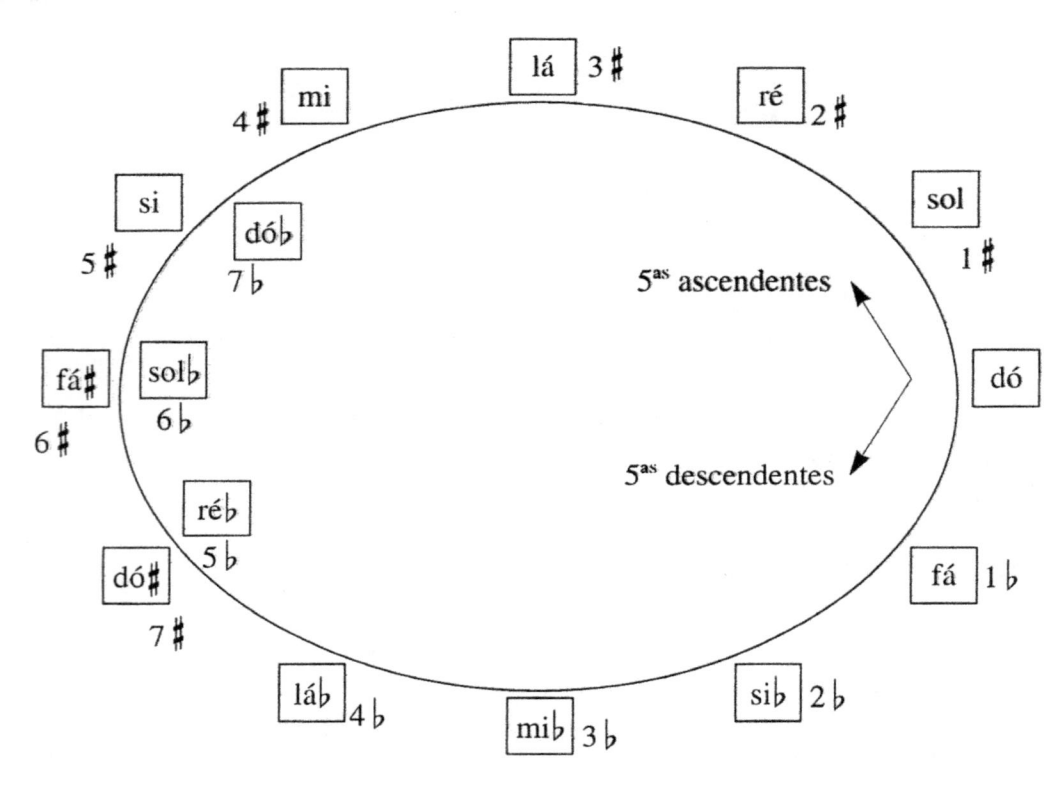

```
                    lá  3♯
        mi                    ré  2♯
    4♯
  si                              sol
                                      1♯
 5♯    dób
       7♭           5ᵃˢ ascendentes
 fá♯   solb                       dó
 6♯    6♭
                    5ᵃˢ descendentes
       réb
  dó♯  5♭                         fá  1♭
  7♯
        láb              sib  2♭
        4♭      mib  3♭
```

▫ Graus

Eis os nomes dados aos graus da escala de uma tonalidade:

  I - Tônica
  II - Supertônica (um grau acima da tônica)
  III - Mediante
  IV - Subdominante
  V - Dominante
  VI - Superdominante (um grau acima da dominante)
  VII - Sensível

▫ Graus tonais

São os graus que determinam as principais funções:

  I - Tônica (função estável ou de repouso)
  IV - Subdominante (função semi-estável)
  V - Dominante (função instável)

Exercício: Escreva ao lado os graus tonais de:

Fá maior: Mi♭ maior: Sol maior:
Ré maior: Lá maior: Dó♭ maior:
Si maior: Ré♭ maior: Mi maior:

▫ Tonalidades maiores e suas respectivas armaduras

Com sustenidos:

Sol maior   Ré maior   Lá maior   Mi maior   Si maior   Fá♯ maior   Dó♯ maior

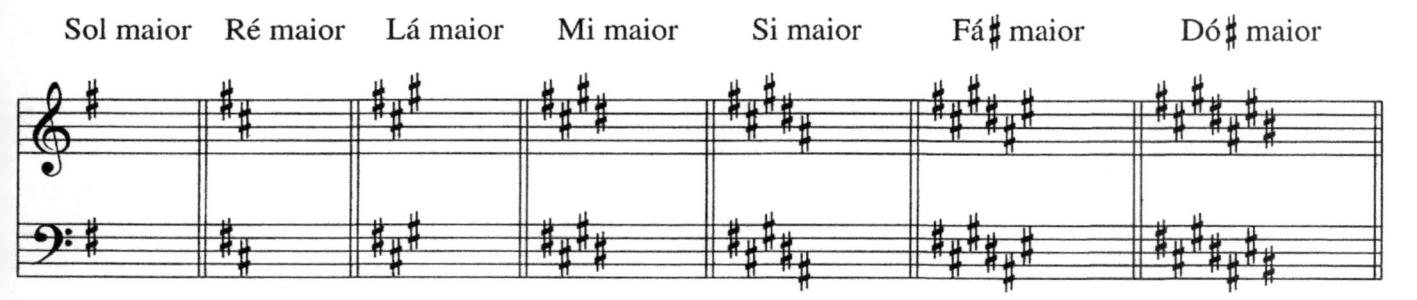

Com bemóis:

Fá maior   Si♭ maior   Mi♭ maior   Lá♭ maior   Ré♭ maior   Sol♭ maior   Dó♭ maior

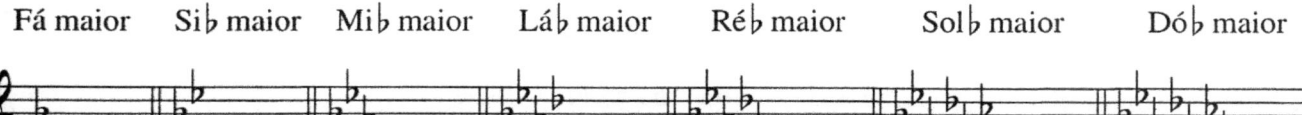

Solfejo por graus

Escala maior ascendente:

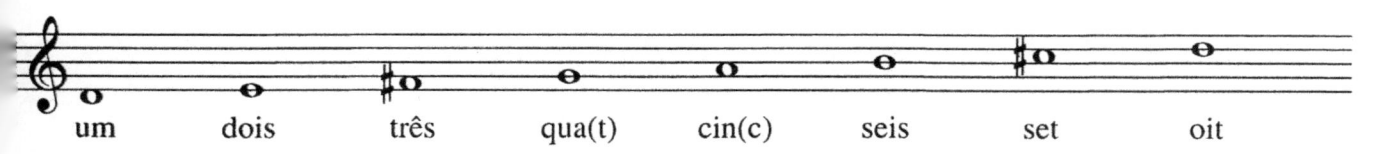

um   dois   três   qua(t)   cin(c)   seis   set   oit

Em outra tonalidade:

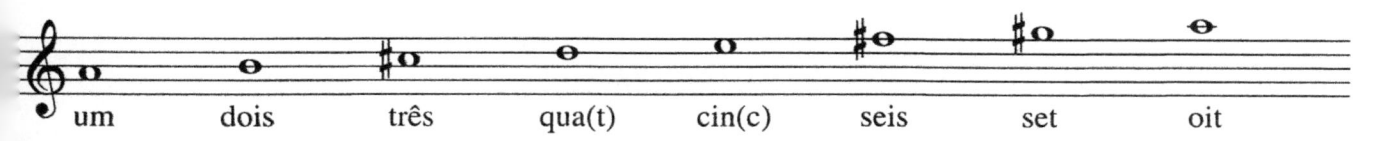

um   dois   três   qua(t)   cin(c)   seis   set   oit

Escala maior descendente:

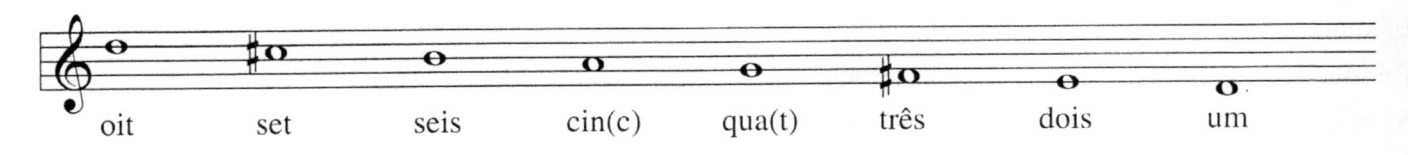

oit — set — seis — cin(c) — qua(t) — três — dois — um

Em outra tonalidade:

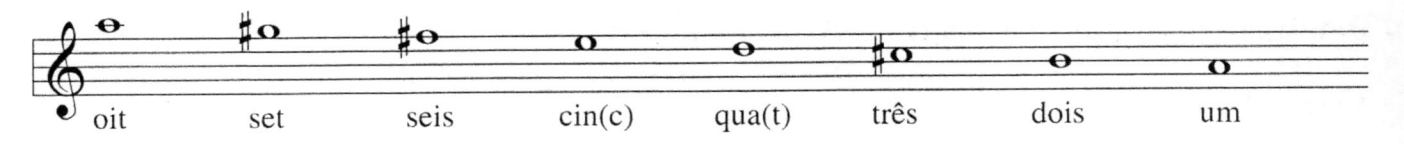

oit — set — seis — cin(c) — qua(t) — três — dois — um

Solfejo por graus: Cante na forma acima as escalas de sol maior, lá♭ maior, si maior, mi maior, fá♯ maior e dó maior.

Treinamento adicional: Cante as escalas acima, utilizando os nomes das notas. Cante, utilizando também outras sílabas.

Questionário:

1) O que diferencia tom de tonalidade?
2) A que, especificamente, referem-se os termos escala e modo?
3) Qual é o formato (disposição de tons e semitons) da escala maior?
4) Por quantos tetracordes é formada a escala maior?
5) Forme as seguintes escalas:
   lá maior, mi maior, si♭ maior e lá♭ maior
6) Indique as seguintes armaduras:
   fá maior, sol maior, ré maior, mi♭ maior, si maior, ré♭ maior e fá♯ maior
7) Quais são os nomes dados aos graus de uma tonalidade?
8) Quais são os graus tonais?

AULA 51

Dois pontos de aumento

Uma nota adicionada de dois pontos de aumento passa a valer seu valor inicial mais 3/4 (três quartos) do seu valor.

Exemplos:

1) Uma mínima num compasso 4/4 vale 2 tempos
   com um ponto de aumento vale 3 tempos
   com dois pontos de aumento vale 3 tempos e meio

2) Uma semínima pontuada num compasso 4/4 vale 1 tempo e meio
   Uma semínima com dois pontos de aumento vale 1 tempo e 3/4

Exemplo com valores musicais escritos:

Leitura rítmica

4)

Leitura métrica

1)

2)

3)

Questionário:

1) Como dois pontos de aumento podem alterar a duração de uma nota?
2) Quanto vale uma semínima com dois pontos em um compasso com denominador 4?

AULA 52

Intervalos (IV): intervalos encontrados na escala maior

Na escala maior, em relação à tônica, encontramos os seguintes intervalos: 2ª maior, 3ª maior, 4ª justa, 5ª justa, 6ª maior, 7ª maior e 8ª justa:

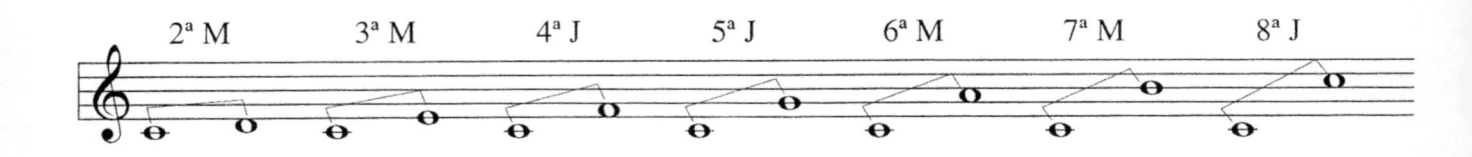

[partitura: escala maior com ligaduras]

[partitura: 2ª M, 3ª M, 4ª J, 5ª J, 6ª M, 7ª M, 8ª J]

Agora, cante:

um dois um três um quat um cinc um seis um set um oit

Cante separadamente os intervalos:

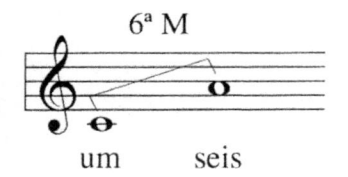

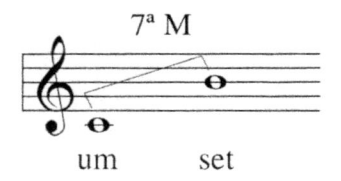

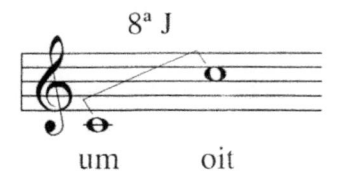

6ª M — um seis
7ª M — um set
8ª J — um oit

Obtemos, assim, a distância exata encontrada nos seguintes intervalos:

2ªM - um tom (dois semitons)
3ªM - dois tons (quatro semitons)
4ªJ - dois tons + um semitom
5ªJ - três tons + um semitom
6ªM - quatro tons + um semitom
7ªM - cinco tons + um semitom
8ªJ - seis tons

Exercício: Escreva e cante os intervalos de 6ª maior, 7ª maior e 8ª justa para as notas Fá, Lá, Ré, Si bemol, Mi bemol, Sol, Fá sustenido e Dó sustenido.

Solfejo por graus: Cante os intervalos pedidos acima.

◻ Variantes para os intervalos da escala maior (sexta e sétima)

Além das possibilidades abaixo, existem outras, que serão vistas mais adiante.

Exercício: Identifique os intervalos abaixo:

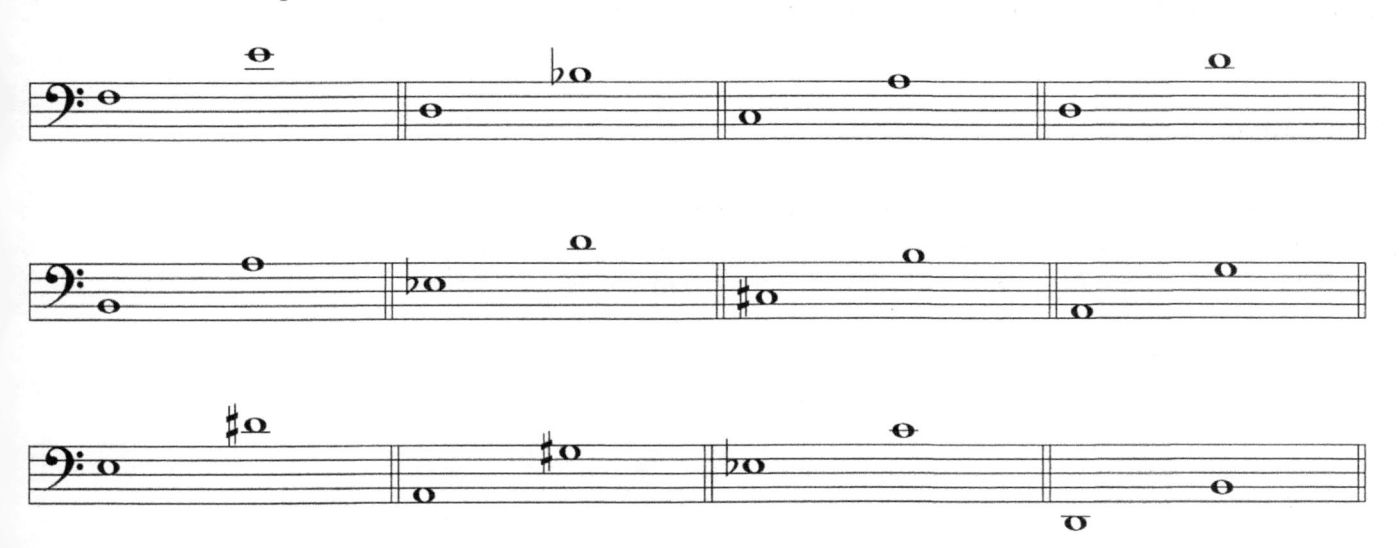

Solfejo por graus: Cante os intervalos acima, utilizando as sílabas numéricas.

Treinamento adicional: Cante os intervalos acima, utilizando outras sílabas.

◻ Sextas, sétimas e oitavas descendentes

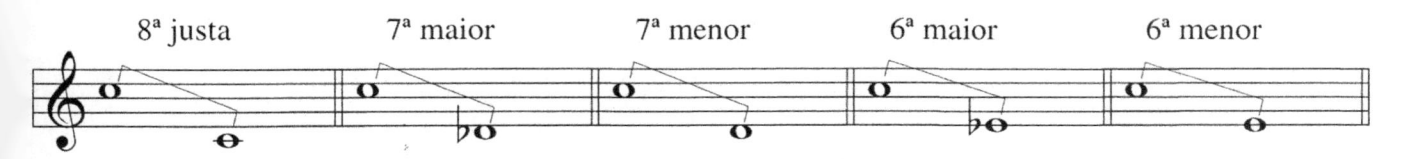

Exercício: Escreva os intervalos descendentes pedidos:

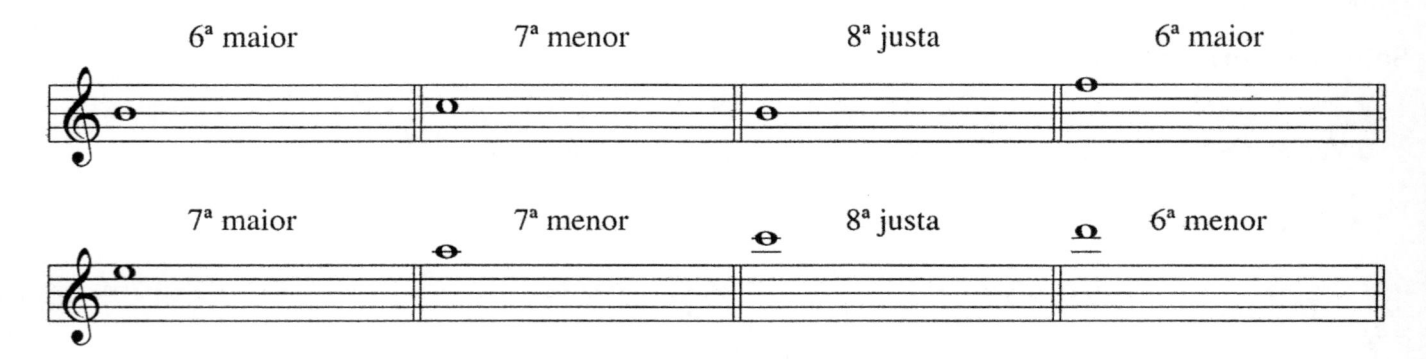

[Pauta musical com intervalos: 6ª maior, 7ª menor, 8ª justa, 6ª maior]

[Pauta musical com intervalos: 7ª maior, 7ª menor, 8ª justa, 6ª menor]

Solfejo por graus: Cante os intervalos pedidos acima, utilizando as sílabas numéricas.

Treinamento adicional: Cante os intervalos pedidos acima, utilizando outras sílabas.

Percepção: Professor toca ou canta intervalos para que os alunos os identifiquem.

Treinamento adicional (solfejo por graus): Professor sugere solfejos por graus.

✍ **Questionário:**

1) Quais são os intervalos encontrados na escala maior?
2) Por quantos tons e semitons são formados os seguintes intervalos:
    7ª M - 6ª m - 5ª J - 7ª m - 8ª J - 4ª aum - 5ª dim - 3ª m - 6ª M

AULA 53

Síncope (III): síncope de um quarto de tempo

Além das síncopes de tempo e de meio-tempo, temos as síncopes de um quarto de tempo.

Exemplos:

1)

2)

3)

Como podemos notar, as síncopes podem ser combinadas com figuras com dois pontos de aumento.

Exemplos:

1)

2)

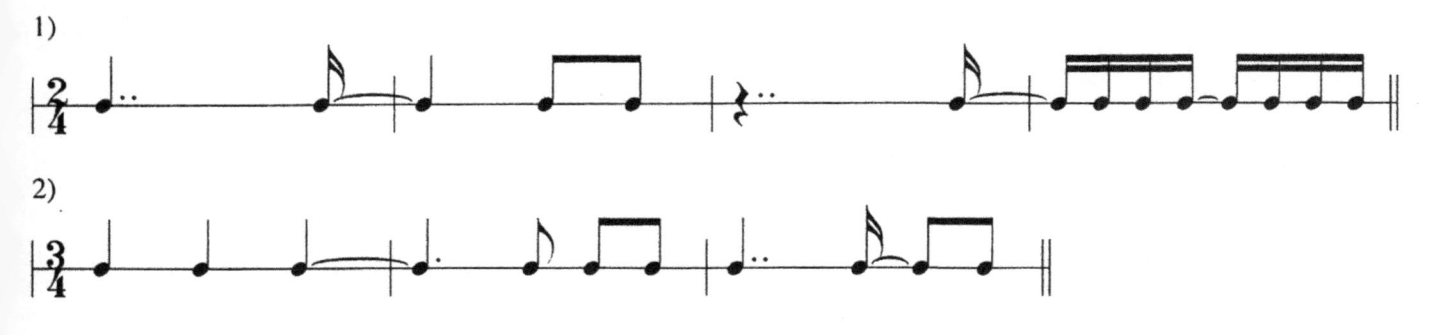

Leitura rítmica

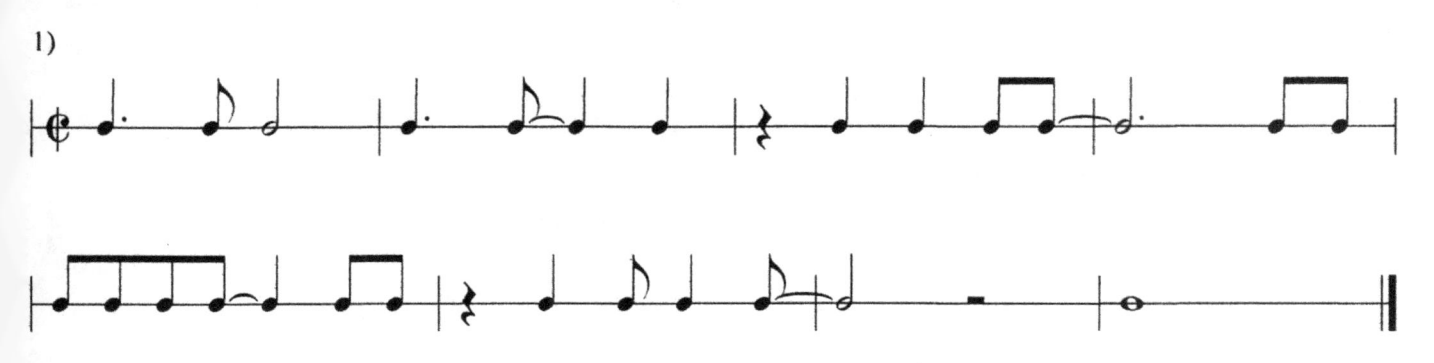

1)

2)

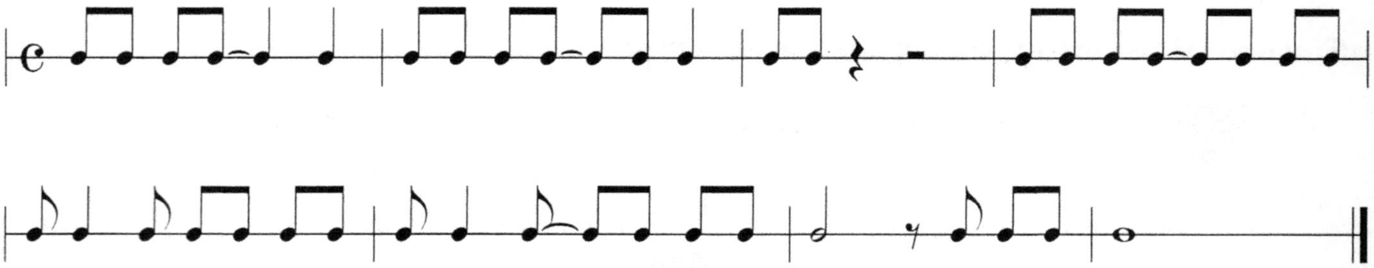

3)

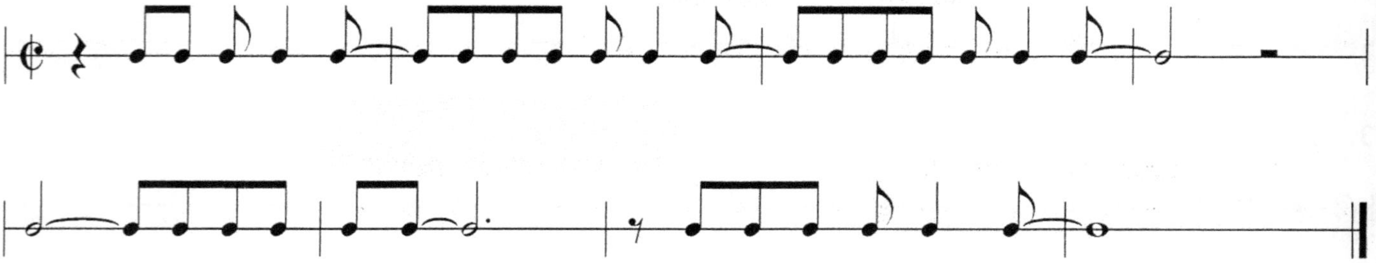

4)

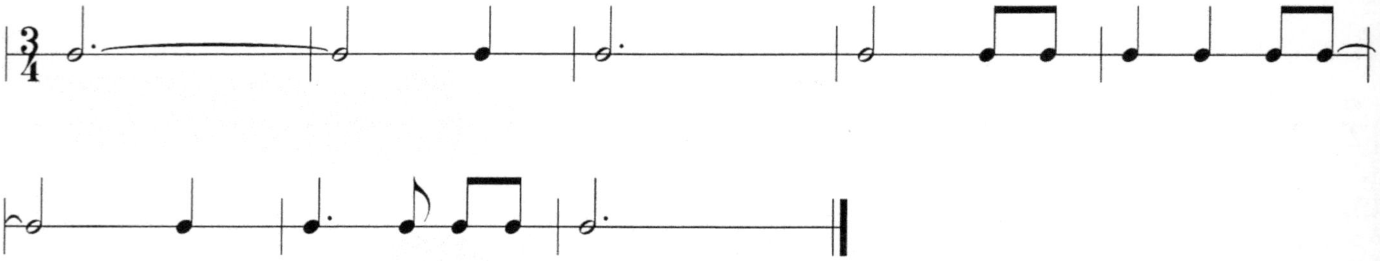

5)

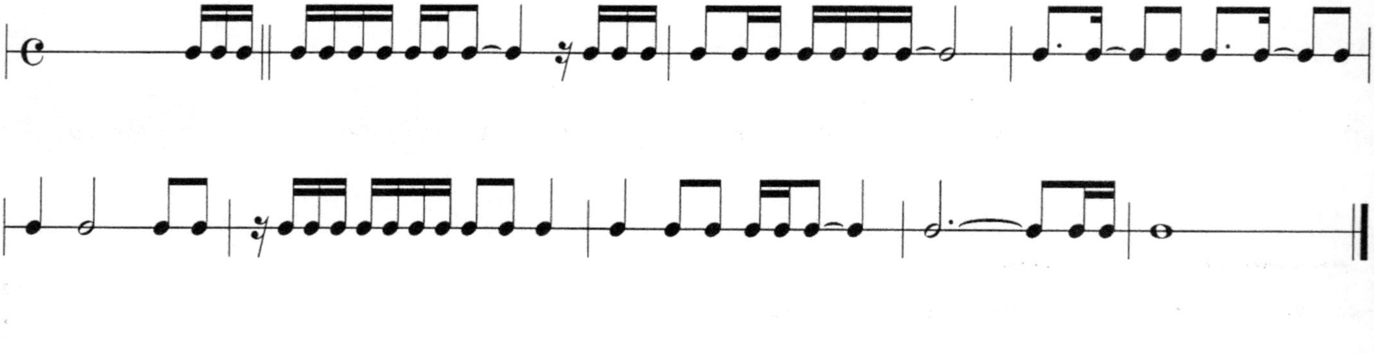

6)

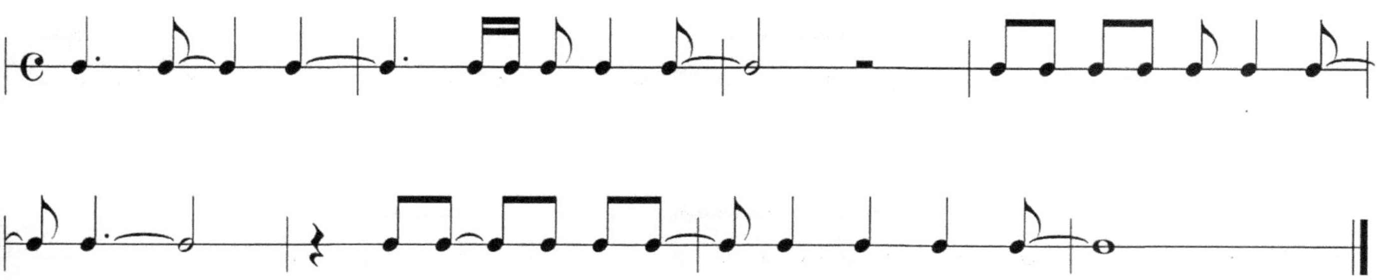

7)

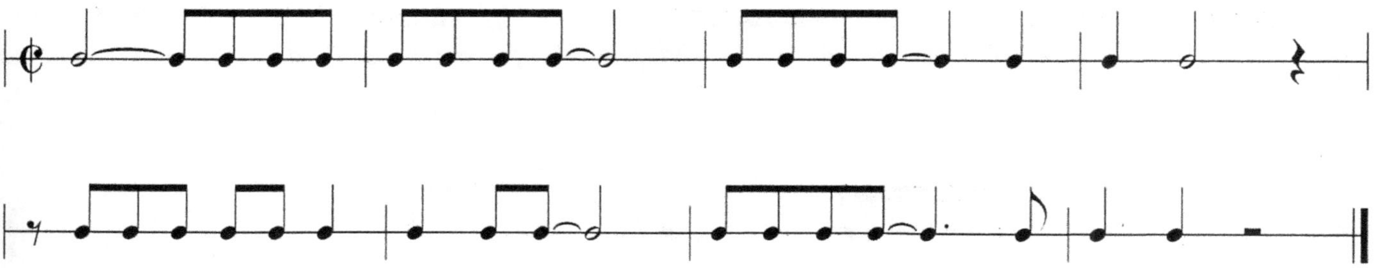

8)

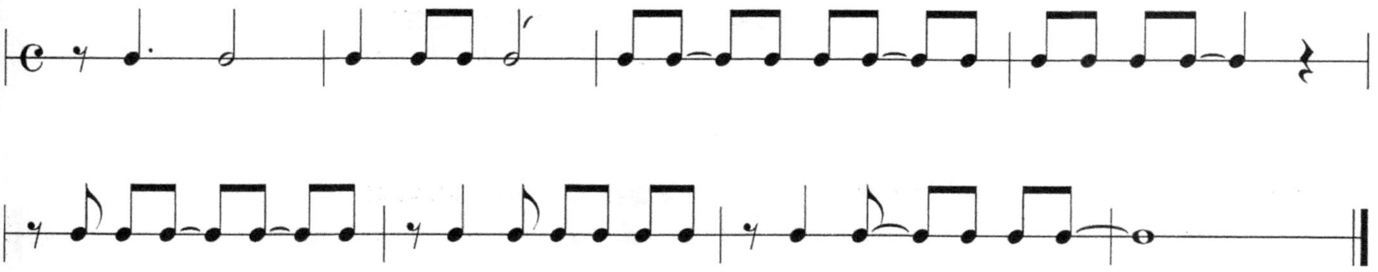

9)

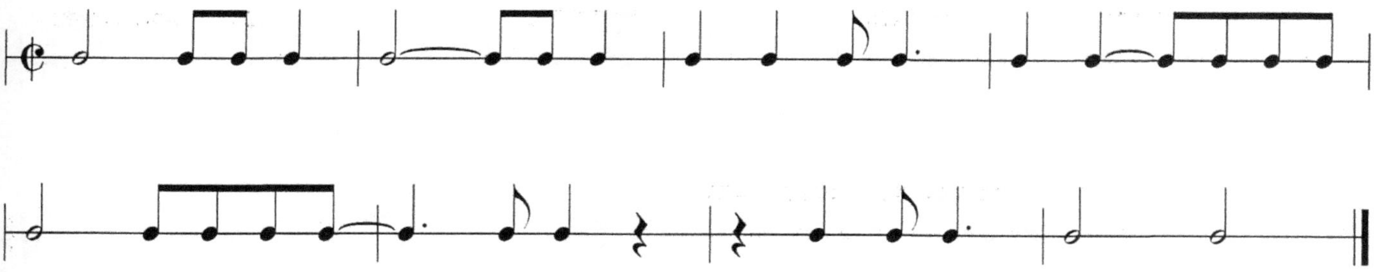

10)

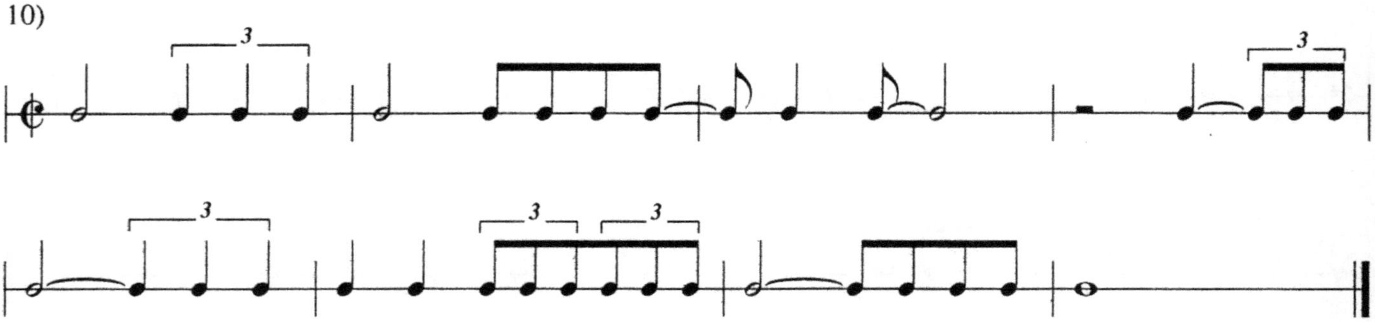

11)

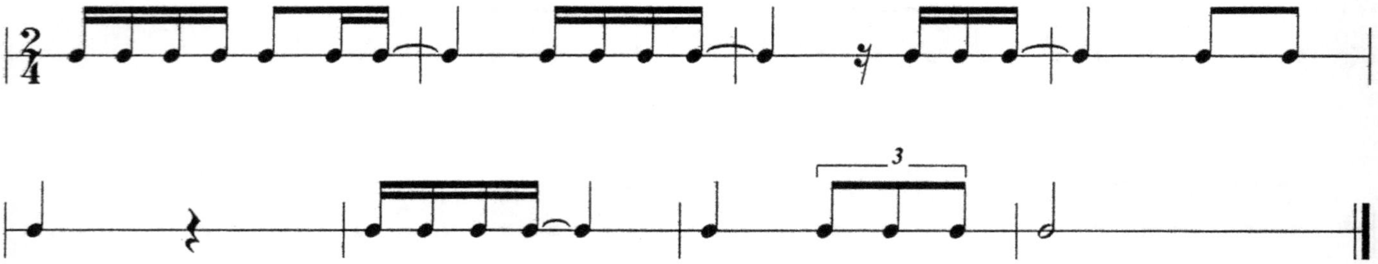

12)

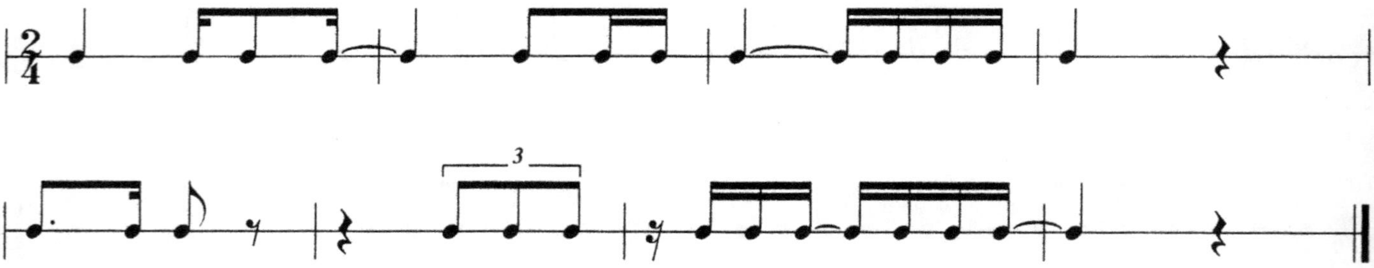

13)

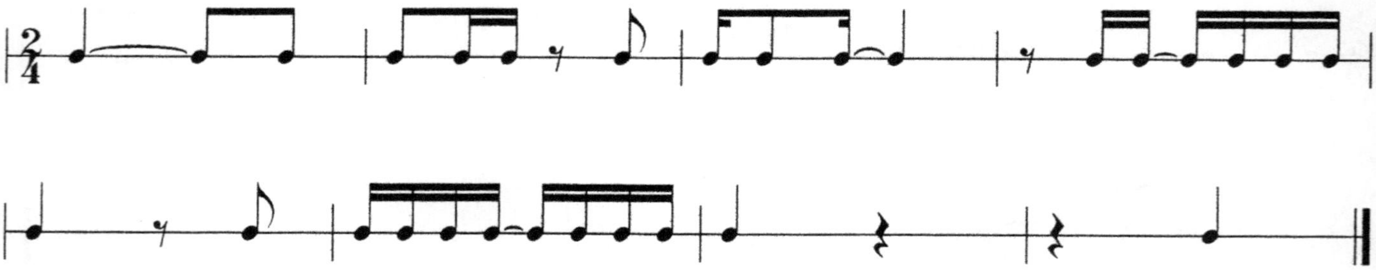

14)
15)
16)
17)

AULA 54

Quadro geral dos intervalos simples (dentro de uma oitava) / Intervalos consonantes e intervalos dissonantes

▫ Quadro geral dos intervalos simples (dentro de uma oitava)

Apesar de certos intervalos serem mais importantes para a formação dos acordes usados em música popular, não podemos deixar de apresentar um quadro geral, com todos os intervalos no âmbito de uma oitava tradicionalmente empregados nos cursos de teoria musical.

Exemplo tendo a nota dó como a mais grave (básica).

	1st	1t	1t+1st	2t	2t+1st	3t	3t+1st	4t	4t+1st	5t	5t+1st	6t
1ª	aum											
2ª	m	M	aum									
3ª		dim	m	M	aum							
4ª				dim	J	aum						
5ª						dim	J	aum				
6ª							dim	m	M	aum		
7ª									dim	m	M	
8ª											dim	J

Como podemos observar no quadro acima, tomando como ponto de partida uma escala maior, chegamos à classificação dos intervalos em maiores, menores ou justos e seus derivados, diminutos e aumentados.

Por que a quarta, a quinta e a oitava têm classificação de justas?

Vejamos por que não podem ser classificadas de M ou m.

Tomemos como exemplo a nota mi bemol. Se quiséssemos formar uma quinta maior de mi bemol, tomando por base a escala de mi bemol maior, vejamos o que aconteceria:

O quinto grau de mi bemol é si bemol. Se quiséssemos a quinta menor, teríamos: mi♭ - si♭♭. Por conseguinte, para obtermos a quinta diminuta, teríamos de recorrer a três bemóis: mi♭ - si♭♭♭, o que não é possível em nosso sistema de notação musical.

O mesmo ocorreria ao tentarmos obter uma quarta aumentada de dó♯ ou uma quarta diminuta de si♭.

É claro que, para certas notas, podemos obter alguns intervalos não apresentados aqui. É questão de adicionarmos mais um bemol ou sustenido.

Intervalos consonantes e intervalos dissonantes

Esta é uma questão que pode ser considerada, até certo ponto, relativa e subjetiva. No entanto, em nosso estudo, seguiremos a seguinte classificação:

INTERVALOS

Consonantes	Dissonantes
3ª M e 3ª m	2ª M e 2ª m
4ª J e 4ª dim	4ª aum
5ª J e 5ª aum	5ª dim
6ª M e 6ª m	6ª aum
7ª dim	7ª m e 7ª M

Há diferentes teorias a este respeito. Consulte outros métodos.

Exercício: A partir da nota dada, escreva os dois intervalos subseqüentes pedidos.

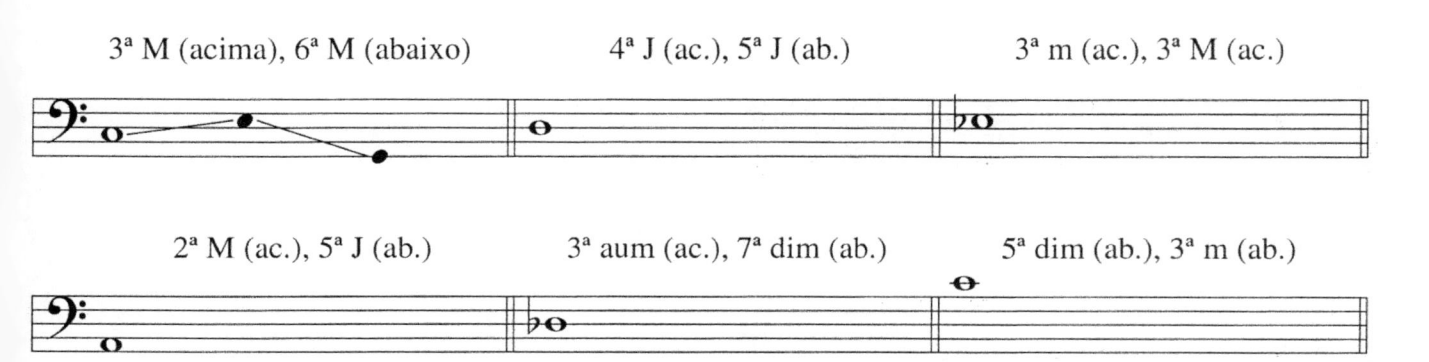

3ª M (acima), 6ª M (abaixo)　　　　4ª J (ac.), 5ª J (ab.)　　　　3ª m (ac.), 3ª M (ac.)

2ª M (ac.), 5ª J (ab.)　　　　3ª aum (ac.), 7ª dim (ab.)　　　　5ª dim (ab.), 3ª m (ab.)

Solfejo por graus: Cante os intervalos pedidos acima, utilizando as sílabas numéricas.

Treinamento adicional: Cante os intervalos pedidos acima, utilizando os nomes das notas, bem como outras sílabas.

AULA 55

◦ Sinais de articulação

Os sinais de articulação mais usados são:

Legato, que significa tocar de forma ininterrupta. É representado por ligaduras (linhas curvas) sobre as notas ou, simplesmente, pela expressão *legato*.

Staccato, que significa tocar as notas de forma destacada, com duração curta. É representado por pontinhos sobre as notas ou, ainda, pela expressão *stacc*.

Staccato/legato, que significa tocar de forma intermediária. É representado por ligaduras e pontinhos ou, ainda, pela expressão *stacc./legato*.

Exemplos:

1) *legato*

2) *staccato*

3) *staccato/legato*

Outros acentos:

> acento forte

- *tenuto* ou *sostenuto* (geralmente antecede o *staccato*)

∧ acento curto

✍ Questionário:

1) Quais são os sinais de articulação mais usados?
2) Com que finalidade utilizamos cada um deles?
3) Enumere outros acentos também encontrados.
4) Descreva cada um deles.

Leitura métrica adicional: Sugerir com síncopes de 1/4 de tempo.

AULA 56

- **Tons relativos**
  Tonalidade menor/escala menor/modos da tonalidade menor (natural, harmônico e melódico)
  Tons homônimos
  Graus modais

Para cada tonalidade maior temos um tom relativo menor, ou seja, um tom menor que possui a mesma armadura de clave de seu relativo. Esse tom menor caracteriza-se por uma escala que se inicia com o sexto grau da escala no modo maior.

Por exemplo, o sexto grau de dó maior é a nota lá. A partir da nota lá, formamos uma escala diatônica que usa a armadura idêntica de sua relativa maior. Trata-se da escala do tom relativo menor:

escala de dó maior (modo maior)

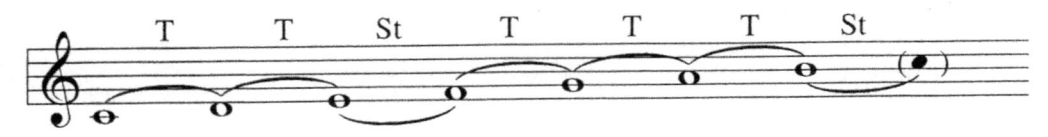

escala de lá menor natural (modo menor natural)

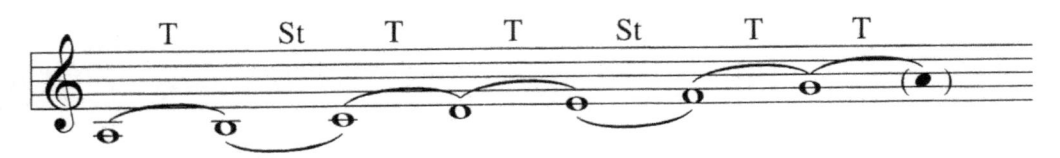

Temos acima a escala de lá no modo menor natural, cujo tom é relativo de dó maior. Porém, a escala menor, se não tiver a sensível (VII) meio-tom abaixo da tônica, não corresponderá ao sistema tonal como escala representativa de um tom ou tonalidade menor. A relação (de um semitom) e a atração sensível/tônica são características do sistema tonal.

Para que possamos representar uma tonalidade ou tom menor, adicionamos a sensível, formando trítono (intervalo de três tons) com o quarto grau, e temos a sensação de estar numa tonalidade, com centro de atração.

Escala de lá menor harmônica (modo menor harmônico)

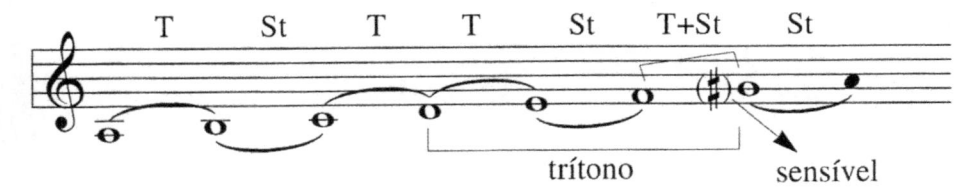

Existe também a escala no modo menor melódico, que segue o modelo abaixo:

Escala de lá menor melódica (modo menor melódico)

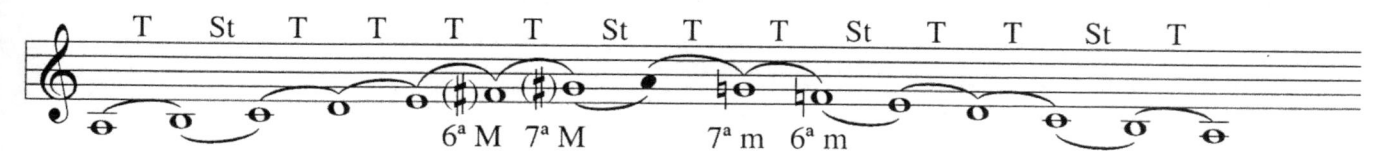

[Notação musical: escala com intervalos T St T T T T St T T St T T St T; indicações 6ª M, 7ª M, 7ª m, 6ª m]

Tons relativos são, portanto, os tons menores que se situam uma terça menor abaixo do seu relativo maior, ou os tons maiores que se situam uma terça menor acima do seu relativo menor.

Exemplos:

Tom maior	Relativo menor
Dó maior	Lá menor
Fá maior	Ré menor
Si♭ maior	Sol menor

Tom menor	Relativo maior
Lá menor	Dó maior
Ré menor	Fá maior
Sol menor	Si♭ maior

Tons homônimos são os que possuem a mesma tônica em modos diferentes.

Exemplos:

Dó maior e Dó menor
Fá menor e Fá maior

Graus modais são os que definem se o modo é maior ou menor. São o III e o VI.
Comparemos dois tons homônimos (dó maior e dó menor harmônico). Notemos que os graus que se diferenciam são o III e o VI.

escala de dó (modo maior)

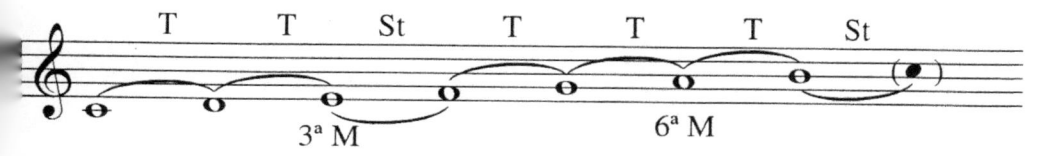

[Notação musical: escala com intervalos T T St T T T St; indicações 3ª M, 6ª M]

escala de dó (modo menor harmônico)

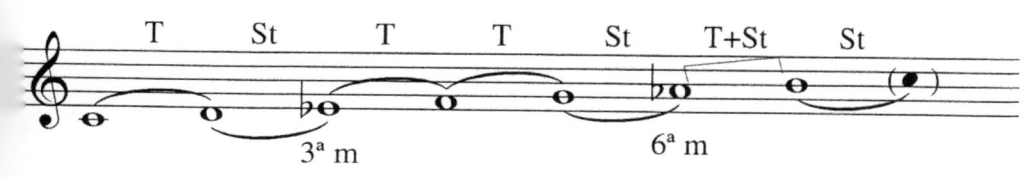

[Notação musical: escala com intervalos T St T T St T+St St; indicações 3ª m, 6ª m]

✍ **Questionário:**

1) Quais são as armaduras dos tons de Si menor, Fá menor, Dó menor e Mi menor?
2) Forme a escala menor natural de
    Fá menor, Si menor, Sol menor e Ré menor
3) Forme as seguintes escalas menores harmônicas
    Mi♭ menor, Dó menor, Fá♯ menor
4) Forme as seguintes escalas menores melódicas
    Ré menor, Si♭ menor
5) O que são tons relativos?
6) O que são tons homônimos?
7) Quais são os graus considerados modais e o que eles definem?

AULA 57

Exercícios de independência e coordenação rítmica (II)

Leitura rítmica: com coordenação

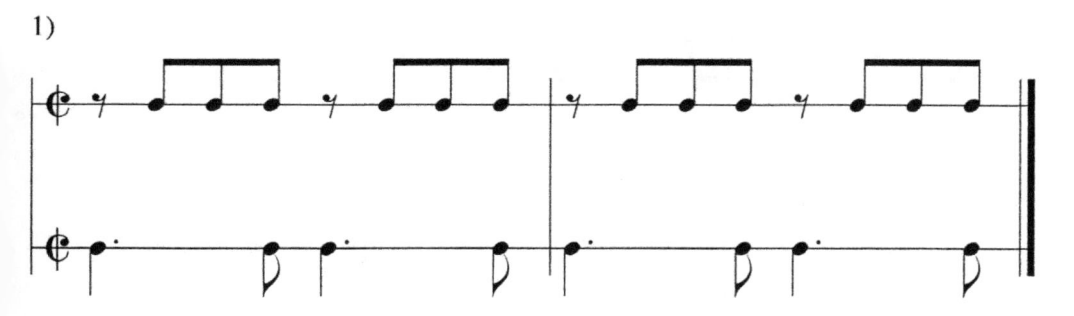

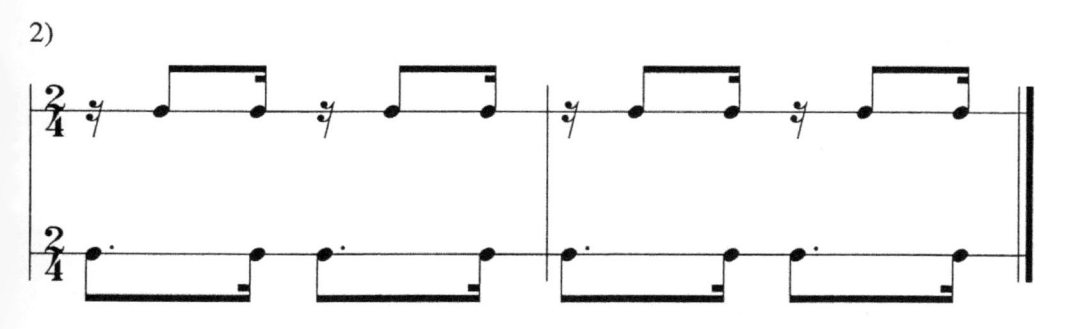

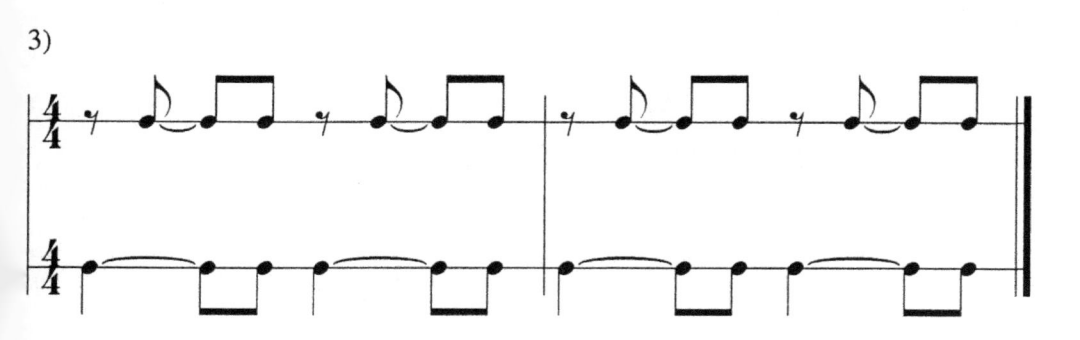

1)

2)

3)

4)

5)

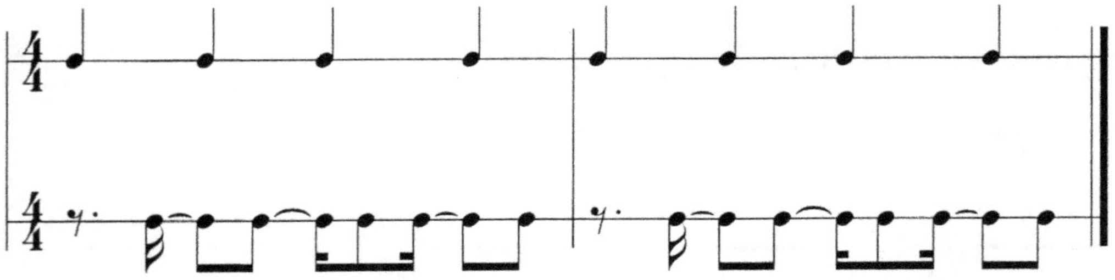

6)

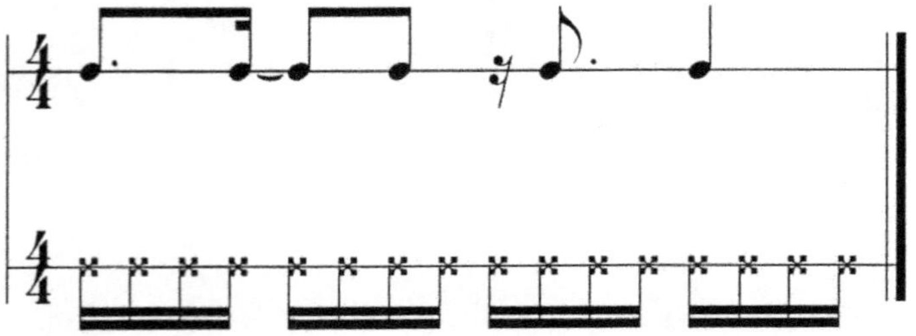

7)

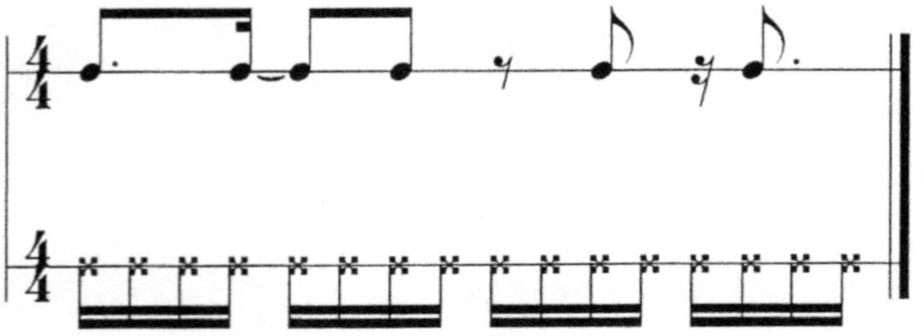

8)

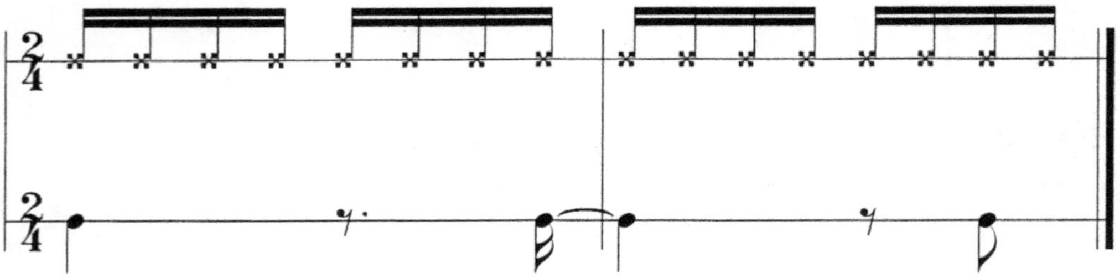

9)

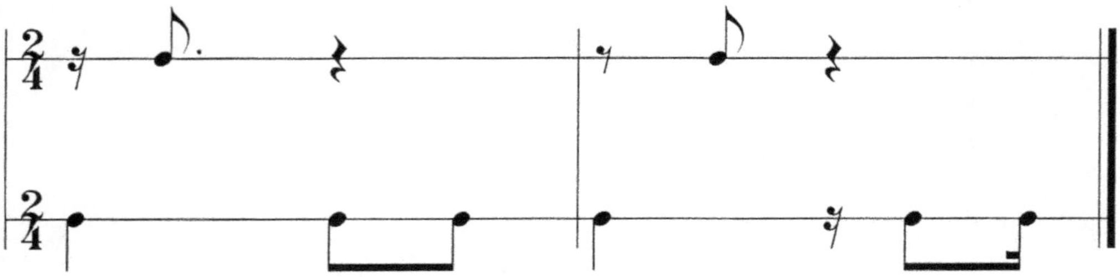

AULA 58

Tons vizinhos

Tons vizinhos são os que possuem armadura distanciada e diferenciada por somente um bemol ou sustenido. Os tons vizinhos podem ser diretos ou indiretos.

Exemplo:

Ré maior tem dois sustenidos: fá e dó. Seus tons vizinhos diretos são Sol maior (um sustenido) e Lá maior (três sustenidos). Seus tons vizinhos indiretos são Mi menor e Fá♯ menor.

No exemplo acima, os vizinhos diretos são tons maiores e os indiretos são tons relativos menores. Ou, ainda, os tons vizinhos diretos são os tons da dominante e da subdominante e os vizinhos indiretos são seus relativos.

vizinho indireto	Mi menor
vizinho direto	Sol maior
tonalidade original	**Ré maior**
vizinho direto	Lá maior
vizinho indireto	Fá♯ menor

vizinho indireto	Mi♭ maior
vizinho direto	Dó menor
tonalidade original	**Fá menor**
vizinho direto	Si♭ menor
vizinho indireto	Ré♭ maior

Se a tonalidade principal for menor, os vizinhos diretos serão também tons menores e os indiretos seus relativos maiores.

Exemplo:

Fá menor tem quatro bemóis. Seu relativo maior é Lá♭ maior. Seus vizinhos diretos são Dó menor (três bemóis) e Si♭ menor (cinco bemóis). Seus vizinhos indiretos são Mi♭ maior e Ré♭ maior.

Tons afastados são os outros, que possuem armadura com diferença de, no mínimo, dois acidentes.

✎ Questionário:

1) Quais são os relativos e vizinhos, diretos e indiretos, das seguintes tonalidades:

   Lá menor
   Mi maior
   Si♭ maior
   Ré menor
   Si menor
   Ré♭ maior

2) Ache dois tons afastados para:

   Mi♭ maior
   Ré maior

AULA 59

▫ Fusa e semifusa

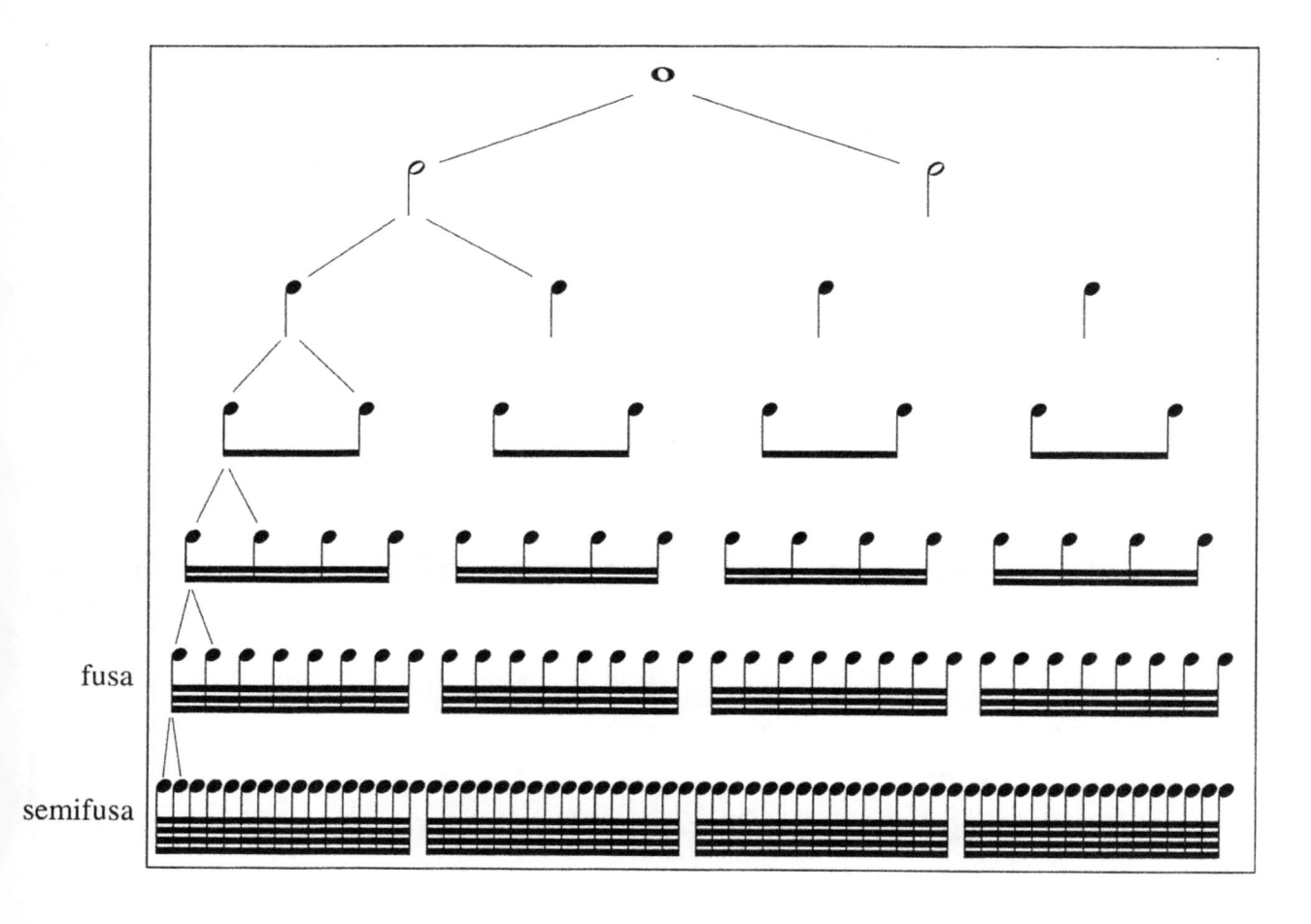

A fusa vale a metade de uma semicolcheia e a semifusa vale a metade da fusa.

Como vimos, os valores são relativos.

Muitos se espantam ao se deparar com essas figuras, mas, fatores como a relação de valores, compasso, unidade de tempo e andamento, podem simplificar sua compreensão e aprendizado.

Imaginemos que temos um compasso 2/8, cuja unidade de tempo é a colcheia. Neste caso, a fusa valerá um quarto de tempo, ou seja, o mesmo que uma semicolcheia em compasso 2/4. Se tivermos um compasso 2/16, o mesmo ocorrerá com a semifusa.

É claro que num compasso com denominador 4, e num andamento relativamente rápido, a leitura pode se tornar mais difícil.

Raramente encontraremos fusa ou semifusa como unidade de tempo. No entanto, podemos encontrá-las em quiálteras.

Leitura rítmica

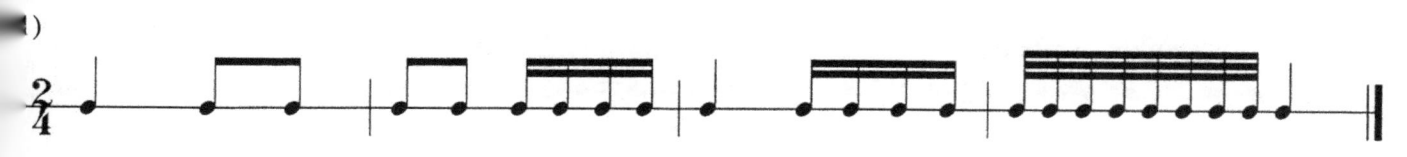

1)

2)

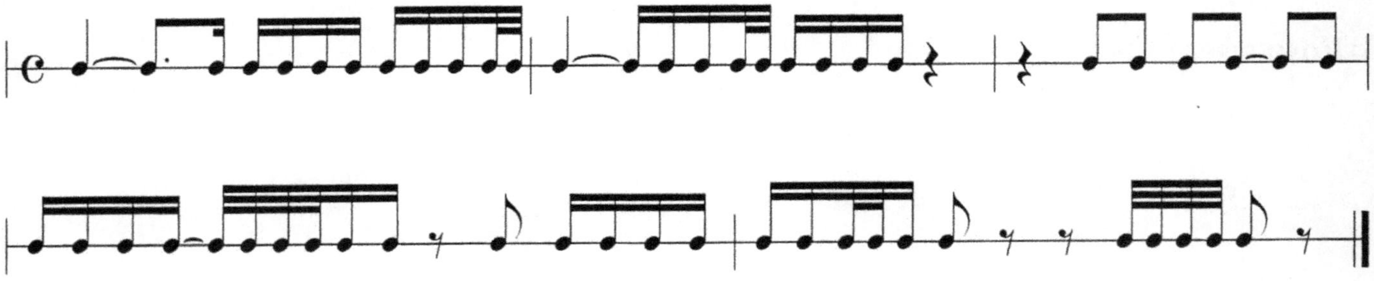

3)

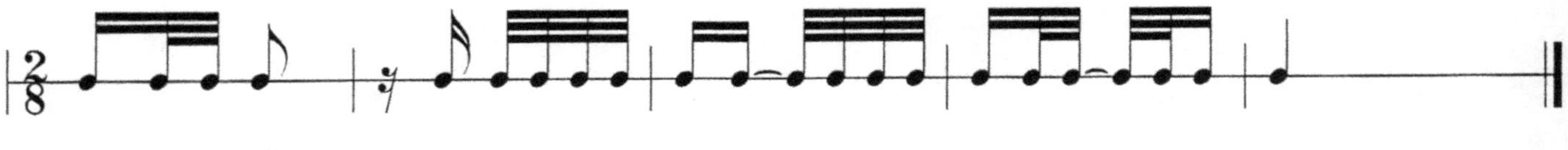

4)

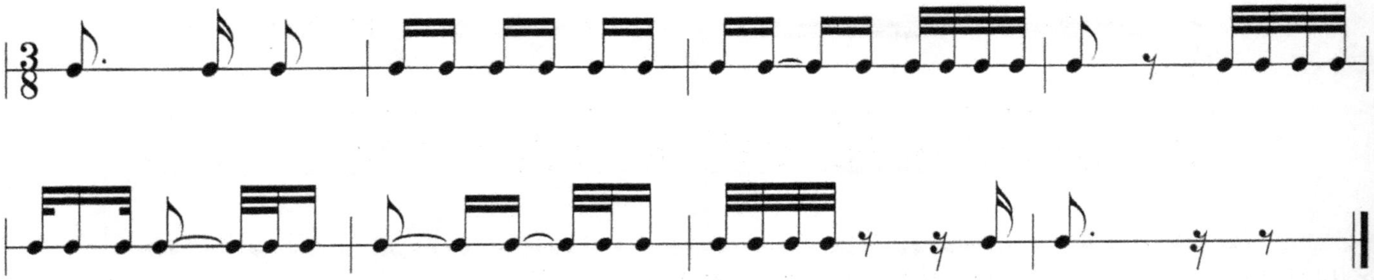

5)

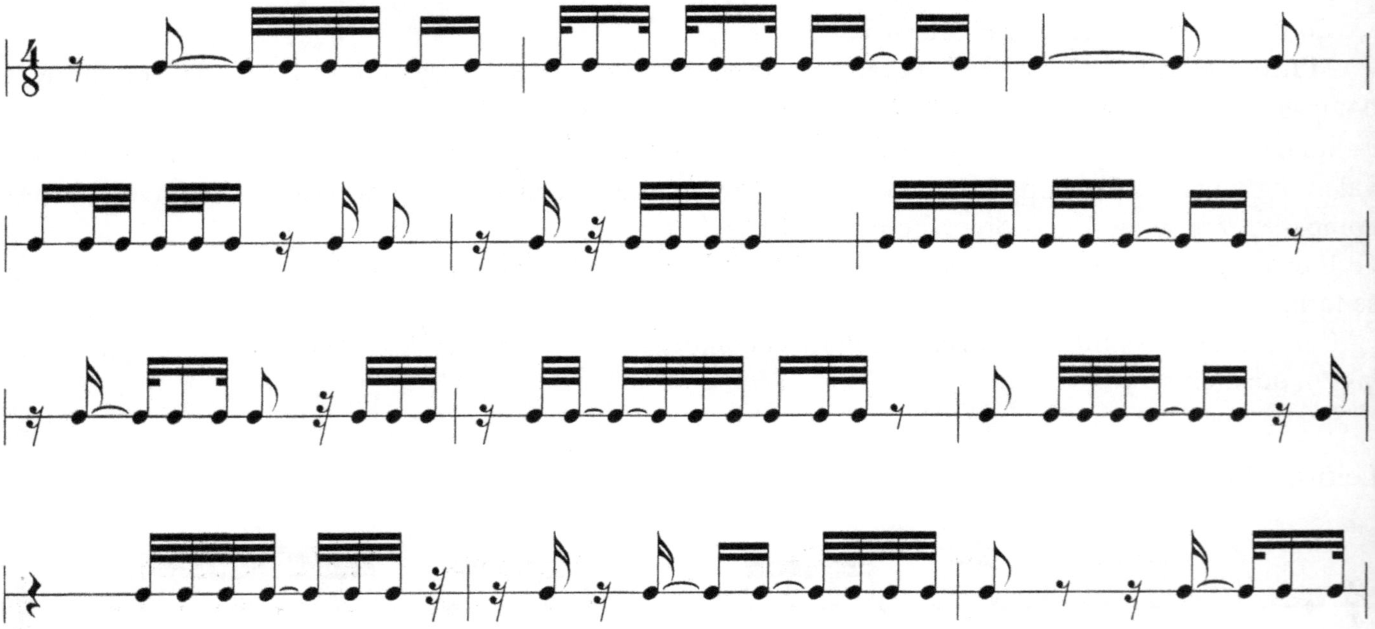

Exercício adicional: Transformar compassos com denominador 8 em denominador 16.

Leitura rítmica: Ler os exercícios acima com denominador 16.

Leitura métrica

1)

2)

3)

✍ Questionário:

1) Quanto vale a fusa em relação à semínima?
2) Quanto vale uma semifusa em relação à semínima?
3) Quanto valem em relação à semibreve?

AULA 60

Aumento da extensão dos registros grave e agudo (três e quatro linhas suplementares)

Podemos adicionar mais linhas suplementares, tanto para a região aguda quanto para a região grave. Até agora trabalhamos com três linhas suplementares, mas podemos adicionar mais:

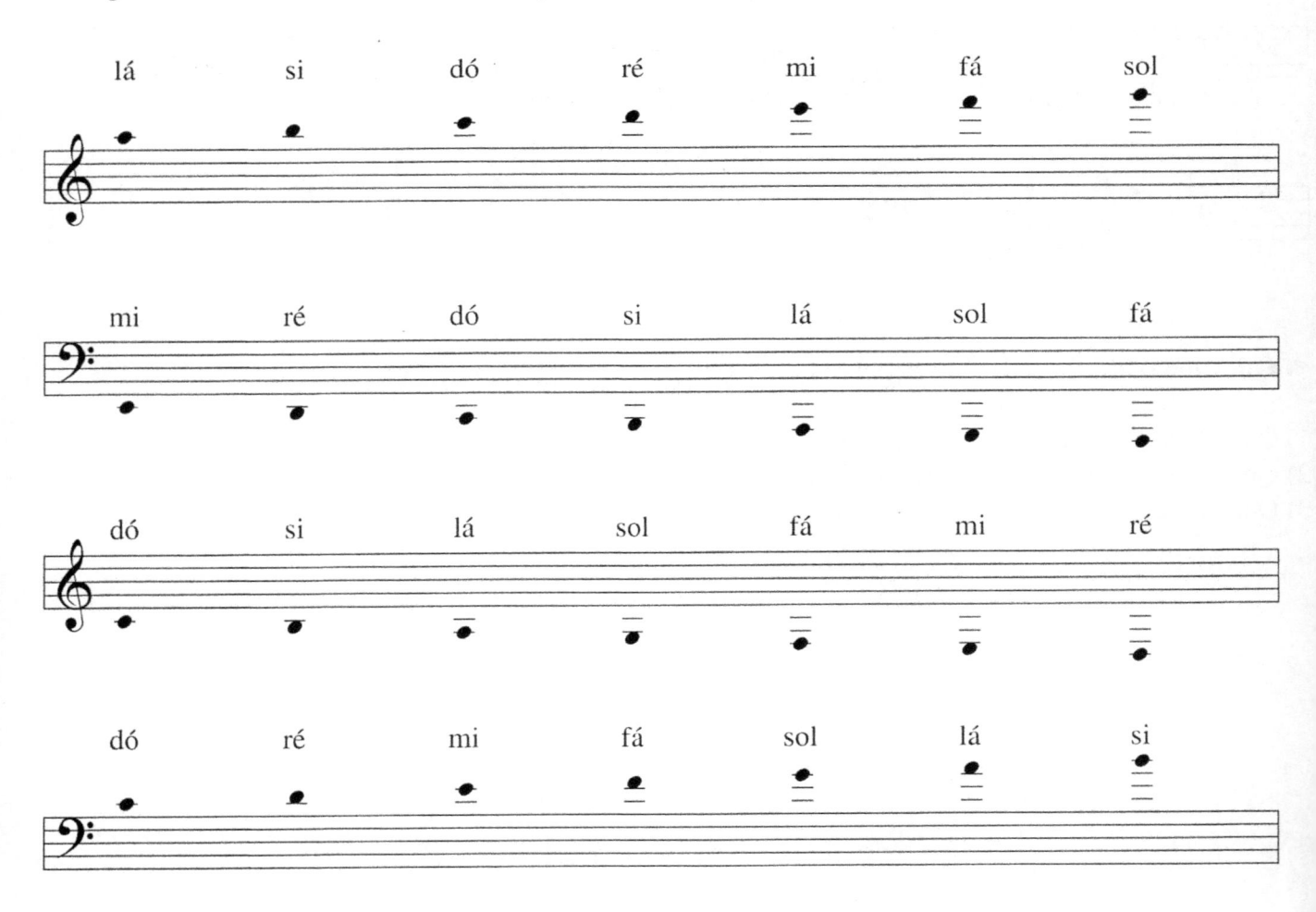

Leitura de notas: Ler no menor tempo possível.

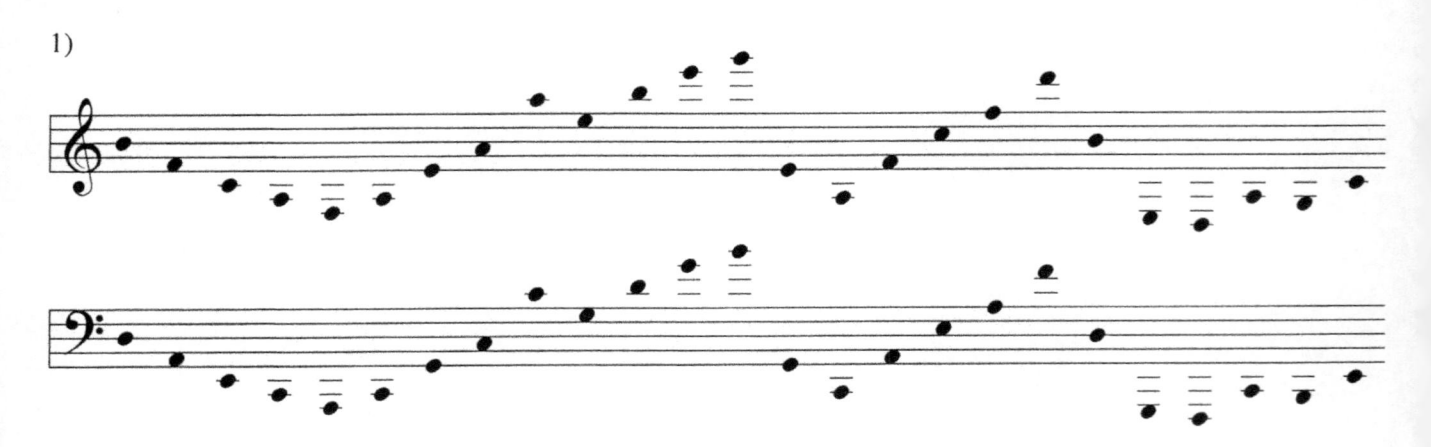

1)

2)

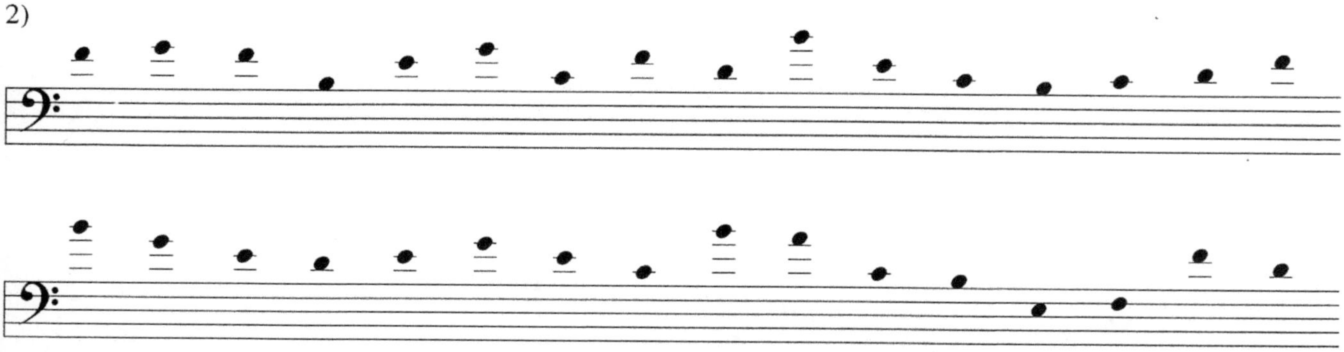

3)

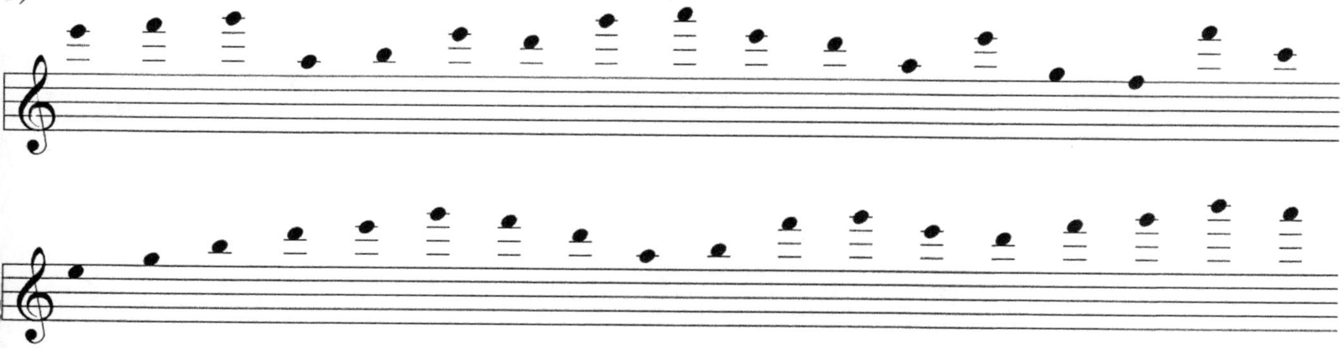

4)

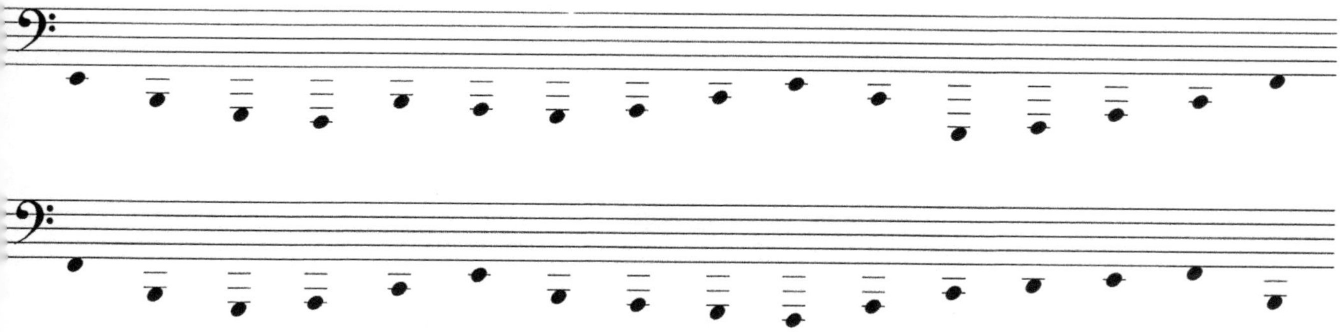

)

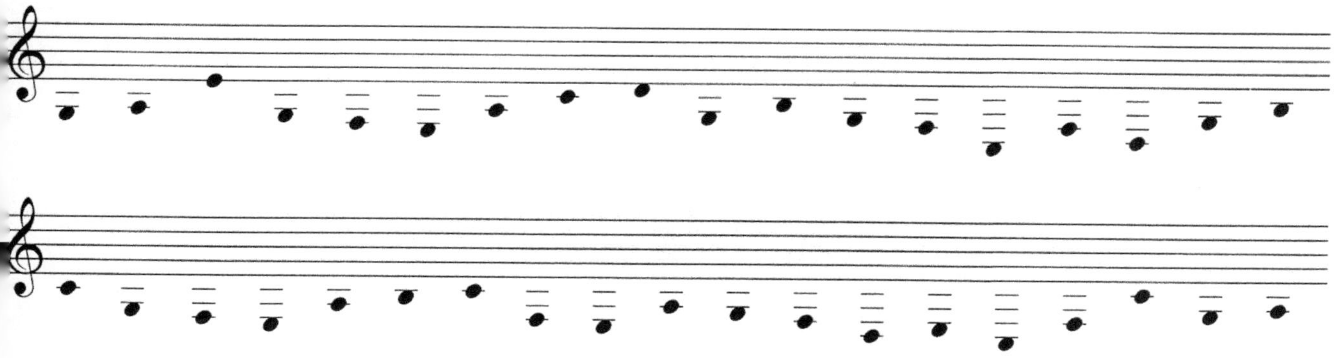

6)

7)

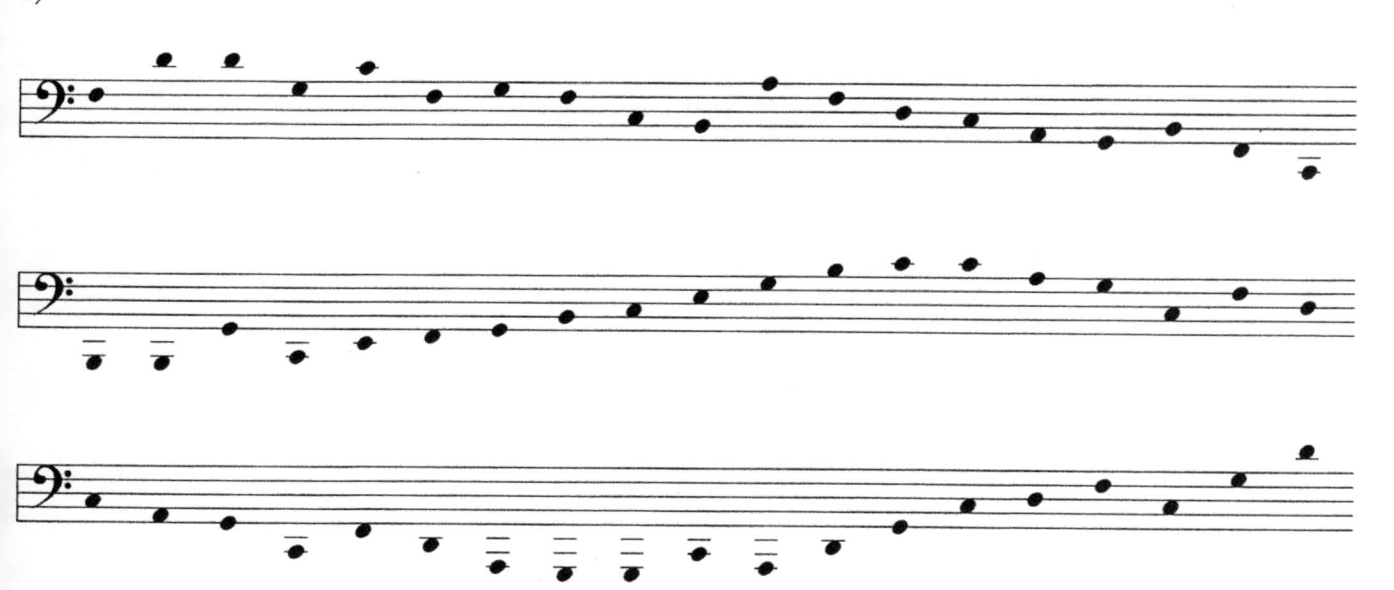

8)

AULA 61

◦ Enarmonia

Quando encontramos duas notas diferentes cujos sons situam-se na mesma altura, dizemos existir enarmonia:

Portanto, as notas acima (dó sustenido-ré bemol e si sustenido-dó) são enarmônicas.

Solfejo por graus: Cante o trecho melódico a partir do ritmo e graus pedidos.

1)

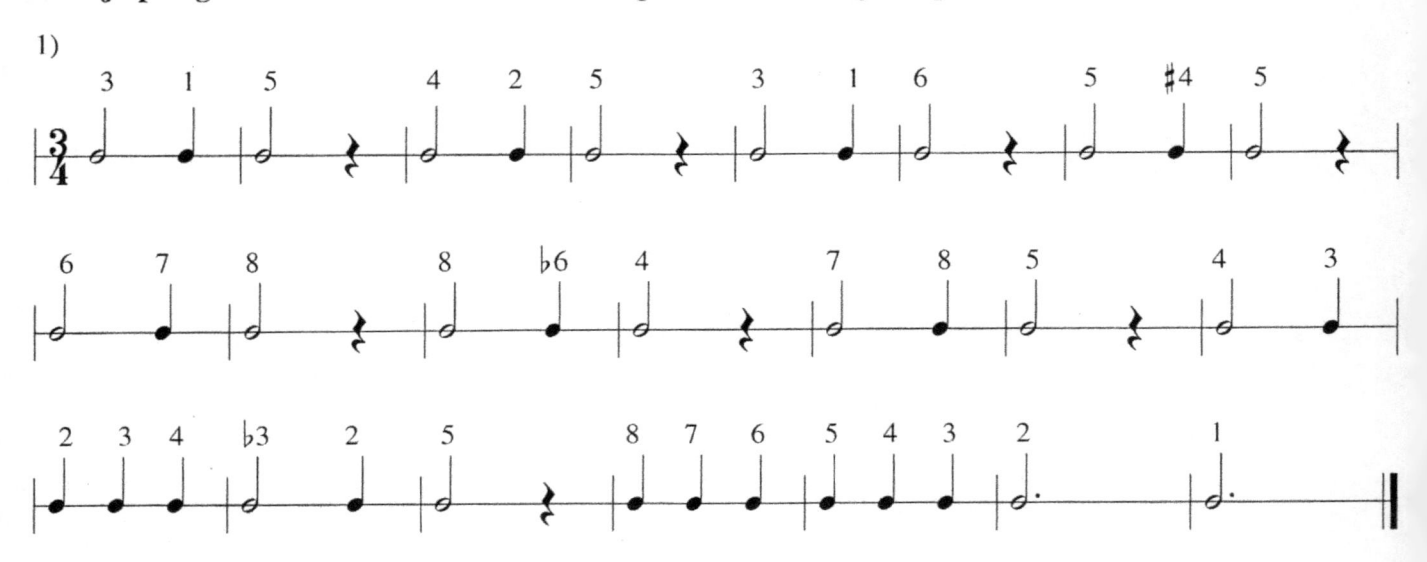

Obs.: Quando o número sobre a nota estiver sublinhado, isto significa que a nota está na oitava de baixo.

2)

3)

5 ♭6 5 ♭6 5 ♭3 1 ♭2 ♭3 4 5 3 1 2 5 4 ♭3 ♭2 1
2 5 6 4 3 5 8 6 5 4 ♭6 5 1 2 3 4 5 4 3 2 3 1

4)

8 7 6 5 4 3 2 1 5 4 5 6 7 6 5 4 3 2
1 3 5 8 5 4 5 6 5 4 2 7 1 2 3 1

5)

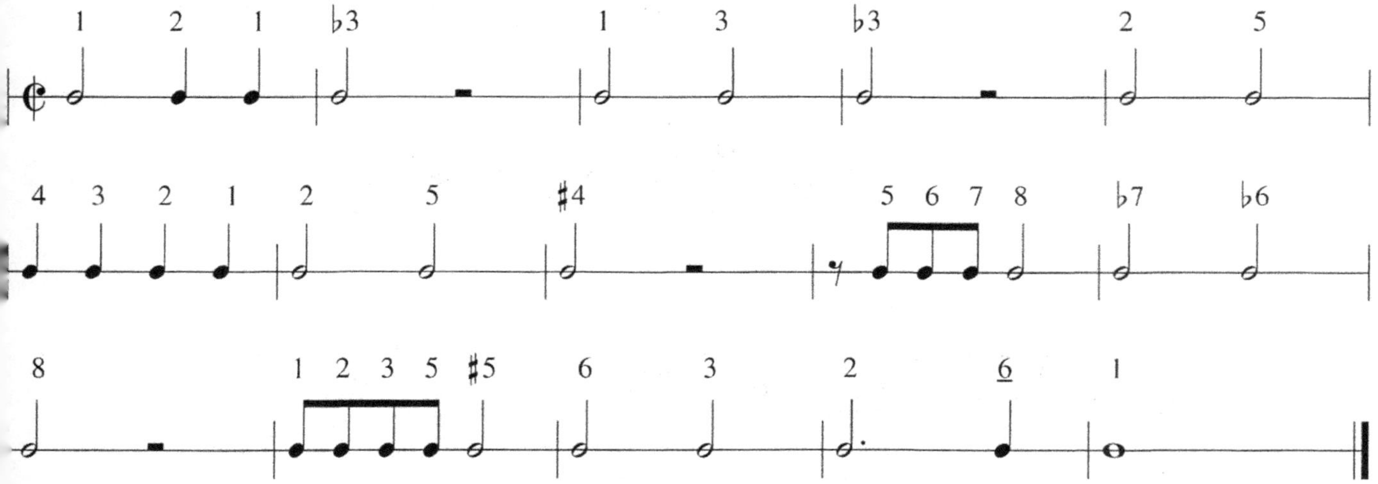
1 2 1 ♭3 1 3 ♭3 2 5
4 3 2 1 2 5 ♯4 5 6 7 8 ♭7 ♭6
8 1 2 3 5 ♯5 6 3 2 6 1

6)

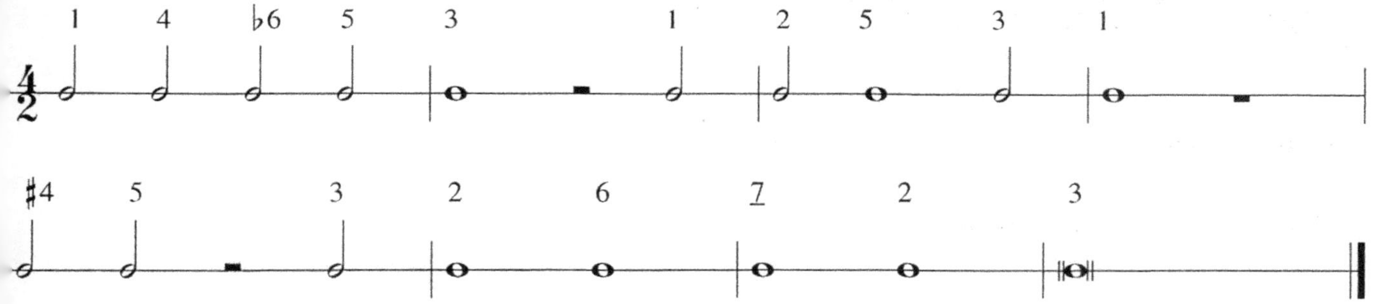
1 4 ♭6 5 3 1 2 5 3 1
♯4 5 3 2 6 7 2 3

Solfejo por graus: Emitir as alturas pedidas.

1) nota básica: dó 2

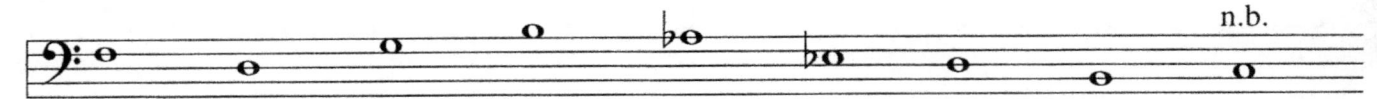

2) nota básica: dó 2

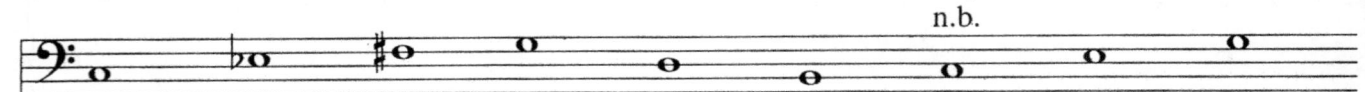

3) nota básica: dó 3

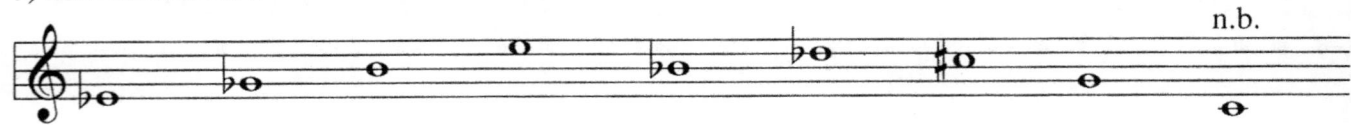

Obs.: Temos acima uma enarmonia (ré♭-dó♯), ou seja, notas de mesma altura com nomes diferentes.

4) nota básica: dó 3

5) nota básica: dó 2

6) nota básica: dó 3

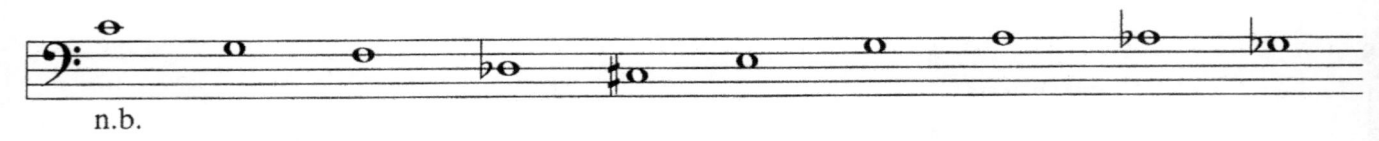

7) nota básica: dó 3

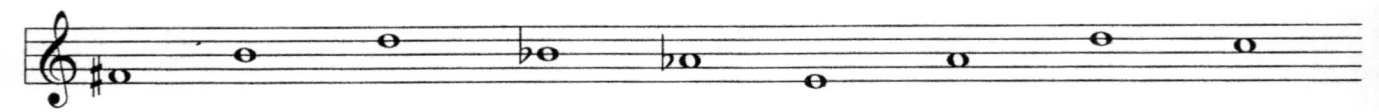

✍ **Questionário:**

1) O que caracteriza a enarmonia?

AULA 62

Exercícios de independência e coordenação rítmica (III)

Leitura rítmica com coordenação: (**Obs.:** Professor pode determinar outras possibilidades.)

1)

2)

3)

4)

5)

6)

7)

8)

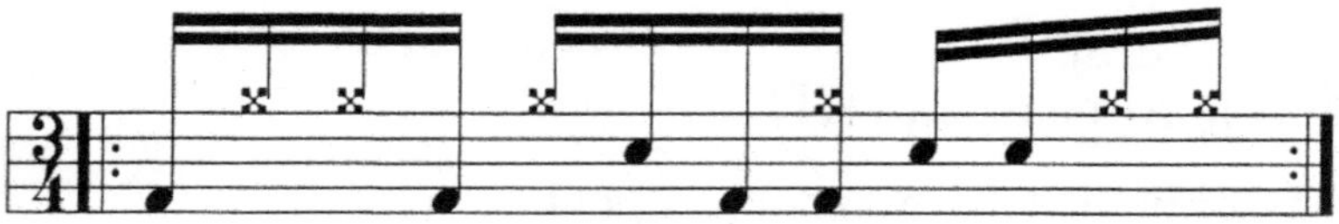

9)

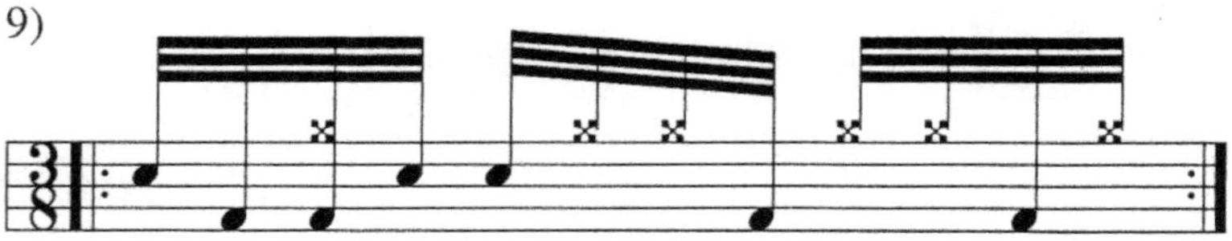

10)

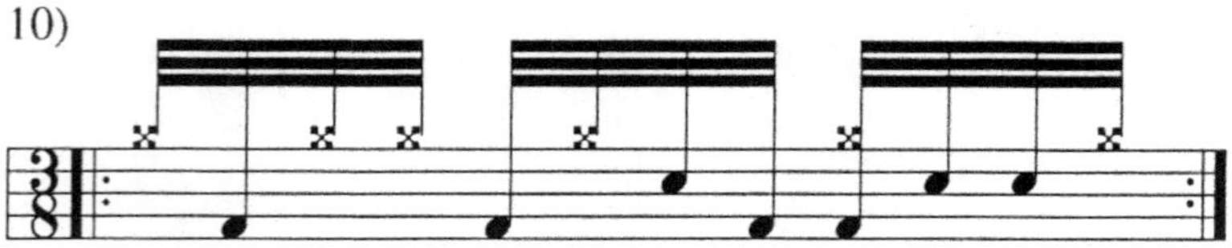

11)

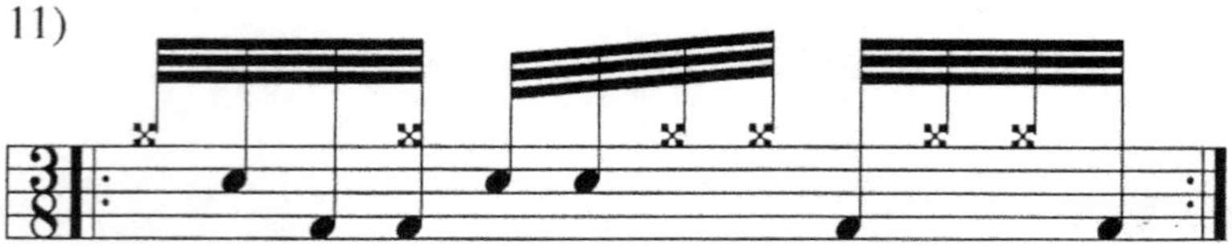

12)

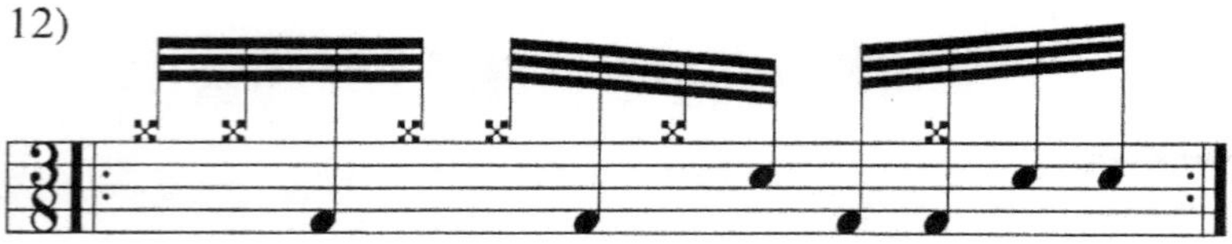

13)

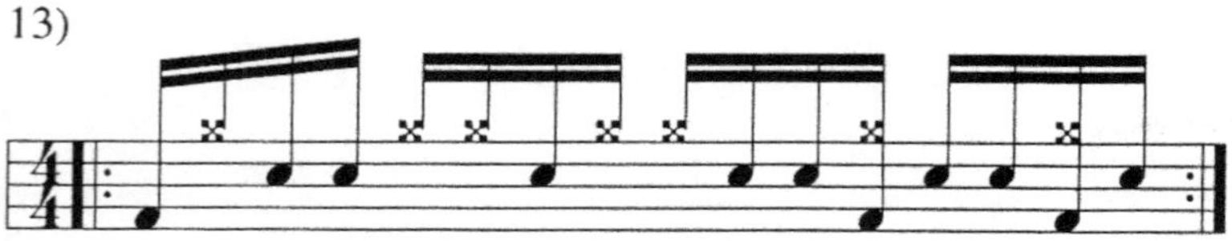

14)

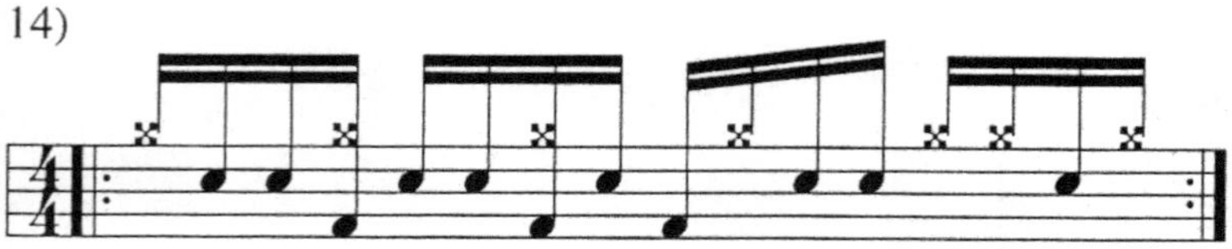

15)

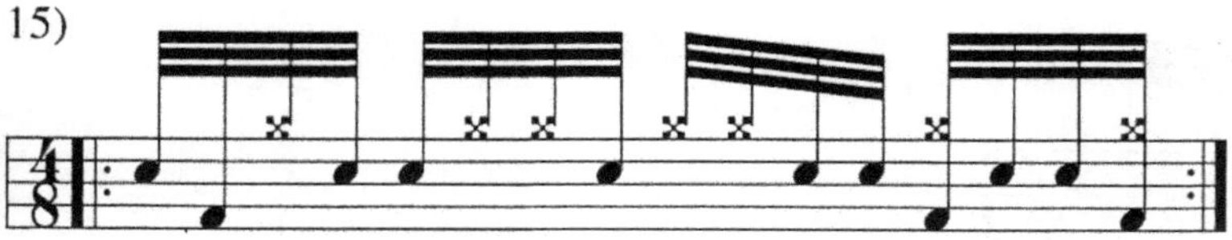

16)

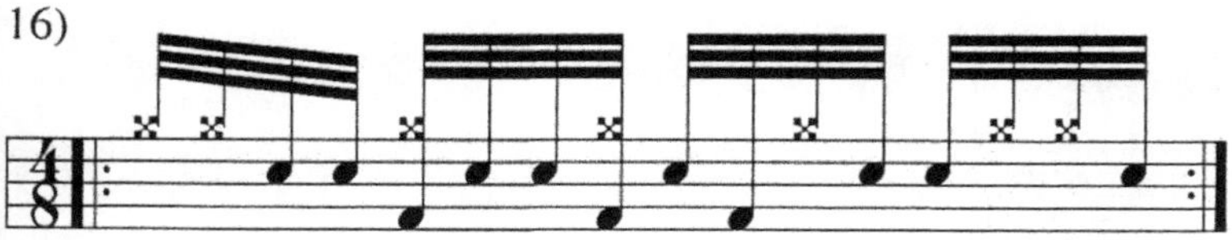

17)

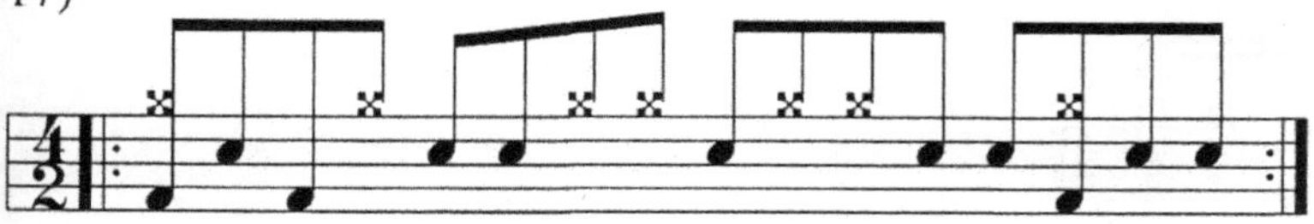

18)

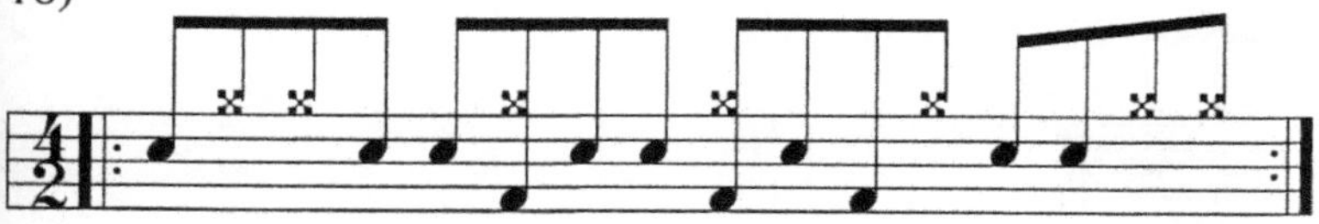

19)

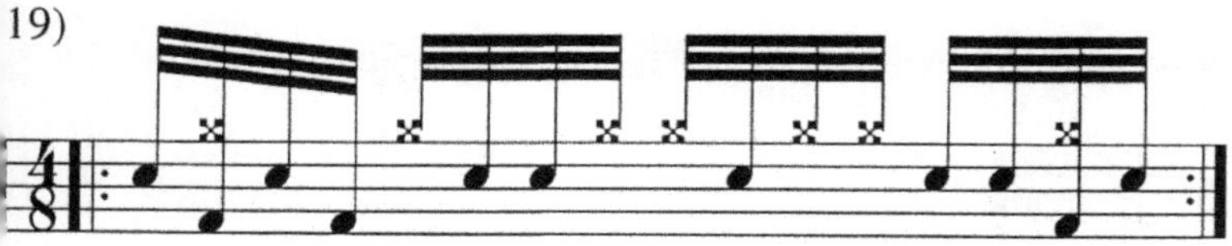

20)

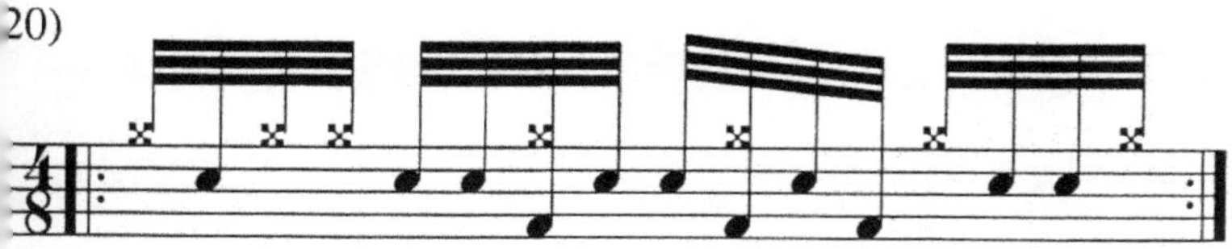

21)

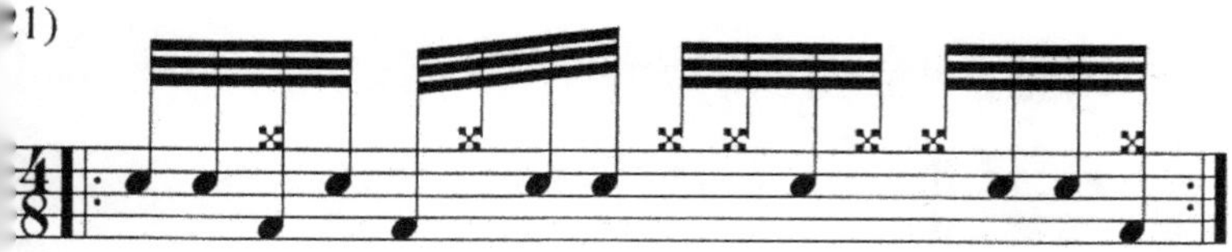

22)

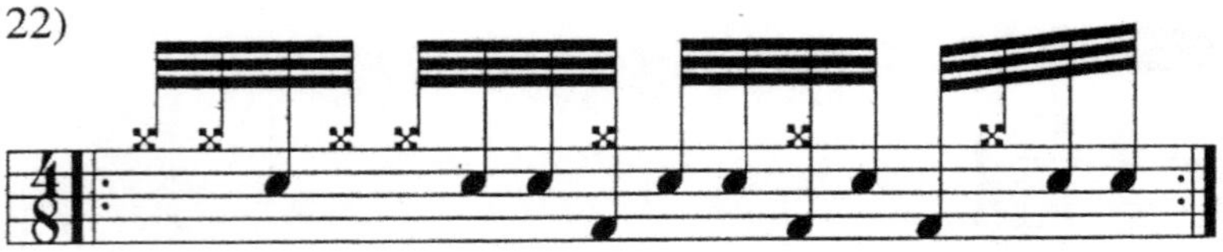

23)

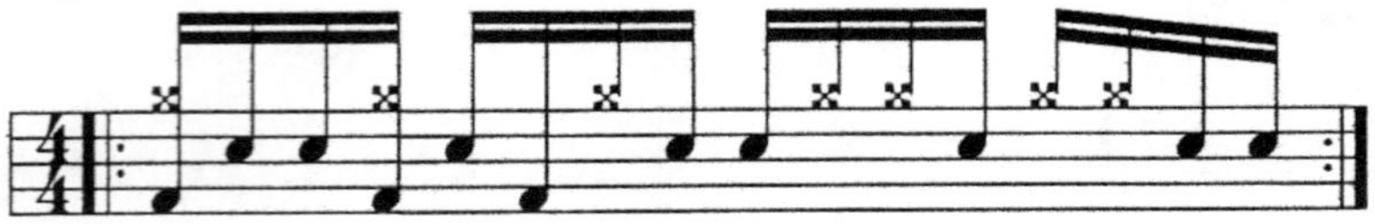

24)

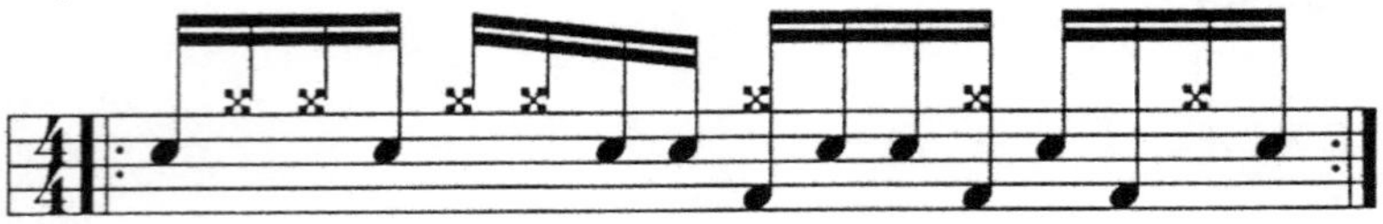

25)

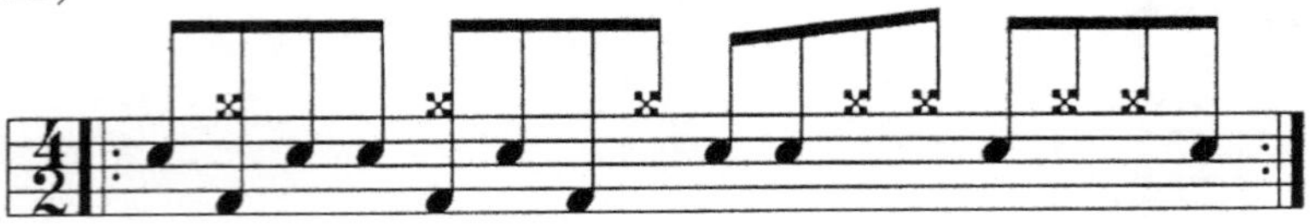

26)

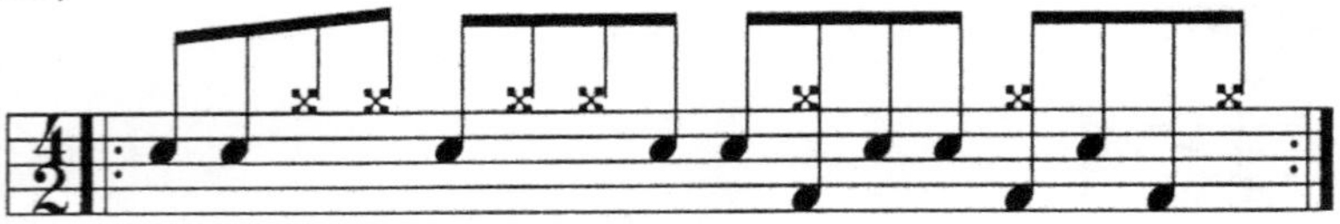

27)

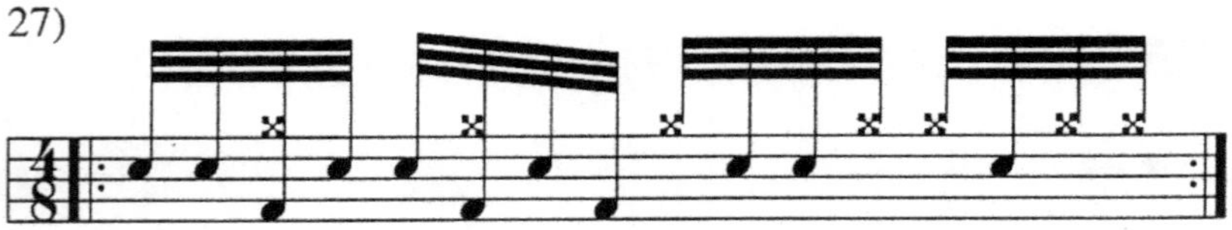

28)

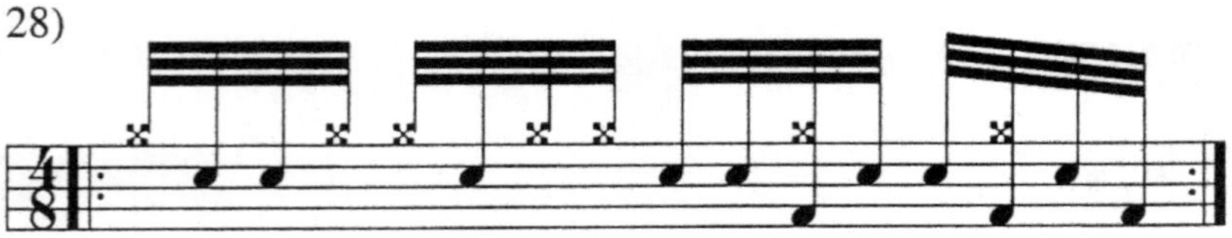

29)

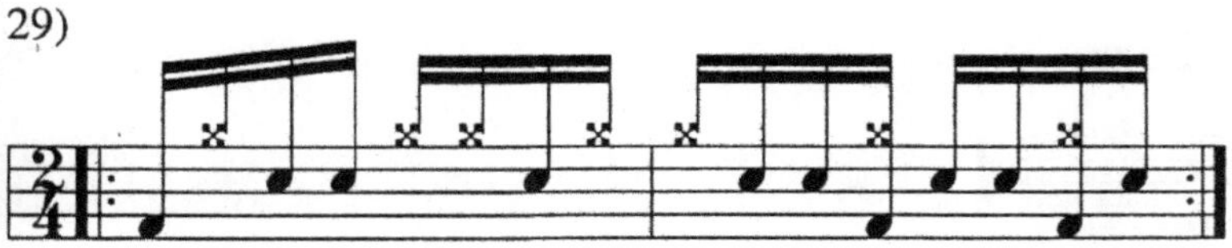

30)

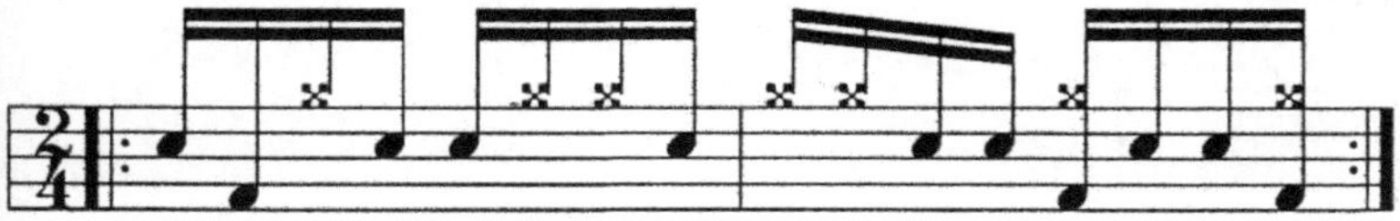

31)

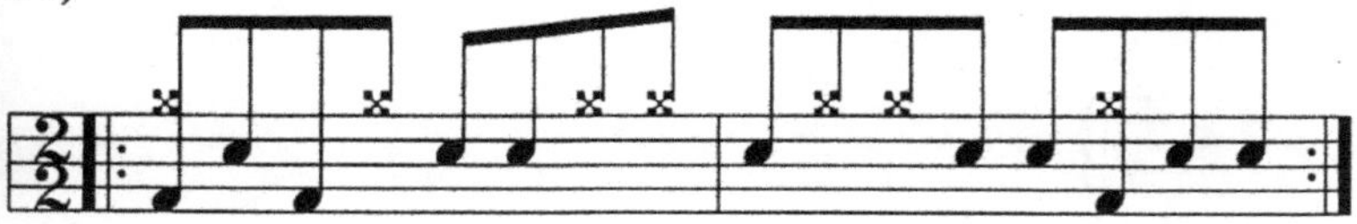

32)

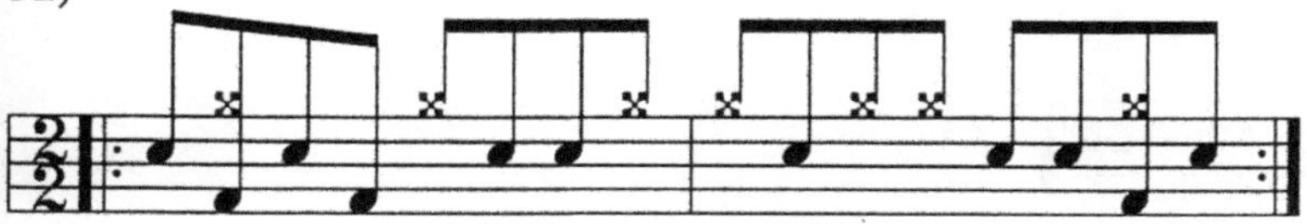

33)

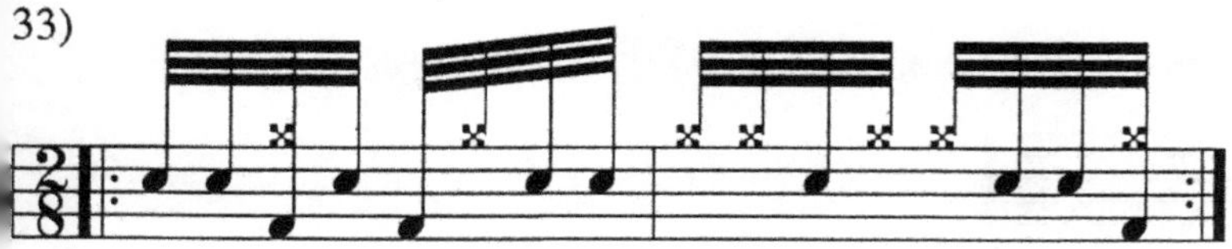

34)

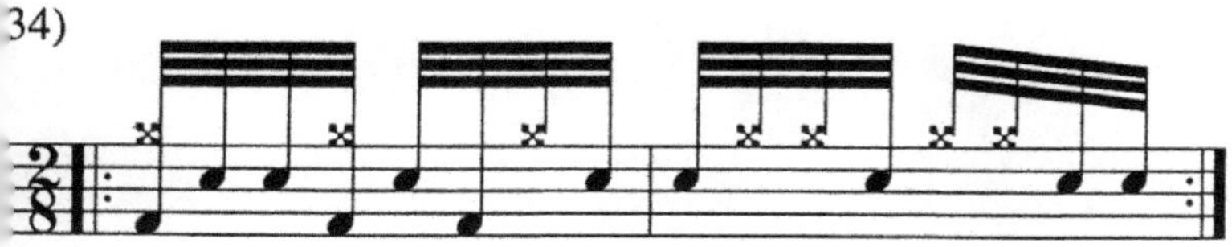

35)

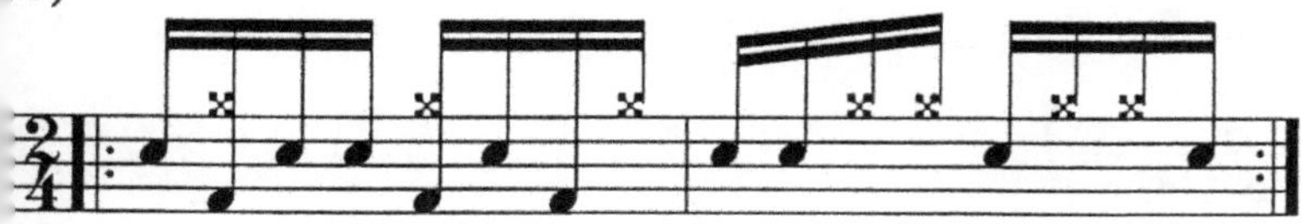

36)

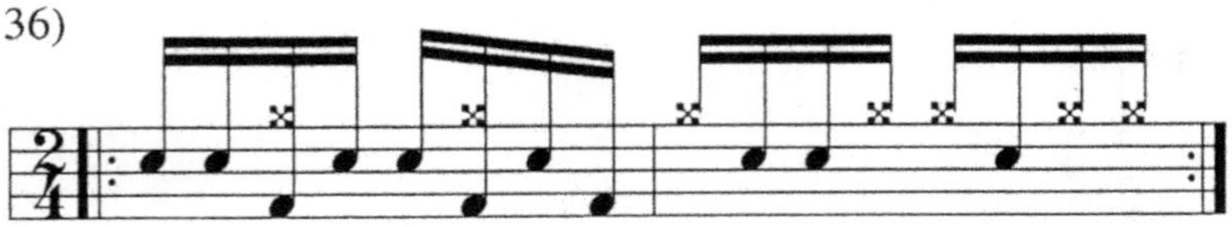

37)

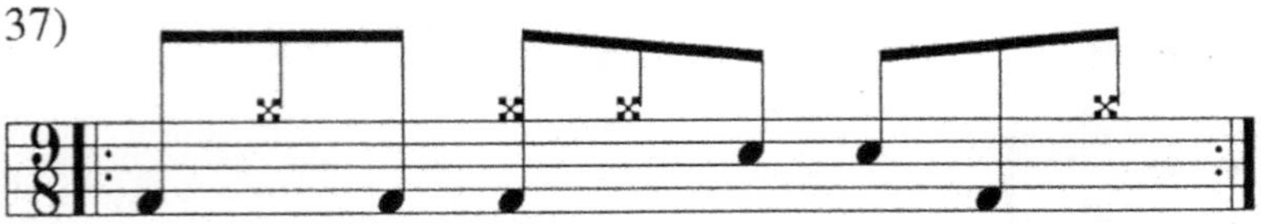

38)

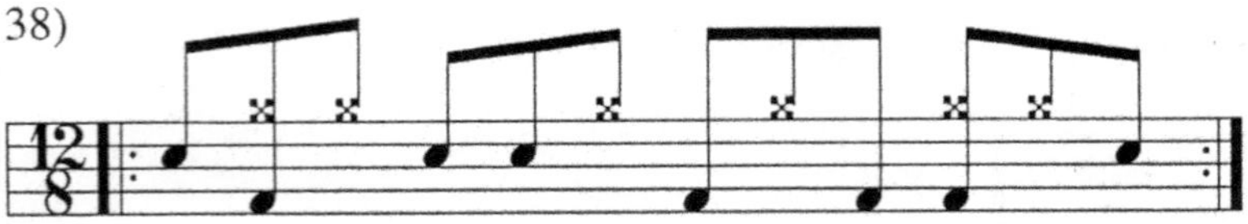

39)

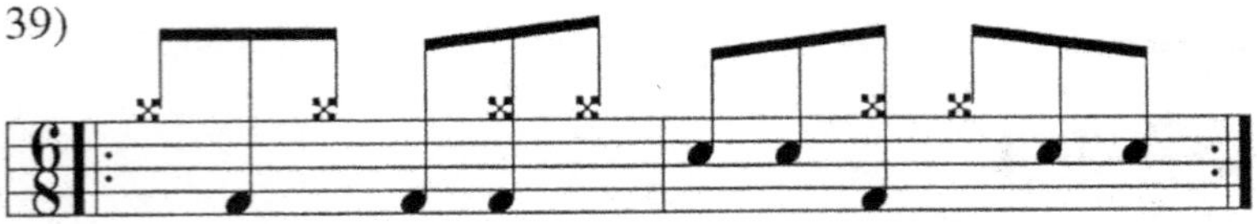

40)

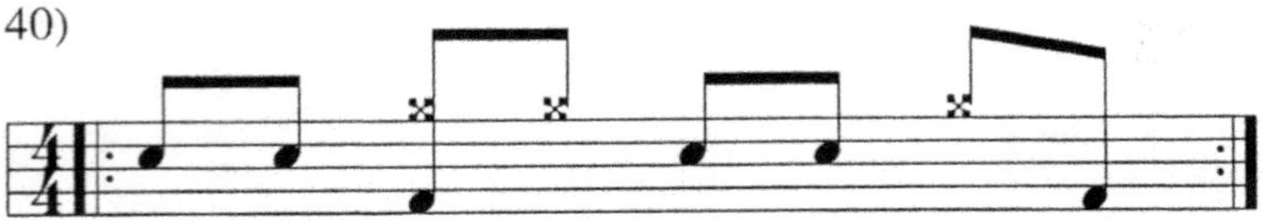

41)

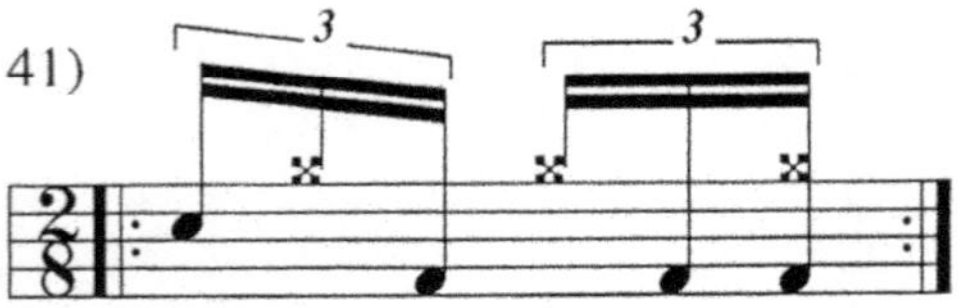

42)

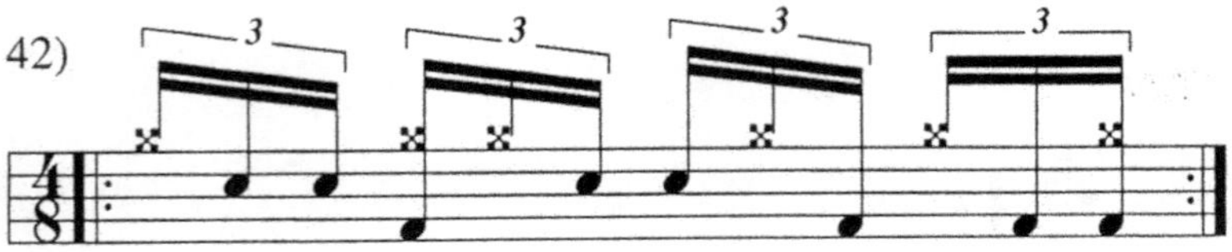

43)

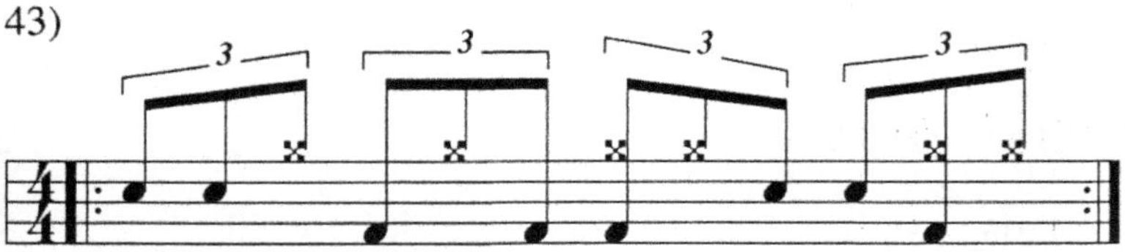

44)

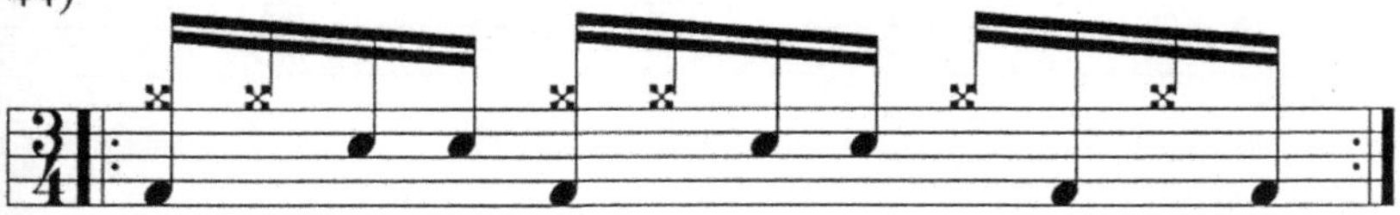

45)

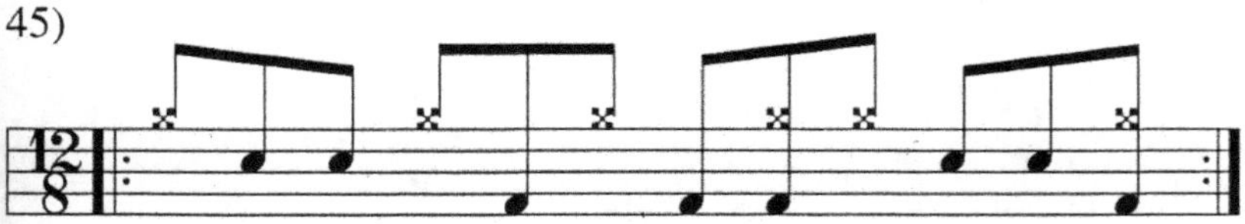

46)

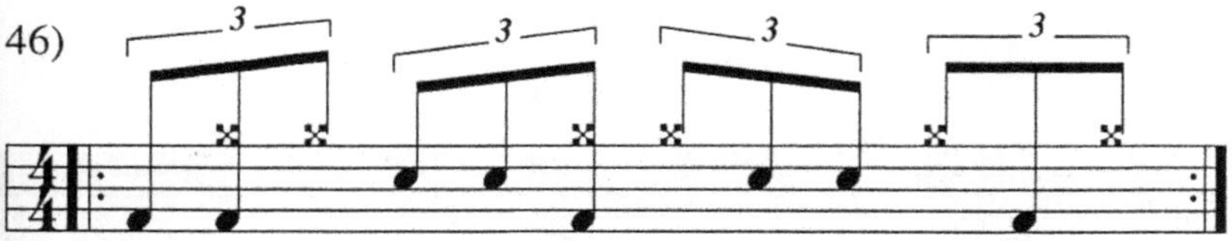

AULA 63

▫ **Leitura métrica na clave de fá com padrão** *shuffle*

Leitura métrica: Usar padrão *shuffle* para as colcheias. Andamento mínimo sugerido ($\quarternote = 80$).

1)

2)

3)

4)
5)
6)

AULA 64

◦ Quiáltera de seis notas contra uma nota ou pulsação

É uma forma de quiáltera ainda simples. Podemos fazer uma comparação com a de três notas contra uma nota ou pulsação.

◦ Quiáltera de duas ou quatro notas contra três notas ou pulsações

Muito encontrada em compassos compostos, requer as subdivisões abaixo:

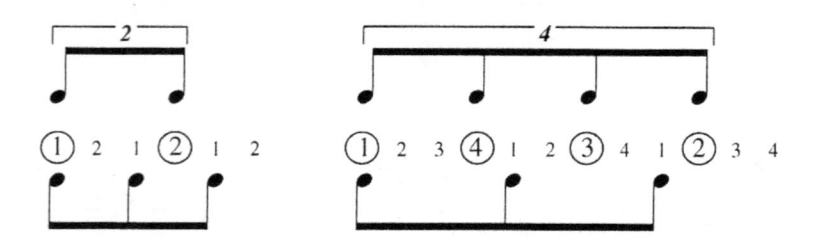

◦ Quiáltera de três notas contra quatro notas ou pulsações

Este tipo de quiáltera requer subdivisão mais complexa que as outras já vistas:

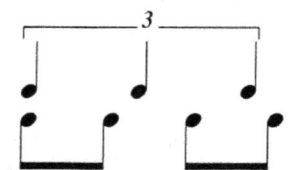

subdividida:

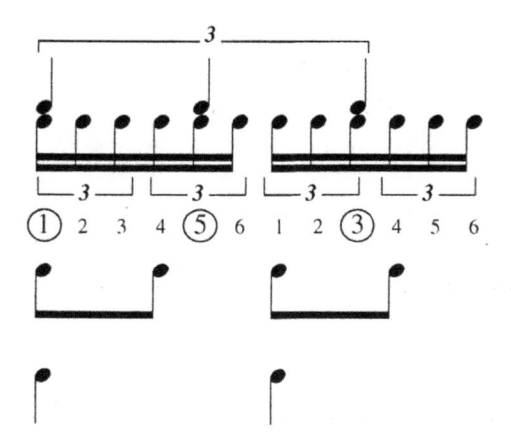

Note que se subdividirmos em quiálteras de semicolcheias, cada nota da quiáltera de semínimas ficará nas semicolcheias 1, 5 e 3.

Leitura rítmica

1)

2)

3)

4)

5)

Treinamento adicional: Professor cria outras possibilidades.

AULA 65

Inversão de intervalos / Intervalos que ultrapassam a oitava (intervalos compostos)

□ Inversão de intervalos

Ao invertermos os intervalos (passar a nota mais grave para cima ou vice-versa), constatamos que os intervalos passam a ter a seguinte classificação:

1)

Intervalo básico	Intervalo invertido
M	m
m	M
J	J
aum.	dim.
dim.	aum.

2)

2ª	7ª
7ª	2ª
3ª	6ª
6ª	3ª
4ª	5ª
5ª	4ª

Ou seja, uma 2ª maior invertida ficará sendo uma 7ª menor e assim por diante.

Exercício: Classifique os intervalos abaixo:

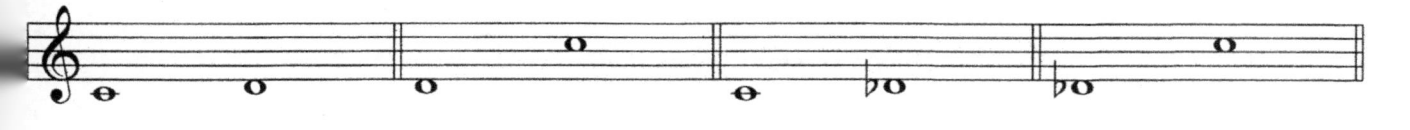

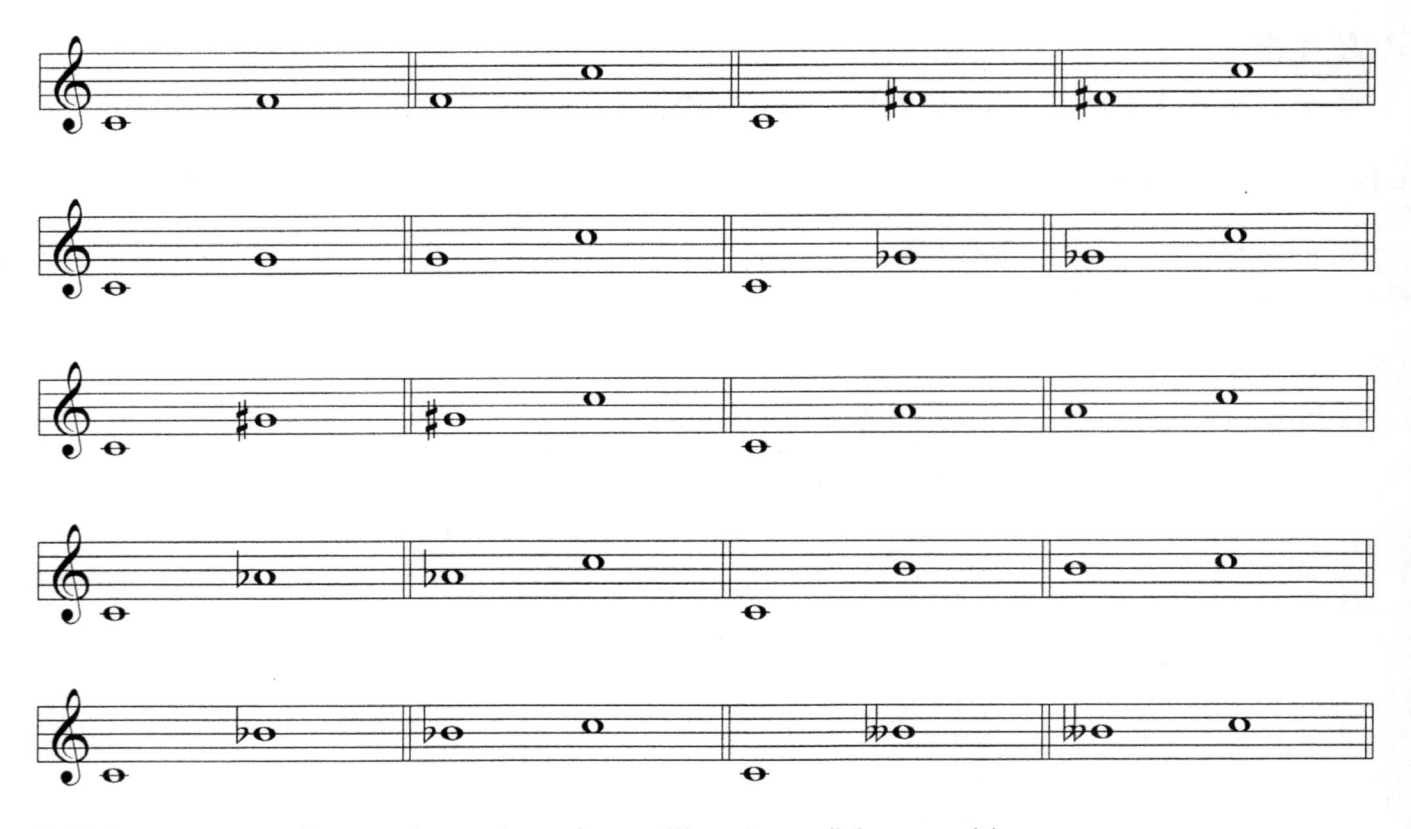

Solfejo por graus: Cante os intervalos acima, utilizando as sílabas numéricas.

Treinamento adicional: Cante os intervalos acima, pronunciando os nomes das notas e também outras sílabas.

Exercício: Inverta os seguintes intervalos. Depois, classifique-os.

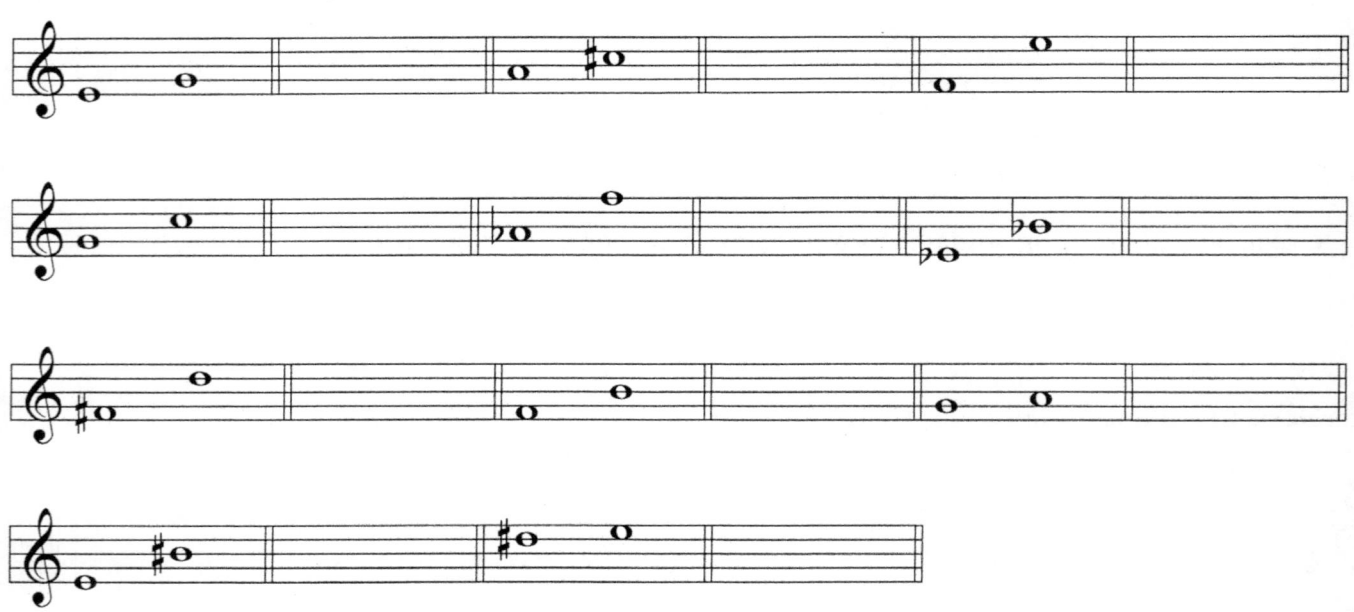

Solfejo por graus: Cante os intervalos acima (incluindo as inversões), utilizando as sílabas numéricas.

Treinamento adicional: Cante os intervalos acima, pronunciando os nomes das notas e também outras sílabas.

Intervalos que ultrapassam a oitava (intervalos compostos)

Se considerarmos que o intervalo de nona é o de segunda situado na oitava acima, que o de décima é o de terça na oitava acima, e assim por diante, ficará fácil classificarmos, seguindo o quadro abaixo:

> A 9ª tem a mesma classificação da 2ª
> A 10ª tem a mesma classificação da 3ª
> A 11ª tem a mesma classificação da 4ª
> A 12ª tem a mesma classificação da 5ª
> A 13ª tem a mesma classificação da 6ª

As possibilidades vistas com os intervalos simples (que estão dentro da oitava) poderão ser aplicadas aos intervalos compostos:

2ª M, 2ª m, 2ª aum. = 9ª M, 9ª m, 9ª aum.

3ª M, 3ª m = 10ª M, 10ª m

4ª J, 4ª aum. = 11ª J, 11ª aum.

5ª J, 5ª dim., 5ª aum. = 12ª J, 12ª dim., 12ª aum.

6ª M, 6ª m = 13ª M, 13ª m

Exercício: Classifique os seguintes intervalos:

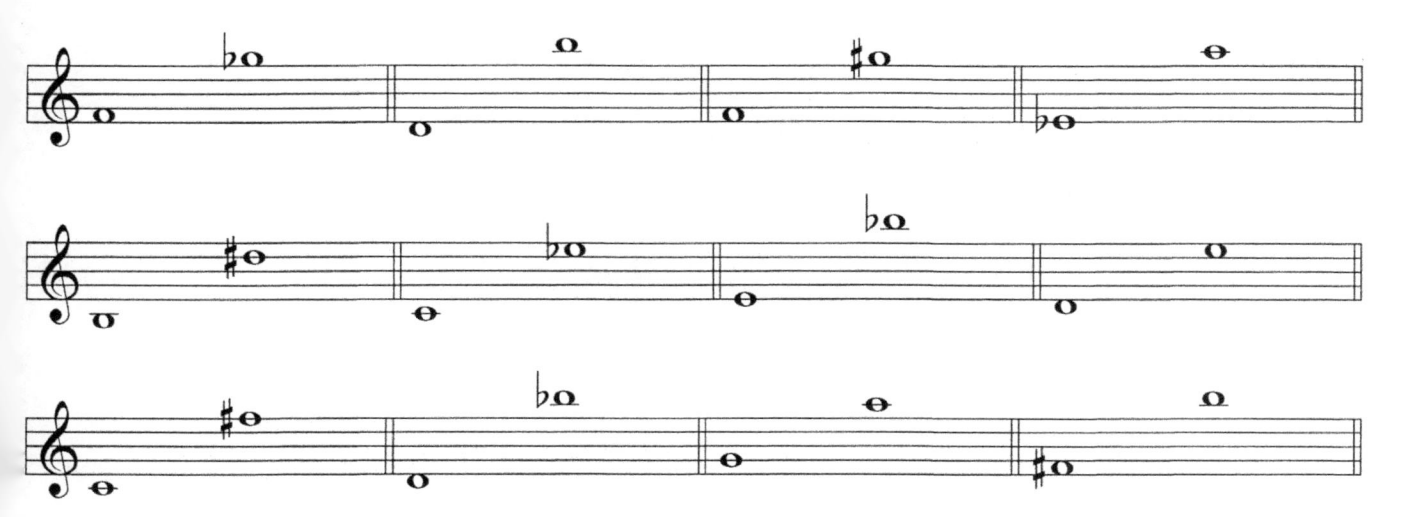

Exercício: Complete os intervalos:

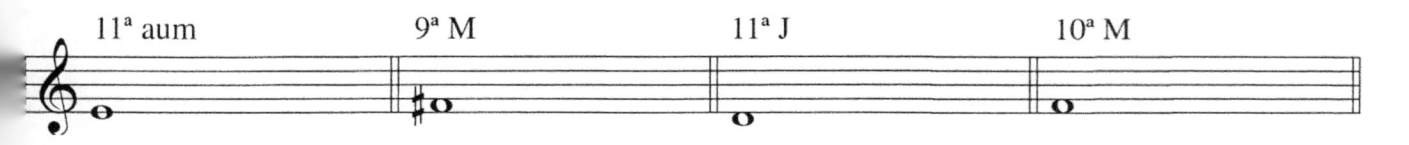

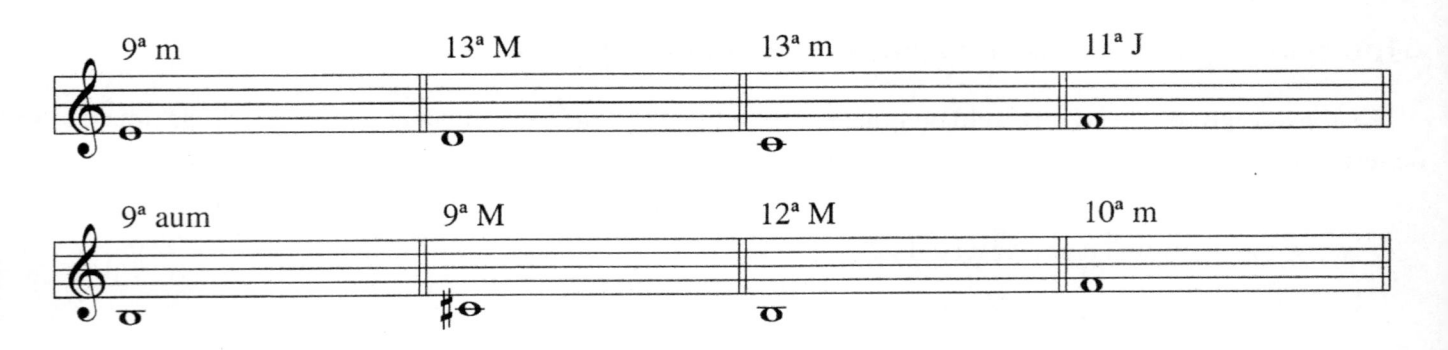

Treinamento adicional:

1) praticar com exercícios do tipo acima
2) emissão de intervalos
3) identificação de intervalos
4) professor toca ou canta nota básica e aluno canta nota (intervalo) pedida(o).

Algumas considerações a serem lembradas:

Todo intervalo **M** diminuído de 1 St transforma-se em **m** e vice-versa.
Todo intervalo **J** acrescido de 1 St transforma-se em **aum**.
Todo intervalo **J** diminuído de 1 St transforma-se em **dim** e vice-versa.
Somente os intervalos de 4ª, 5ª, 8ª e seus relativos compostos (11ª e 12ª) poderão ter a classificação de justos.

✍ Questionário:

1) Faça o quadro de inversão de intervalos. Quais são as possibilidades?
2) Faça o quadro de intervalos compostos e sua relação com os simples.

AULA 66

Quiálteras de cinco e de sete notas (cinco e sete contra uma ou duas notas)

Existem quiálteras mais complexas. São as que agrupam cinco ou sete notas, principalmente:

Essas quiálteras também podem corresponder a mais de uma nota, o que é menos comum e mais difícil.

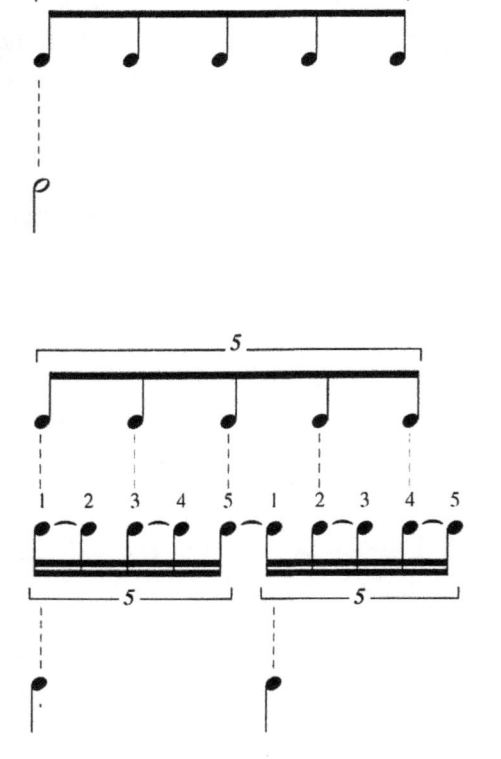

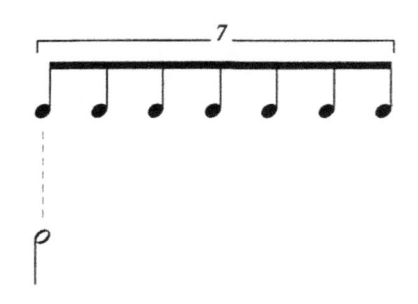

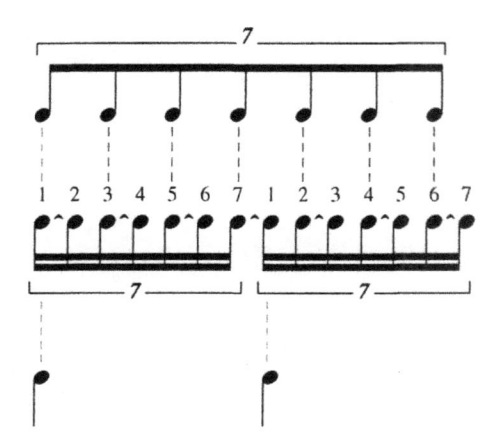

Nota do autor: Em nosso livro não trataremos de quiálteras de cinco e de sete contra mais do que duas notas ou pulsações. Também não abordaremos outros tipos de quiálteras raramente encontradas.

Leitura rítmica

1)

3)

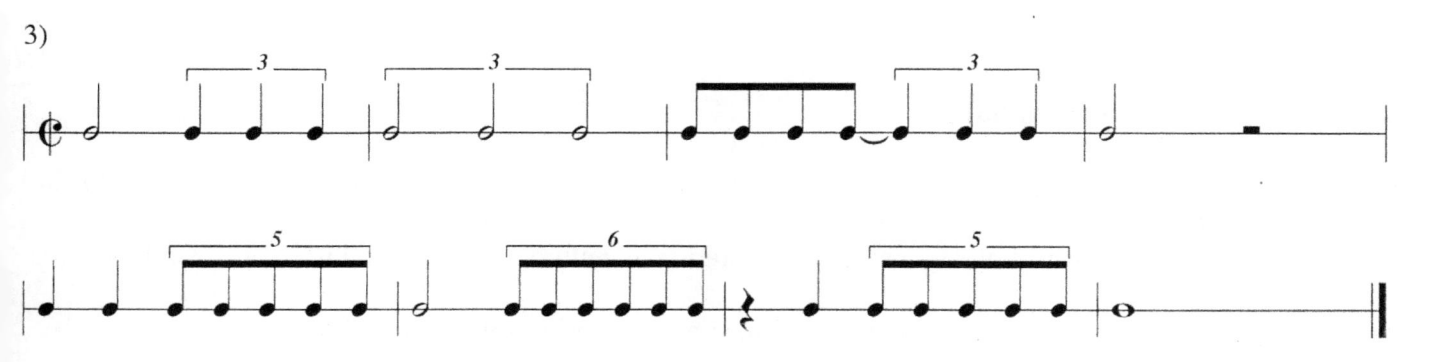

Treinamento adicional: Professor cria outras possibilidades.

AULA 67

◻ Clave de dó (terceira linha)

A clave de dó na terceira linha, ou clave de contralto, é utilizada, principalmente, pela viola, componente do quarteto de cordas.

Portanto, faz-se necessário que tenhamos certa prática na leitura e escrita de música, utilizando a clave acima.

Eis um exemplo que nos ajudará a situar uma mesma altura representada por diferentes claves:

1) Dó central

2) Trecho melódico

Como podemos notar, a clave de dó é ideal para o registro médio.

Existem outras claves de dó: a clave de dó na primeira linha era utilizada para a voz soprano. A clave de dó na quarta linha é encontrada em algumas partituras para voz tenor, trombone, violoncelo e fagote e, portanto, deve ser praticada por arranjadores e instrumentistas que os utilizam.

Apresentamos a seguir um quadro com as diferentes claves (com a localização do dó central em cada uma), incluindo algumas que caíram em desuso.

Exemplo com a nota dó central:

fá na 4ª linha	fá na 3ª linha	dó na 4ª linha	dó na 3ª linha	dó na 2ª linha	dó na 1ª linha	sol oitavada	sol na 1ª linha	sol na 2ª linha
voz de baixo	voz de barítono	voz de tenor	voz de contralto	voz de meio-soprano	voz de soprano	violão (Obs.: em algumas partituras eruditas)	violino agudo (séc. XVI e XVII)	

Obs.: Mais adiante, na aula 83, faremos uma abordagem sobre as vozes humanas.

Há ainda a clave de ritmo:

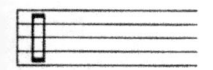

No entanto, em muitas partituras, encontramos a parte de ritmo escrita na clave de fá na quarta linha. O ritmo pode também ser encontrado escrito sem clave.

Leitura de notas

1)

2)

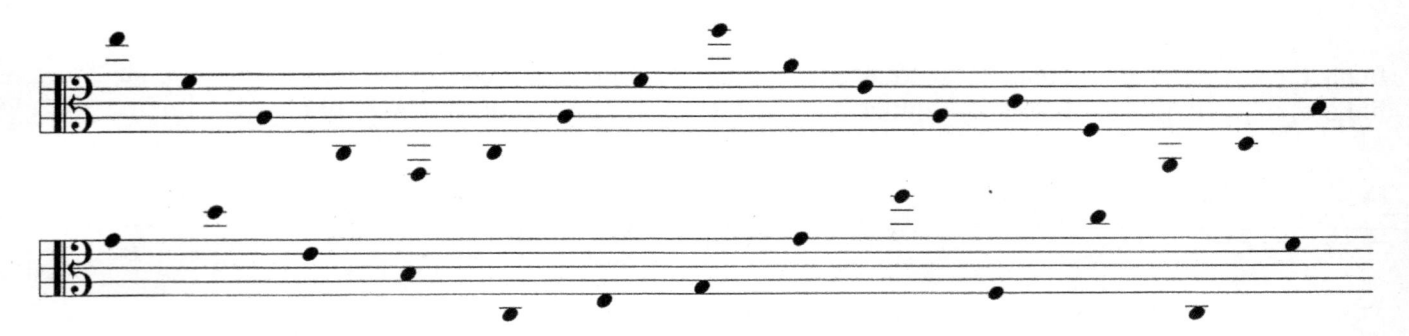

Treinamento adicional: Ler os exercícios acima, utilizando clave de dó na quarta linha.

Leitura métrica

1)

2)

3)

4)

Treinamento adicional (leitura métrica): Ler os exercícios acima, utilizando clave de dó na quarta linha, clave de fá e clave de sol.

✎ **Questionário:**

1) Como é também conhecida a clave de dó na terceira linha?
2) Que clave(s) utilizamos para ritmo?

AULA 68

❏ Ornamentos

Em música encontramos vários tipos de ornamentos.
Os mais usados são:

apogiatura ou *apojatura*: normalmente representada por nota(s) em tamanho menor, cortadas.

trinado: representado por nota entre parênteses, seguida de *tr*〰.

trêmolo: representado por pequenas barras inclinadas.

mordente: em geral, é utilizado em estilos como o choro ou o samba-canção. Representado por 〰.

grupeto: representado pelo sinal ∾.

Há diferenças na interpretação desses ornamentos, de acordo com o estilo da música e a época.

Quanto ao número de notas, a apojatura pode ser:

a) simples: formada por uma nota
b) composta: formada por mais notas

Quanto à altura:

a) superior: formada por nota(s) com altura superior à nota a ser atingida
b) inferior: formada por nota(s) com altura inferior à nota a ser atingida

Exemplos:

simples, inferior e curta   composta, superior e curta

Obs.: Há ainda apojaturas longas encontradas em músicas dos séculos XVI ao XVIII (consultar bibliografia específica sobre apojaturas.

Em música popular, as apojaturas longas foram substituídas por notas escritas e a apojatura de efeito, curta, é a mais utilizada.

A apojatura pode ser interpretada de diferentes maneiras, conforme a época. Um exemplo seria comparar uma apojatura em Bach e em blues.

O trinado terá sua duração dependendo da nota principal.

O mesmo ocorre com o trêmolo, que pode ser:

Quanto ao número de notas:

a) simples
b) duplo
c) múltiplo (mais raro), usado principalmente por instrumentos de teclado

Quanto à interpretação:

a) legato
b) destacado

O grupeto pode ter diferentes interpretações:
1) ∾ - nota inferior, nota real, nota superior, nota real
2) ∾ - nota superior, nota real, nota inferior, nota real

Quanto ao ataque, é normalmente no momento da nota escrita. A duração dependerá do valor da nota real escrita e também do estilo.

A diferença entre o trinado e o trêmolo é que o trinado usa notas adjacentes e o trêmolo usa notas afastadas.

Os grupetos geralmente são interpretados na forma dada no exemplo mais acima.

Exercício: Identificar ornamentos (a serem sugeridos pelo professor).

✍ Questionário:

1) Quais são os ornamentos mais utilizados em música?
2) Como são representados graficamente:
    a) apojatura
    b) trinado
    c) trêmolo
    d) mordente
    e) grupeto
3) Como podemos classificar as apojaturas?
4) Descreva as possibilidades de utilização do trêmolo.
5) Demonstre os diferentes tipos de grupetos.
6) Enumere dois estilos de música que utilizam o mordente.
7) Qual a diferença entre trinado e trêmolo?

AULA 69

□ **Leitura rítmica com configurações complexas variadas**

Leitura rítmica

1)

3)

Treinamento adicional: Professor cria outras possibilidades.

AULA 70

Leitura métrica com configurações rítmicas complexas

Leitura métrica

1)

2)

Treinamento adicional: Ler os dois exercícios desta aula, utilizando diferentes claves.

AULA 71

▫ Exercícios de independência e coordenação rítmica (IV)

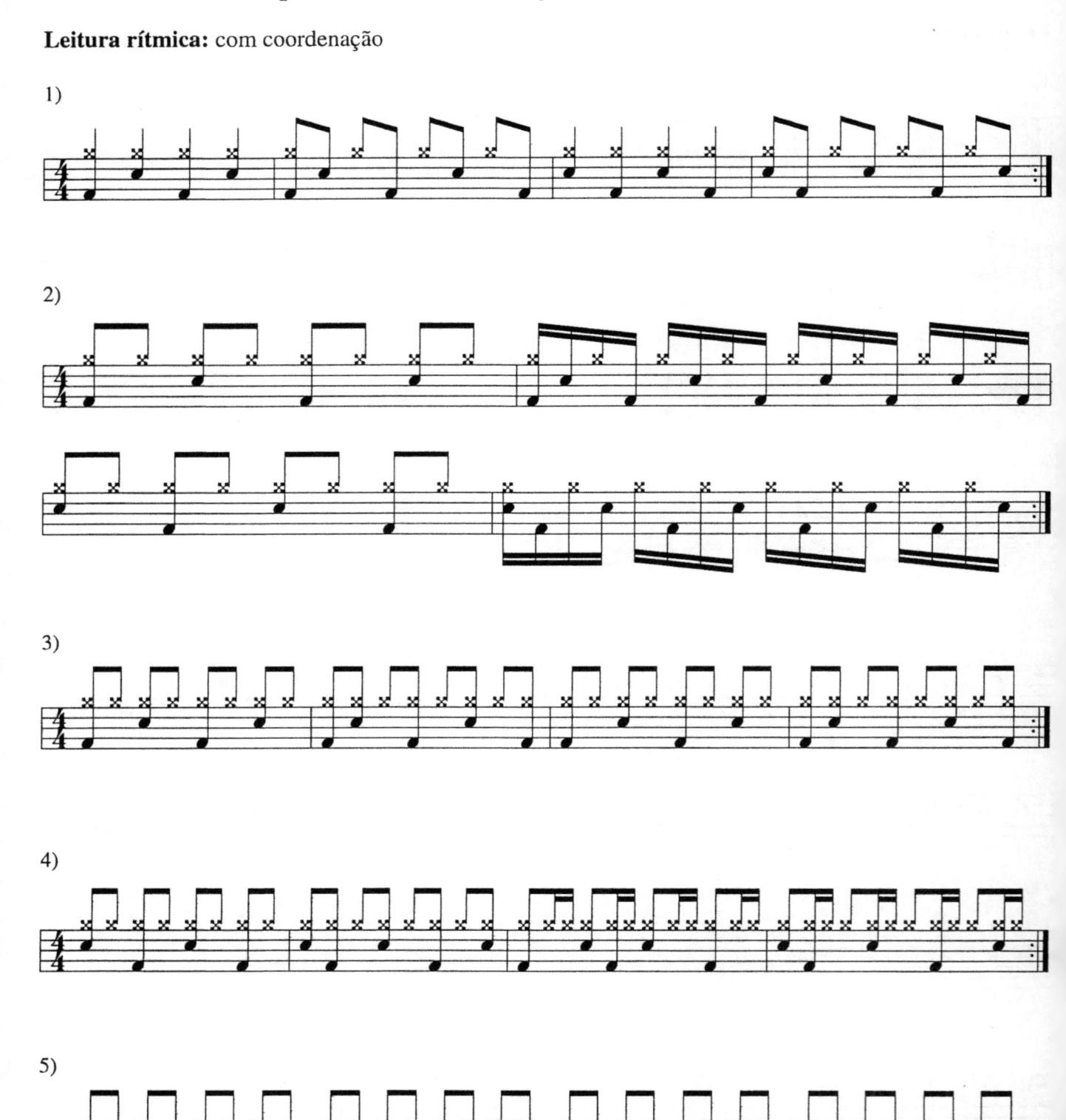

Leitura rítmica: com coordenação

1)

2)

3)

4)

5)

6)

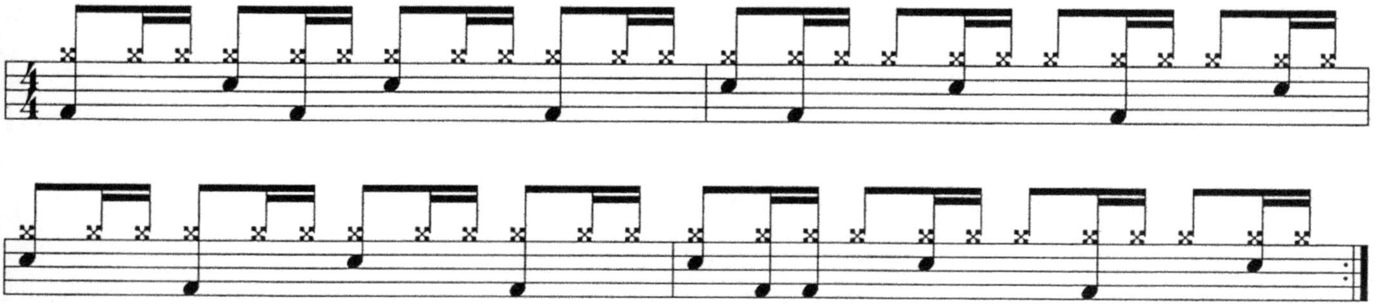

7)

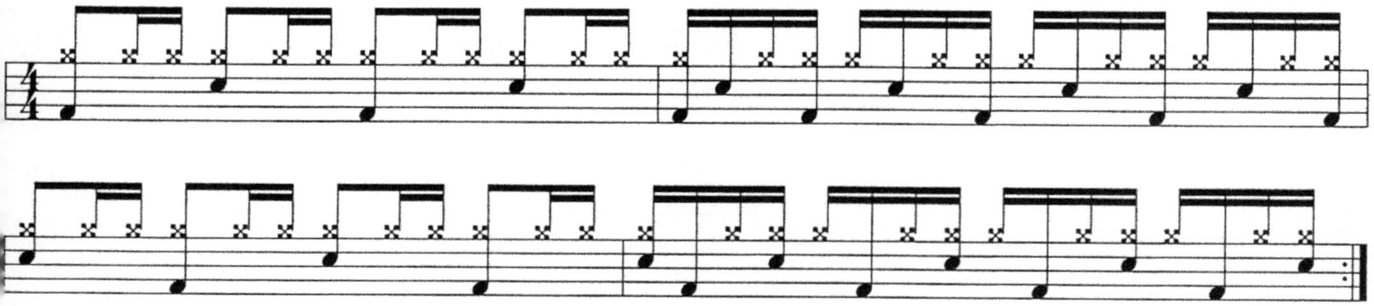

8)

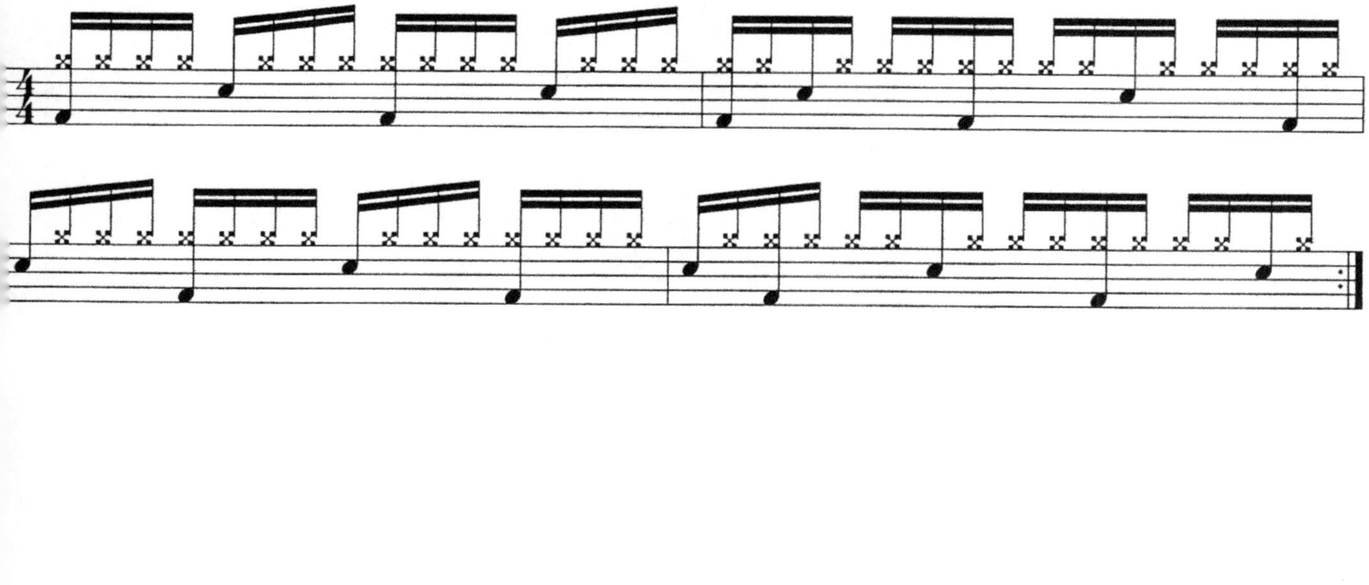

AULA 72

Tétrades

Para formarmos uma tétrade (acorde de sétima), basta adicionarmos mais uma terça (maior ou menor) às notas constantes da tríade. Antes de formarmos os acordes de sétima, temos de saber que tipos de intervalos de sétima são usados para esses acordes.

São apenas três:

a) sétima maior (**7M**) – sétima nota de uma escala maior situada um semitom abaixo da oitava.
b) sétima menor (**7**) – meio-tom abaixo da sétima maior.
c) sétima diminuta (**°7**) – meio-tom abaixo da sétima menor.

Exercício: Formar intervalos de sétima maior, sétima menor e sétima diminuta para as notas pedidas abaixo.

Solfejo por graus: Cante os intervalos formados acima.

Eis as tétrades mais utilizadas (exemplos com fundamental dó):

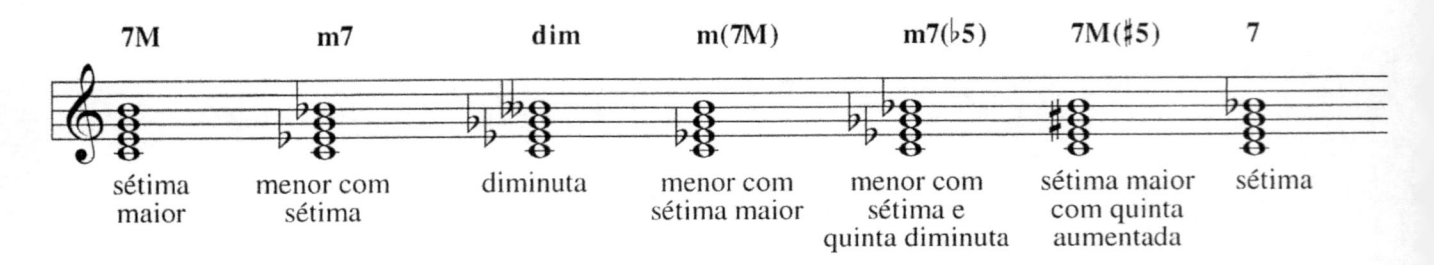

7M	m7	dim	m(7M)	m7(♭5)	7M(♯5)	7
sétima maior	menor com sétima	diminuta	menor com sétima maior	menor com sétima e quinta diminuta	sétima maior com quinta aumentada	sétima

O acorde **dim 7** geralmente é cifrado **dim** ou °. Visando à unificação da cifragem brasileira, a partir daqui usaremos o **dim** como cifragem para tais acordes, mesmo sendo tétrades.

Nota: Infelizmente, ainda não temos uma cifragem internacional única. Apontamos aqui como esses acordes são escritos em cifragem internacional. Isto facilitará a compreensão de partituras estrangeiras.

Cifragem brasileira	Cifragem internacional
7M	**maj7** ou Δ7 ou Δ
m7	**-7** ou **mi7**
dim	°ou °7 ou **dim7**
m(7M)	**m(maj7)** ou **-(maj7)** ou **mi(maj7)**
m7(♭5)	**-7(♭5)** ou **mi7(♭5)** ou ø
7M(♯5)	**+(maj7)** ou **+(Δ7)**
7	7 (igual a nossa cifragem)

Exercício: Forme os seguintes acordes. (Toque-os no piano ou em seu instrumento.) Caso o seu instrumento não permita notas tocadas simultaneamente, toque-as de forma arpejada.

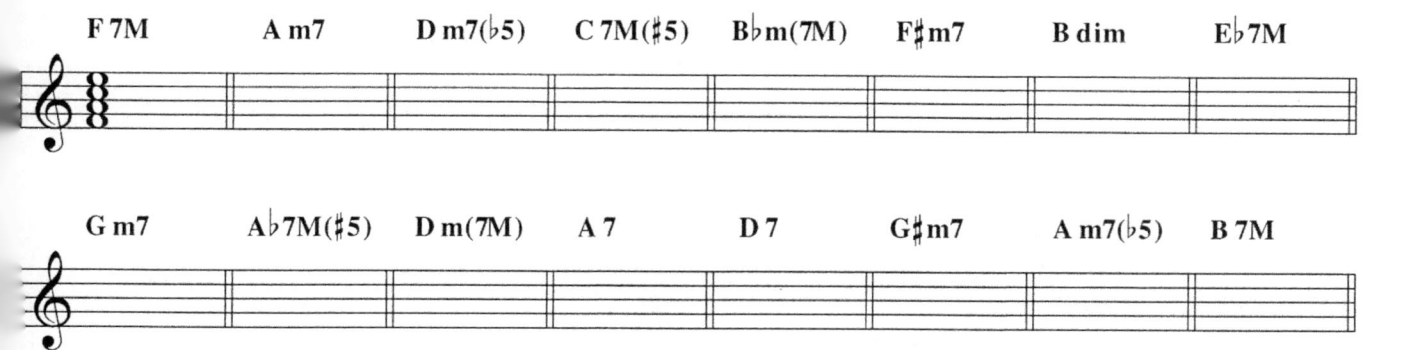

F 7M   A m7   D m7(♭5)   C 7M(♯5)   B♭m(7M)   F♯m7   B dim   E♭7M

G m7   A♭7M(♯5)   D m(7M)   A 7   D 7   G♯m7   A m7(♭5)   B 7M

Solfejo por graus: Cante as notas dos acordes acima, utilizando as sílabas um, três, cin(c), set. Cante, utilizando também outras sílabas.

Exercício: Identificar os seguintes acordes, tocando-os e cifrando-os.

F 7M

Treinamento adicional:

1) O professor deverá cifrar tétrades para que os alunos toquem e escrevam.
2) Identificar intervalos e acordes de sétima, visual e auditivamente.
3) Identificar intervalos e acordes de sétima auditivamente.
4) Cantar intervalos de sétima.
5) Cantar notas dos acordes de sétima.

Questionário:

1) Enumere as tétrades mais usadas.
2) Utilizando a fundamental dó, cifre os acordes abaixo:

    a) sétima maior
    b) menor com sétima
    c) diminuto
    d) sétima
    e) menor com sétima e quinta diminuta
    f) sétima maior e quinta aumentada
    g) menor com sétima maior

3) Utilize cifragem internacional para os acordes acima.

AULA 73

Compassos irregulares (numeradores 5 e 7)

Esses compassos, apesar de não serem freqüentemente utilizados em música popular brasileira, deverão ser estudados.

Compassos com numerador 5 (quinários)

5/1 - unidade de tempo: semibreve (cinco tempos de semibreve)
obs.: (não encontrado)
5/2 - u.t.: mínima (cinco tempos de mínima)
obs.: (não encontrado em música popular)
5/4 - u.t.: semínima (cinco tempos de semínima)
obs.: (entre os irregulares, é um dos mais encontrados)
5/8 - u.t.: colcheia (cinco tempos de colcheia)
obs.: (também é um dos mais encontrados entre os irregulares)
5/16 - u.t.: semicolcheia (cinco tempos de semicolcheia)
obs.: (menos utilizado)

Eis três possibilidades de como podemos marcar os tempos nos compassos de cinco tempos:

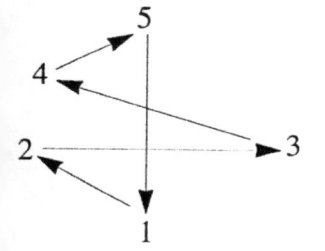

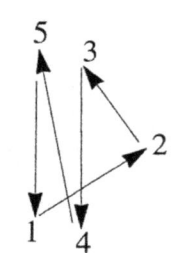

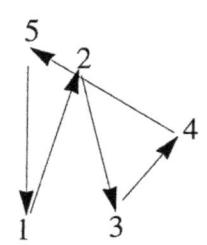

Obs.: Educadores diferem entre si quanto às formas de se marcar os tempos nos compassos quinários e setenários.

Compassos com numerador 7 (setenários)

7/1 - unidade de tempo: semibreve (sete tempos de semibreve)
obs.: (não encontrado)
7/2 - u.t.: mínima (sete tempos de mínima)
obs.: (não encontrado em música popular)
7/4 - u.t.: semínima (sete tempos de semínima)
obs.: (entre os irregulares, é um dos mais encontrados)
7/8 - u.t.: colcheia (sete tempos de colcheia)
obs.: (também é um dos mais encontrados entre os irregulares)
7/16 - u.t.: semicolcheia (sete tempos de semicolcheia)
obs.: (menos utilizado)

Para contagem, podemos proceder nas formas abaixo:

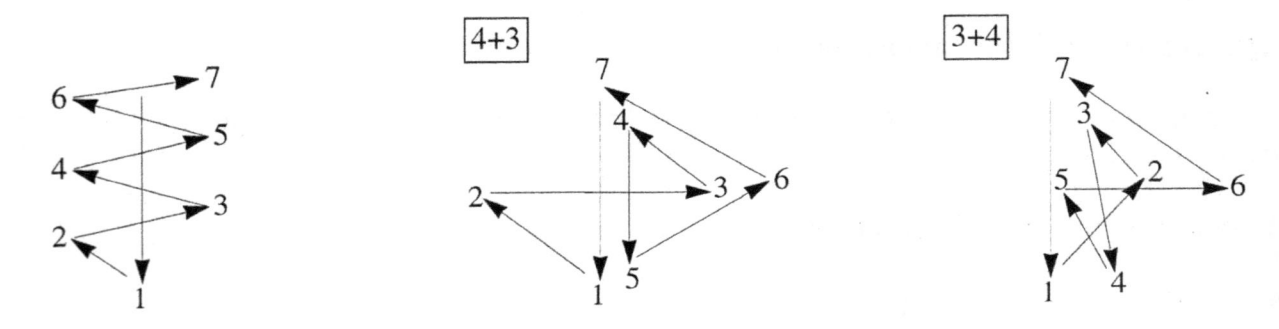

Obs.: Dependerá da pulsação da música.

Exemplos com combinações diversas nos compassos irregulares mais usados:

Leitura rítmica (utilizar marcação dos tempos)

1)

2)

3)

Treinamento adicional: Professor cria outras possibilidades.

Questionário:

1) Quais são os compassos irregulares mais usados?
2) Qual a unidade de tempo para os seguintes compassos?
   a) 7/4
   b) 5/8
   c) 7/16
3) Faça um gráfico com duas possibilidades de marcação de tempo para cada um dos compassos (cinco tempos e sete tempos).
4) Que outra denominação utilizamos para os compassos?
   a) com numerador 5
   b) com numerador 7

AULA 74

▫ Introdução ao modalismo (música modal I)
Modos da tonalidade maior (enfoque melódico-harmônico)
Modos gregos

Música modal é aquela em que não há tonalidade maior ou menor. É construída a partir de qualquer outro modo. Por exemplo: "dó mixolídio", cuja nota básica é dó; "ré eólio", modo cuja tônica ou nota básica é ré etc.

Em nosso estudo do modalismo daremos um enfoque tanto melódico quanto harmônico. No momento, exemplificaremos os modos, utilizando notas brancas para as notas das tétrades e notas pretas para as extensões (sextas, nonas, décima primeira e décima terceira), com a finalidade de mostrar uma visão melódico-harmônica dos modos.

Mais adiante, não usaremos notas diferenciadas para introduzir os solfejos modais, e sim a relação intervalar (tom e semitom) existente nas notas de cada modo.

Podemos construir modos a partir dos diferentes graus de um tom maior ou menor.

Modo iônico ou jônico	I (primeiro grau)
Modo dórico	II (segundo grau)
Modo frígio	III (terceiro grau)
Modo lídio	IV (quarto grau)
Modo mixolídio	V (quinto grau)
Modo eólio	VI (sexto grau)
Modo lócrio	VII (sétimo grau)

Os diferentes modos receberam designação específica na Grécia antiga. Adotadas na Idade Média pelos cristãos, receberam os nomes jônico, dórico, frígio, lídio, mixolídio, eólio e lócrio (Esther Scliar).

Descrição dos modos
(exemplo no tom de dó maior)

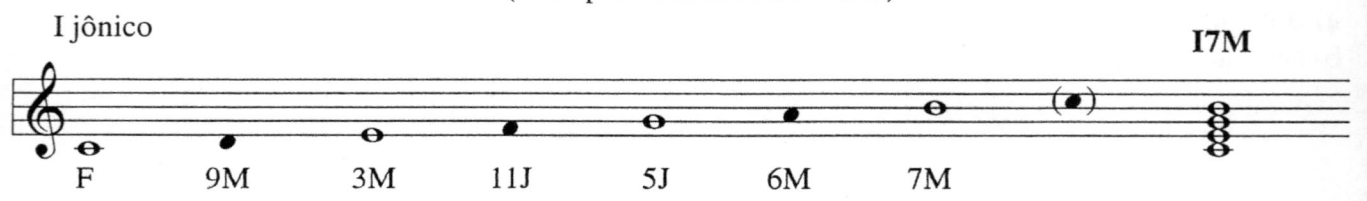

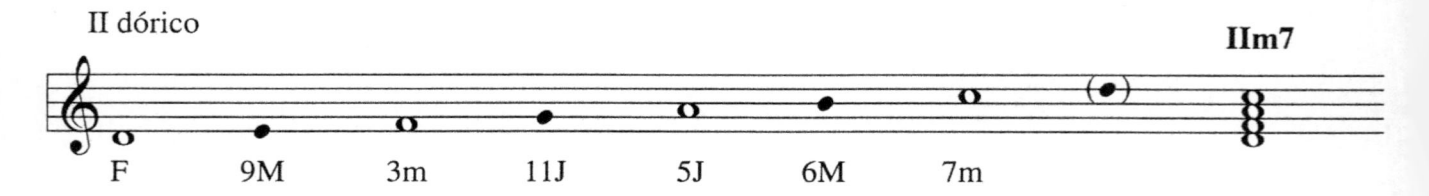

I jônico — I7M
F — 9M — 3M — 11J — 5J — 6M — 7M

II dórico — IIm7
F — 9M — 3m — 11J — 5J — 6M — 7m

III frígio

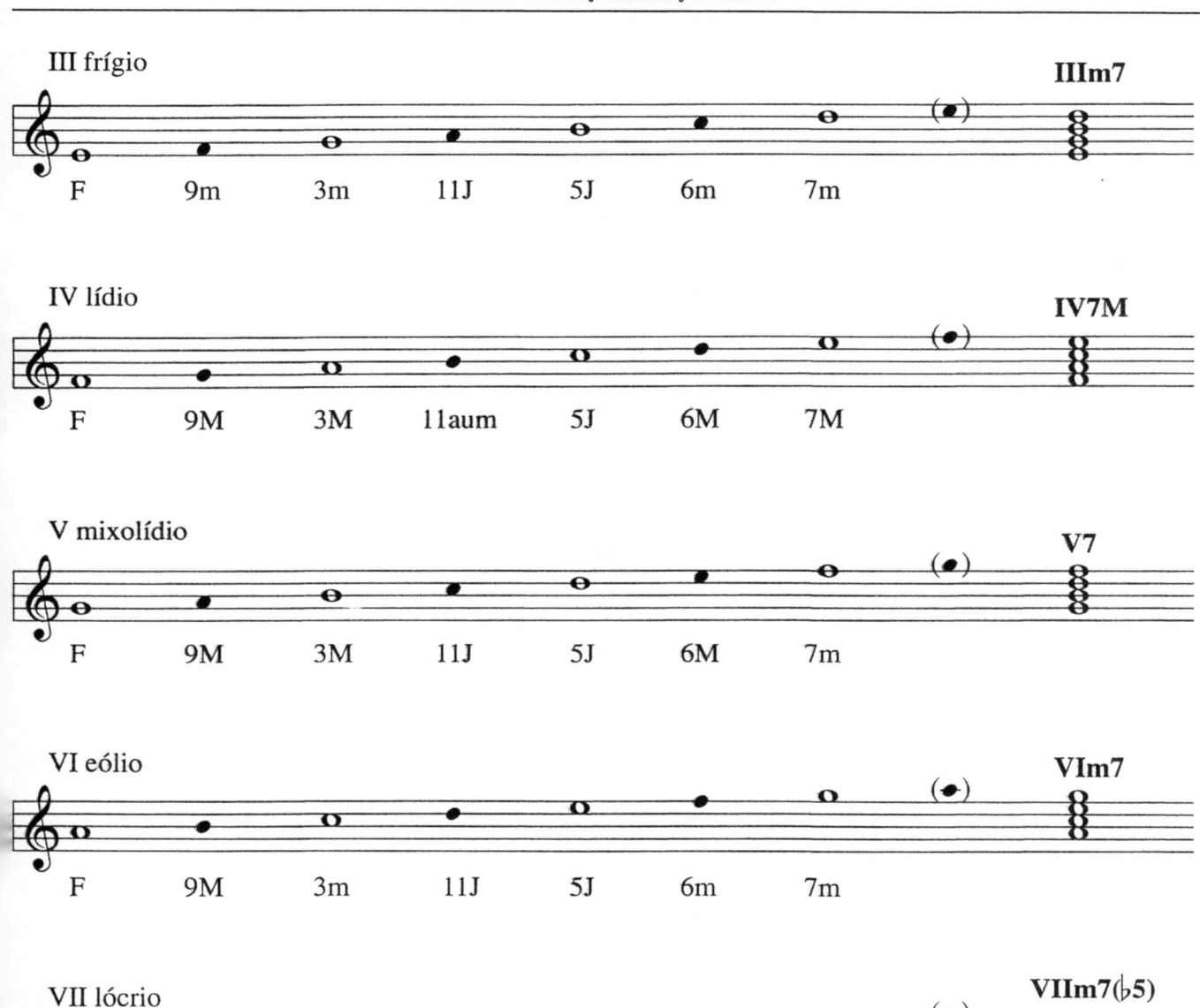

| F | 9m | 3m | 11J | 5J | 6m | 7m | **IIIm7** |

IV lídio

| F | 9M | 3M | 11aum | 5J | 6M | 7M | **IV7M** |

V mixolídio

| F | 9M | 3M | 11J | 5J | 6M | 7m | **V7** |

VI eólio

| F | 9M | 3m | 11J | 5J | 6m | 7m | **VIm7** |

VII lócrio

| F | 9m | 3m | 11J | 5dim | 6m | 7m | **VIIm7(♭5)** |

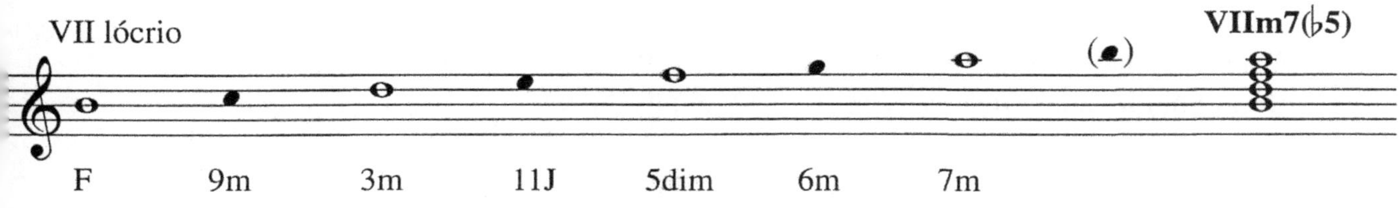

Alguns desses modos são utilizados como base para a música modal.

Para construirmos os modos da escala maior, basta sabermos qual grau está sendo representado e, aí, chegamos à conclusão.

Exemplo: mi lídio

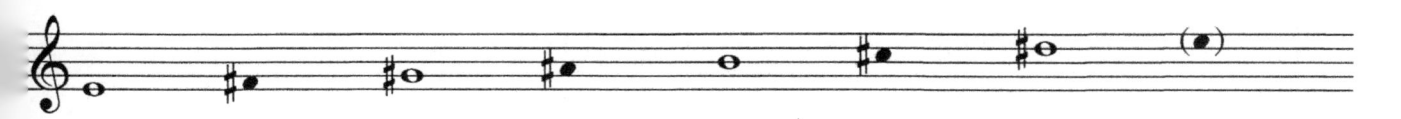

Eis como devemos elaborar o raciocínio:

1) Sabemos que o lídio é o modo de IV (quarto grau)
2) IV (quarto grau) de quem?
3) Mi é quarto grau de Si maior.
4) Portanto, construímos uma escala (modo) que começa com a nota mi, utilizando armadura de Si maior. Ou seja:

Mi lídio

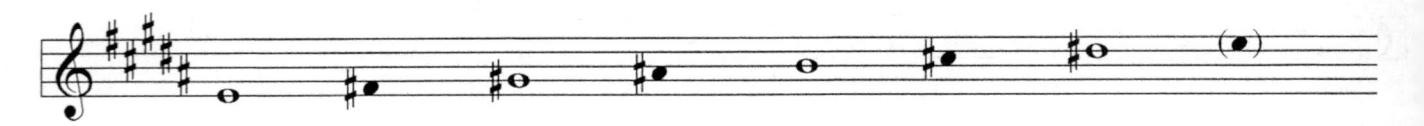

Obs.: O raciocínio acima é ainda muito preso à noção de tonalidade maior. Com a prática, no entanto, ficamos livres dessa ligação e podemos construir qualquer modo a partir de sua relação de T e St ou, até mesmo, a partir da certeza que adquirimos ao memorizar sua sonoridade.

Exercício: Construir os seguintes modos:

a) Ré mixolídio
b) Fá dórico
c) Mi♭ lídio
d) Sol frígio
e) Lá lócrio
f) Mi eólio
g) Dó♯ iônico
h) Fá♯ lídio

Solfejo por graus: Cante (solfeje) diferentes modos da escala maior a partir de sugestões do professor.
Treinamento adicional (percepção): Identificar diferentes modos.

Questionário:

1) O que é música modal?
2) Qual a sua principal característica?
3) Qual é o modo de V grau de Fá maior?
4) Quais são as notas que formam o modo mi bemol eólio?
   (Professor elabora outras perguntas similares)
5) Quais são as tétrades construídas a partir do modo maior?
6) Construa os modos para todos os graus da tonalidade de Si♭ maior.

AULA 75

Inversões de tríades e tétrades / Compassos alternados

▫ Inversões de tríades e tétrades

Vimos, anteriormente, como formar acordes de três sons (tríades) e de quatro sons (tétrades). Apesar de ser objeto de estudo em harmonia, eis como podemos invertê-los.

Embora em harmonia tradicional a nota mais grave de um acorde seja determinante para a nomenclatura ou cifragem deste, em nosso estudo, inverter o bloco/acorde não significará necessariamente modificar a fundamental, que poderá, ou não, estar no baixo (no elemento baixo). Tudo dependerá da cifragem:

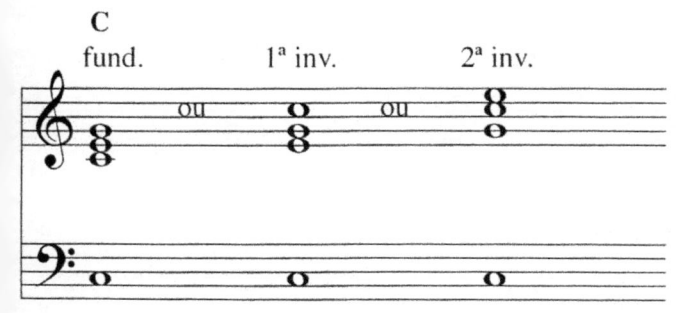

Sendo assim, teremos:

Tríades

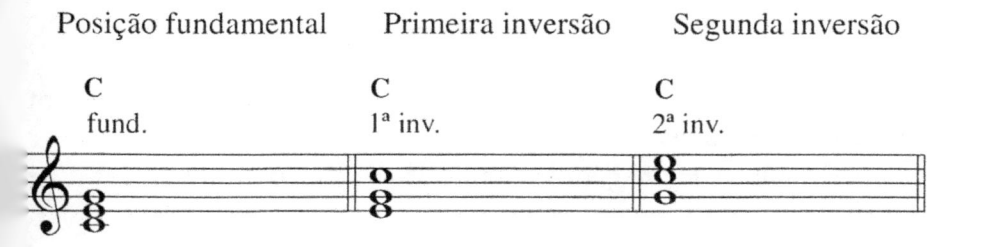

Posição fundamental   Primeira inversão   Segunda inversão

Tétrades

Posição fundamental   Primeira inversão   Segunda inversão   Terceira inversão

C 7M (fund.)   C 7M (1ª inv.)   C 7M (2ª inv.)   C 7M (3ª inv.)

Apesar desses acordes poderem ser invertidos, sua cifragem não é alterada.

Exercício: Forme os seguintes acordes:

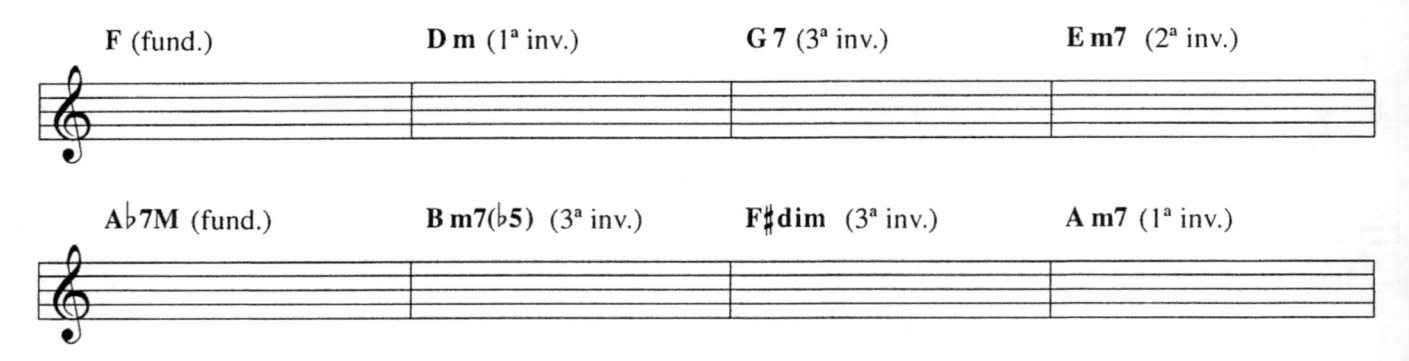

F (fund.)   D m (1ª inv.)   G 7 (3ª inv.)   E m7 (2ª inv.)

A♭7M (fund.)   B m7(♭5) (3ª inv.)   F♯dim (3ª inv.)   A m7 (1ª inv.)

Exercício: Identifique os acordes abaixo segundo sua inversão:

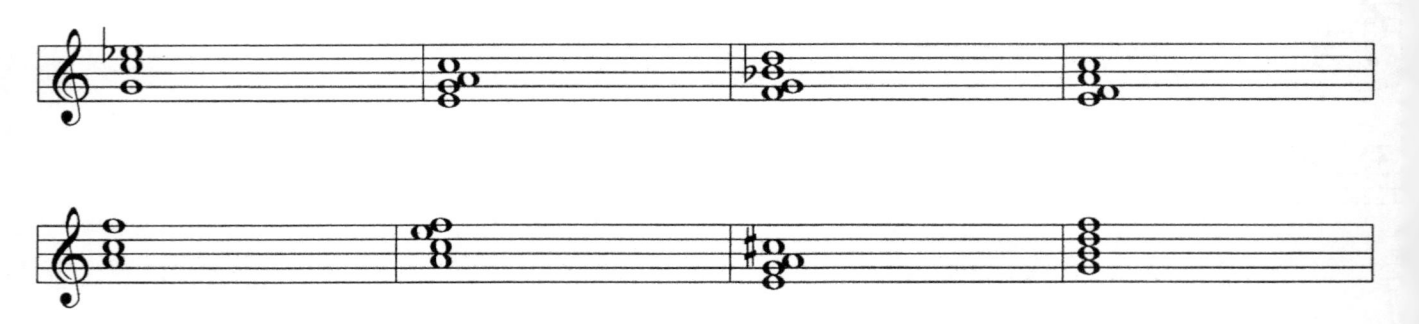

Treinamento adicional (percepção): Professor toca diferentes tríades e tétrades em posição fundamental e invertida para que o aluno as identifique visual e auditivamente.

▫ Compassos alternados

Quando temos num mesmo trecho musical compassos com variações de numeradores e/ou denominadores, estamos diante de compassos alternados.

Quando houver mudança de denominador, temos de marcar os tempos de acordo com este.

Leitura métrica

1)

2)

O sinal ♪=♪, que vimos acima e veremos abaixo, significa que o valor real da colcheia no compasso com denominador 8 será igual ao valor real da colcheia no compasso com denominador 4.

3)

É comum, quando mudamos de compasso no início de uma pauta, antecipar a sua colocação no fim da pauta anterior. Ver, acima, o compasso **C** colocado no fim da segunda pauta.

4)

5)

6)

7)

8)

Treinamento adicional (leitura métrica): Ler os exercícios acima, utilizando diferentes claves.

✎ **Questionário:**

1) Em quantas posições podemos encontrar a tríade?
2) E a tétrade?
3) O que são compassos alternados?

AULA 76

❑ Relativo menor
Modos da tonalidade menor (enfoque melódico-harmônico)

Como vimos anteriormente, para cada tonalidade maior temos um tom menor relativo, ou seja, um tom menor que possui a mesma armadura do relativo maior.

Considerando-se as tonalidades menores como tonalidades relativas, temos os modos de escala menor (quase) idênticos aos da escala maior (com exceção do V e do VII graus, quando temos de adicionar a sensível (característica do sistema tonal)).

Se fizermos uma comparação com os modos da tonalidade maior, veremos que o I grau da tonalidade menor é idêntico ao VI da tonalidade maior e assim por diante.

Tonalidade maior	Tonalidade menor
VI (eólio)	I (eólio)
VII (lócrio)	II (lócrio)
I (jônico)	III (jônico)
II (dórico)	IV (dórico)
III (frígio)	V (frígio+sensível*) (alterado de V)
IV (lídio)	VI (lídio)
V (mixolídio)	VII (mixolídio+sensível*) (diminuto de VII)

* Os modos de V e de VII da tonalidade menor requerem a adição de uma oitava nota (a sensível) para ficar dentro das características de tonalidade menor.

Obs.: A utilização desses dois modos (alterado de V e diminuto de VII) dá um arremate à questão harmônico-melódica da tonalidade menor.

(I grau da tonalidade menor é igual ao VI grau da tonalidade maior. Ambos utilizam modo eólio)

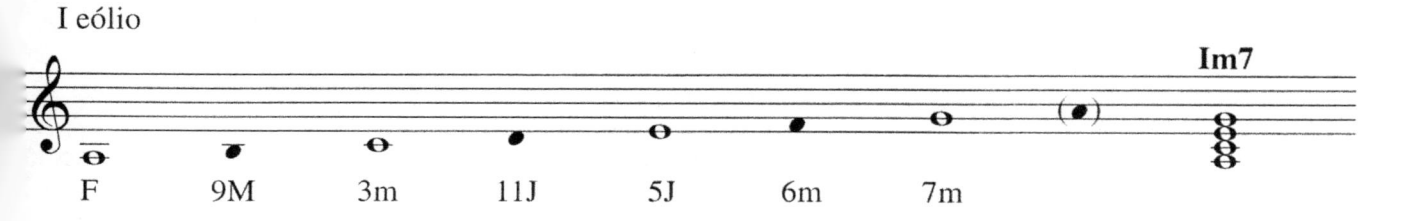

I eólio

II lócrio

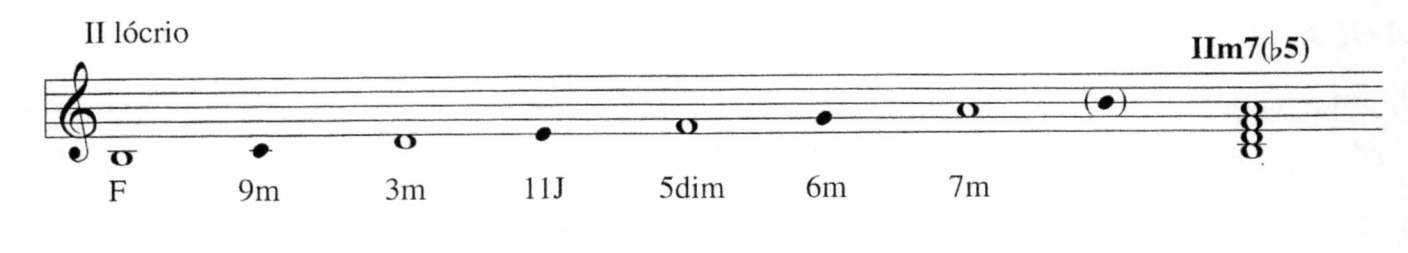

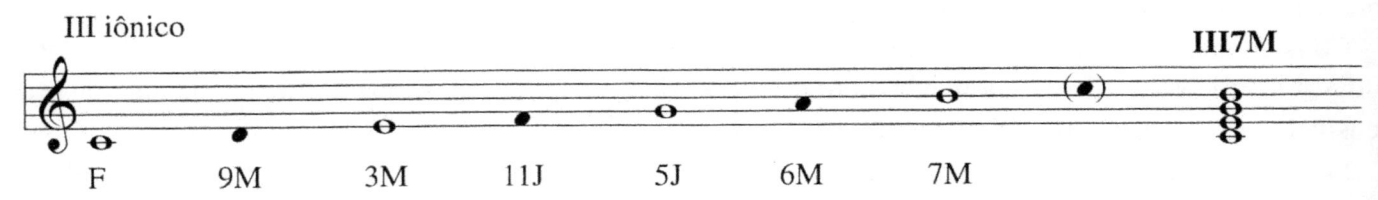

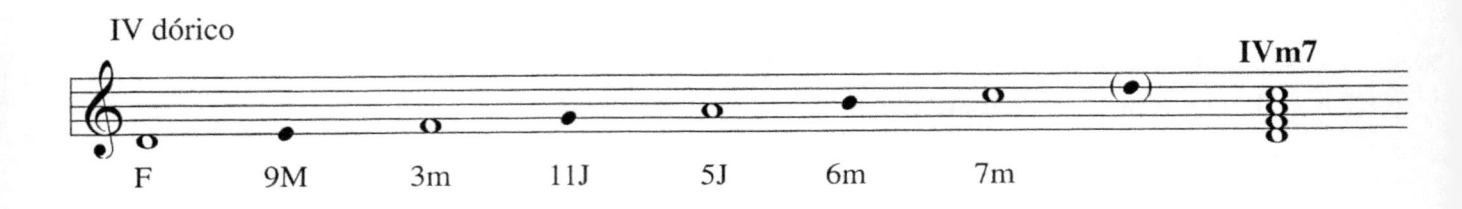

IIm7(♭5)

F — 9m — 3m — 11J — 5dim — 6m — 7m

III iônico

III7M

F — 9M — 3M — 11J — 5J — 6M — 7M

IV dórico

IVm7

F — 9M — 3m — 11J — 5J — 6m — 7m

V alterado de V (frígio + sensível)

Dá-se o nome de alterado de V grau ao modo frígio adicionado de sensível, com fundamental no V.

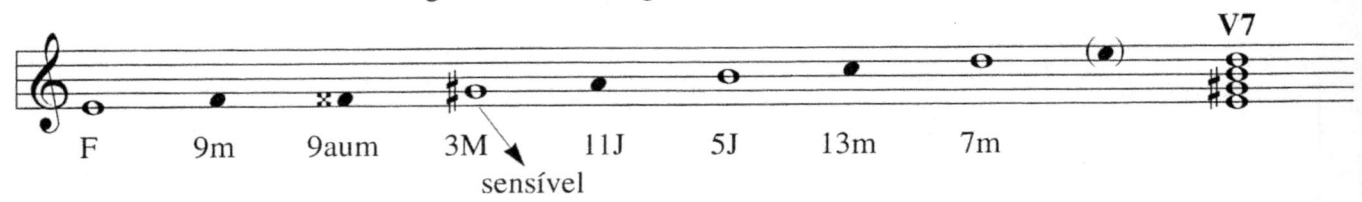

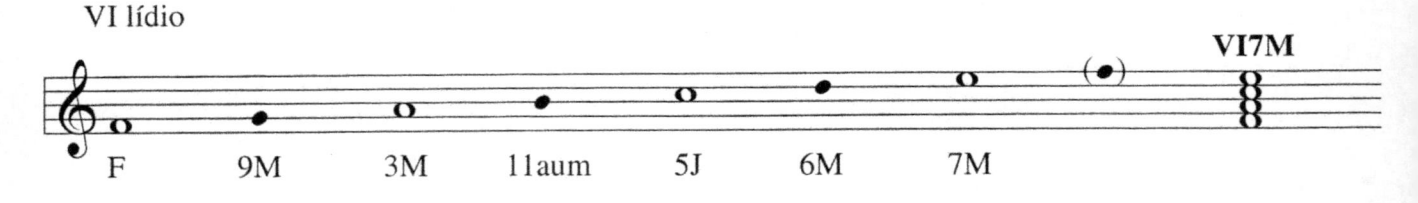

V7

F — 9m — 9aum — 3M (sensível) — 11J — 5J — 13m — 7m

VI lídio

VI7M

F — 9M — 3M — 11aum — 5J — 6M — 7M

VII diminuto de VII (mixolídio + sensível)

Dá-se o nome de diminuto de VII grau ao modo mixolídio adicionado de sensível, com fundamental no VII.

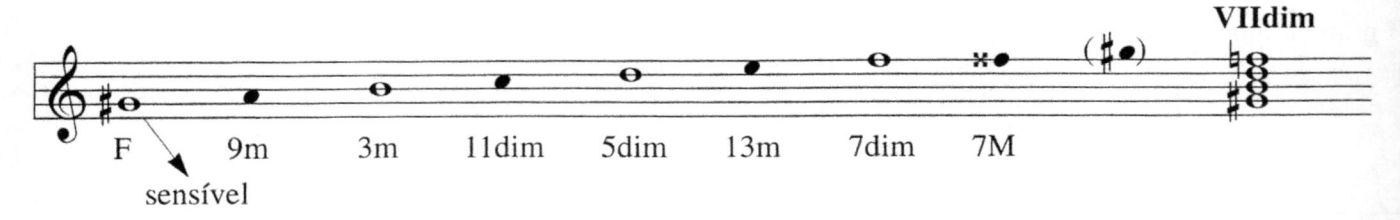

VIIdim

F (sensível) — 9m — 3m — 11dim — 5dim — 13m — 7dim — 7M

Para construirmos os modos da escala menor, usamos o mesmo procedimento já adotado para a escala maior, com atenção às escalas (dos modos) de V e VII, que têm de conter a sensível, como dito acima.

Exercício: Construir os seguintes modos:

a) Fá eólio
b) Ré iônico
c) Fá♯ lídio
d) Dó alterado de V
e) Sol dórico
f) Ré♯ diminuto de VII

Treinamento adicional: Professor sugere outros modos.

Solfejo por graus: Escalas (modos) pedidas pelo professor.

Percepção: Identifique auditivamente modos diferentes.

Questionário:

1) Como são chamados cada um dos modos construídos a partir da tonalidade menor?
2) O que diferencia os modos acima dos modos baseados na tonalidade maior?

AULA 77

▫ Treinamento variado com leitura

Leitura métrica: Utilizar, também, diferentes claves.

1)

2)

Solfejo por graus

Obs.: Quando o número sobre a nota estiver com traço superior, isto significa que a nota está na oitava de cima e, quando estiver sublinhado, que a nota está na oitava de baixo.

1)

2)

3)

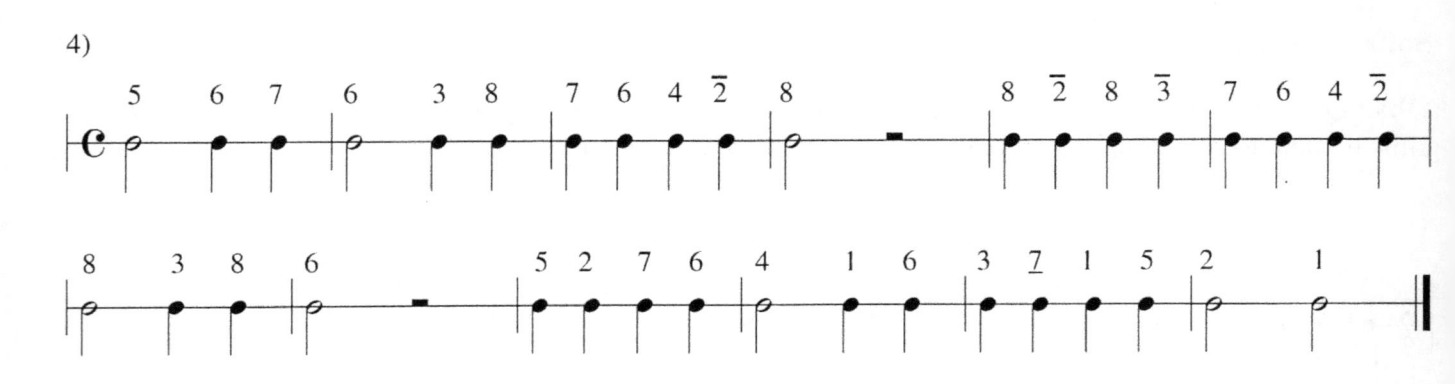

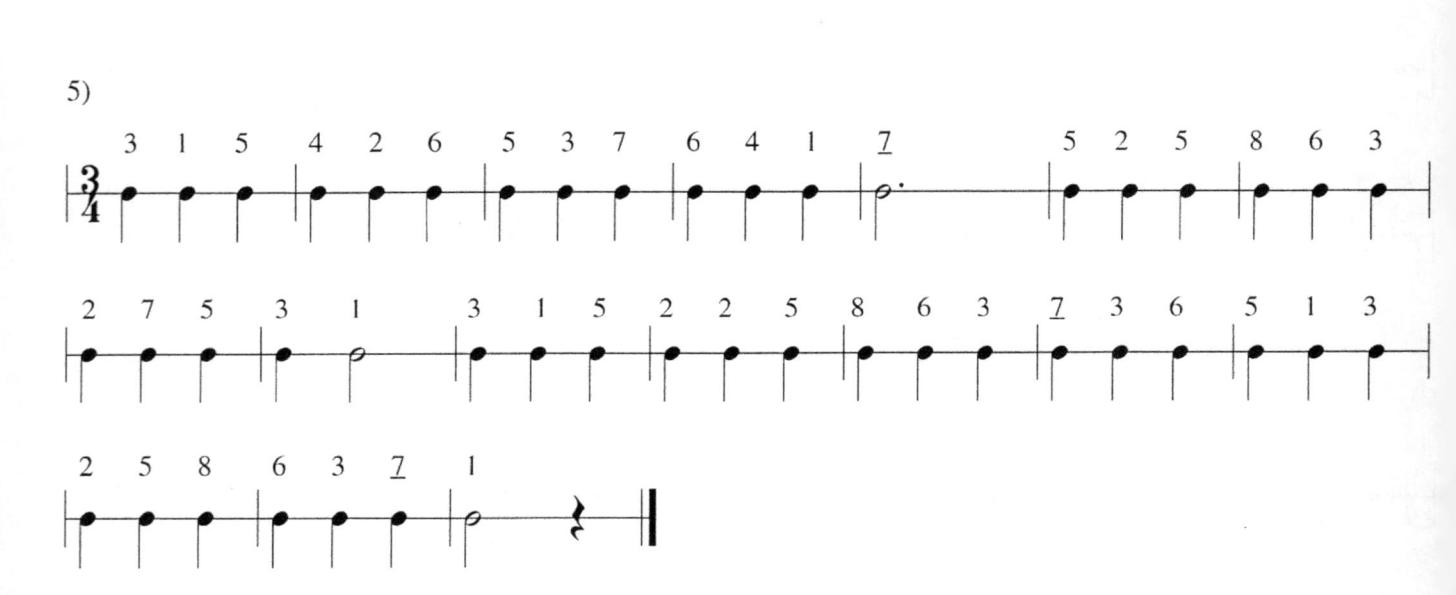

Leitura: Solfejo completo (cantar, pronunciando os nomes das notas, seguindo o ritmo dado).

2)

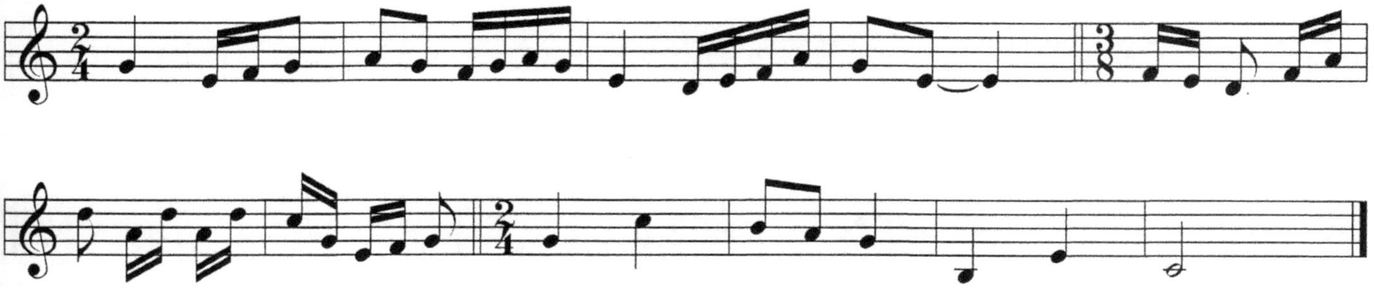

3)

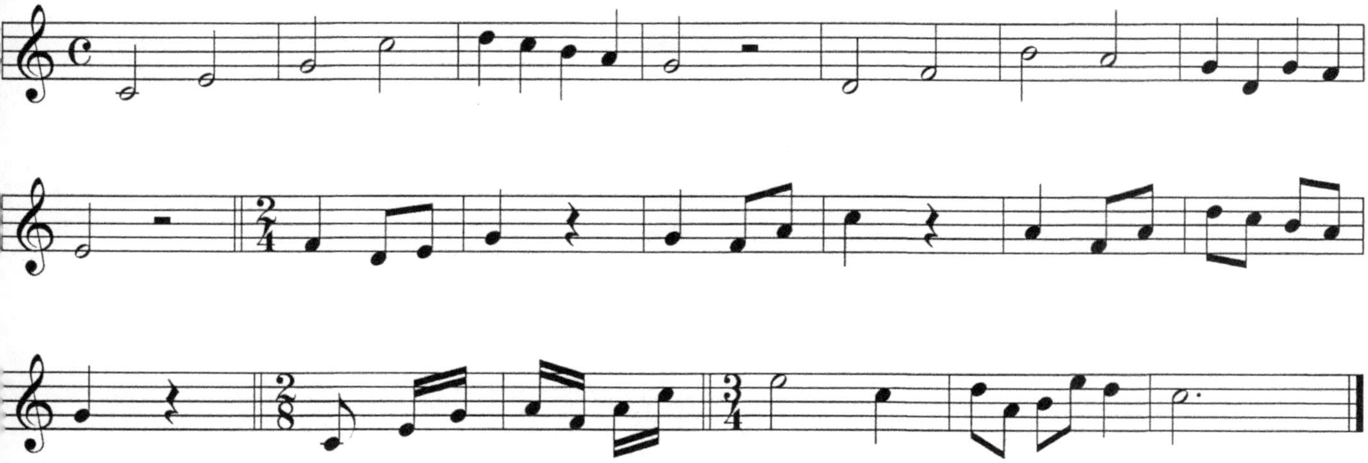

4)

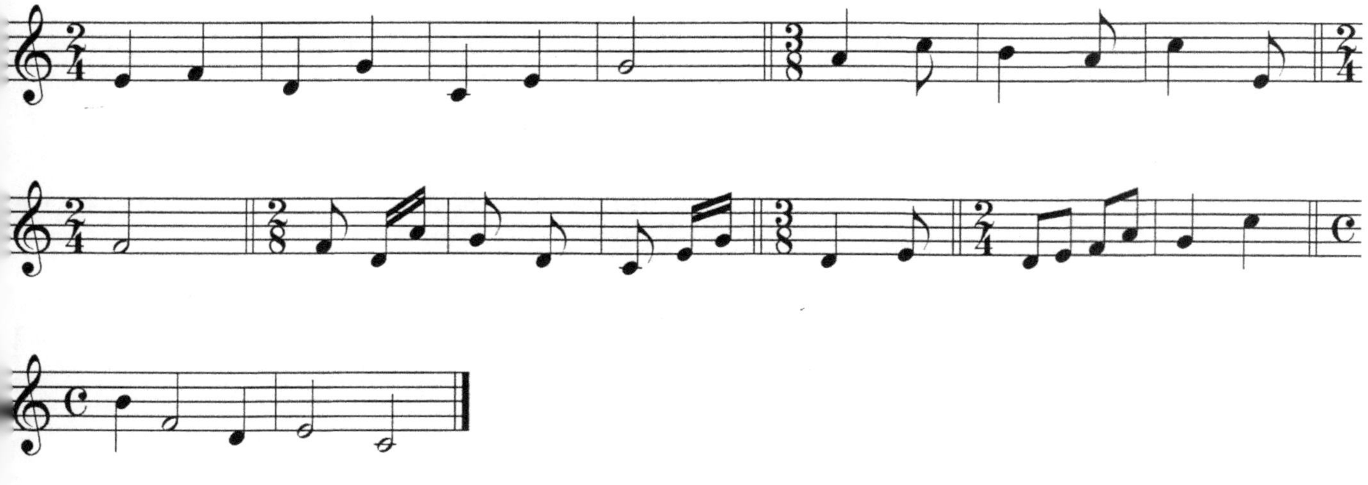

5)

Treinamento adicional: Cante os trechos acima sem pronunciar os nomes das notas.

AULA 78

▫ Escala geral

Temos, em nosso sistema básico de notas musicais, um total de 97 sons fixos. Praticamente só conseguimos ouvir todos esses sons em apenas um instrumento: o sintetizador. Portanto, nem o piano atinge todas as notas musicais.

As notas dó serão uma referência:

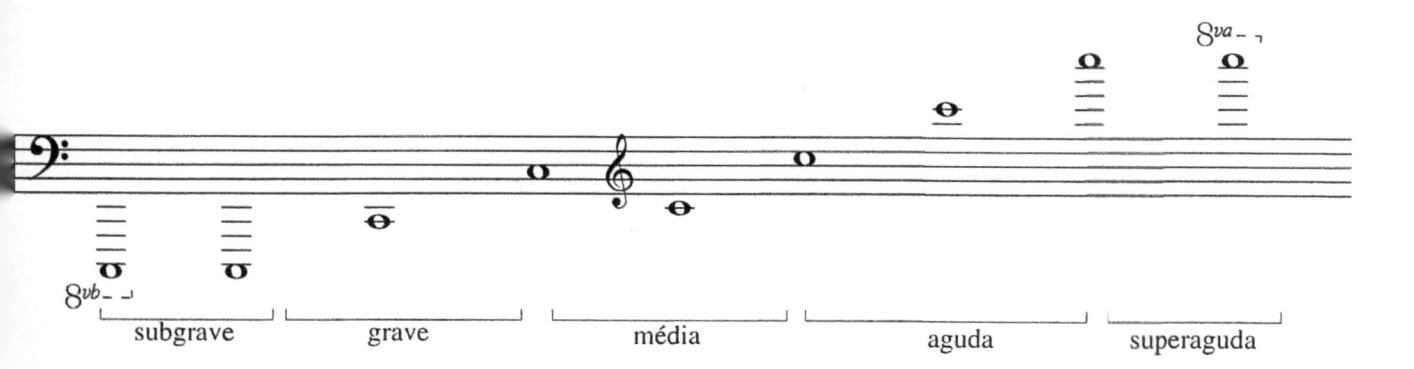

Essas regiões, de acordo com padrões estabelecidos, podem ser divididas em:

- subgrave (a mais grave)
- grave
- média
- aguda
- superaguda (a mais aguda)

▫ Diapasão

É um instrumento usado para obtermos a medida de altura referência. Pode ser adquirido em lojas especializadas. Afinadores eletrônicos dispõem de notas referência com variações de freqüência.

Normalmente é usada a nota lá 440 (440 vibrações por segundo) como referência.

▫ Escala cromática

Formada por 12 notas que diferem umas das outras por semitons. Em geral, em movimento ascendente, usamos os sustenidos e, em movimento descendente, usamos os bemóis.

Ascendente: a partir da nota sol

Descendente: Sol

No entanto, na prática, quando escrevemos melodia e cifra, o que determina se devemos usar sustenido ou bemol pode ser:

1) cifragem

A nota dó sustenido foi usada em função do acorde **A7**. Dó sustenido é a terça do acorde. Melodicamente, poderíamos usar:

2) bordaduras cromáticas: se a nota descer e voltar ou, ainda, subir e voltar, devemos utilizar semitom diatônico:

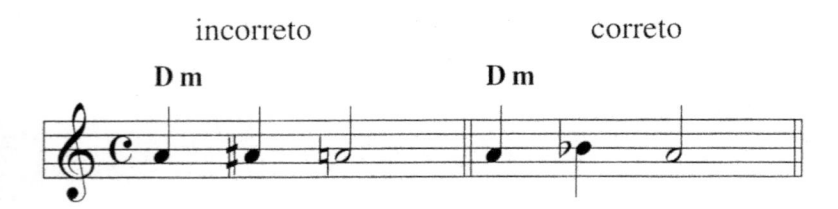

✎ Questionário:

1) De quantos sons fixos é formado nosso sistema musical?
2) Demonstre as diferentes regiões de acordo com os padrões estabelecidos.
3) O que é diapasão?
4) Por quantas notas é formada a escala cromática?
5) Qual o critério básico para determinarmos, numa passagem cromática qualquer, o uso de sustenido ou bemol?

AULA 79

Modos (continuação) – introdução ao solfejo modal

Modo dórico

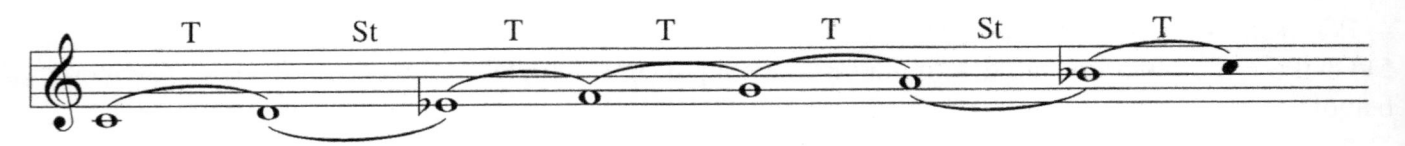

Nota: Todos os solfejos modais integram o livro *500 canções brasileiras*, de Ermelinda Paz, e foram utilizados sob autorização.

Leitura: solfejo completo (modo dórico)

folclore brasileiro

1)

folclore brasileiro

2)

3) *folclore brasileiro*

4) *folclore brasileiro*

□ **Modo frígio**

Leitura: solfejo completo (modo frígio)

folclore brasileiro

2) *folclore brasileiro*

3) *folclore brasileiro*

Ao 𝄋 e ⊕

Modo lídio

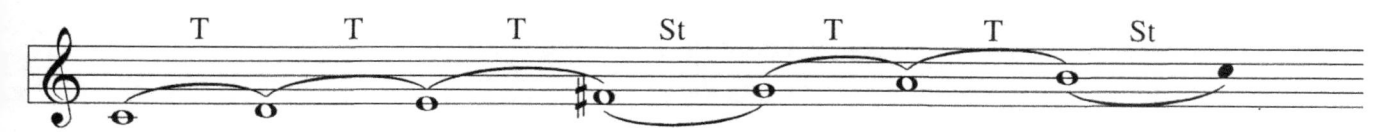

Leitura: solfejo completo (modo lídio)

1) *folclore brasileiro*

2) *folclore brasileiro*

3) *folclore brasileiro*

✎ **Questionário:**

1) Qual é a disposição de tons e semitons nos modos dórico, frígio e lídio?

AULA 80

Modos (continuação)

Modo mixolídio

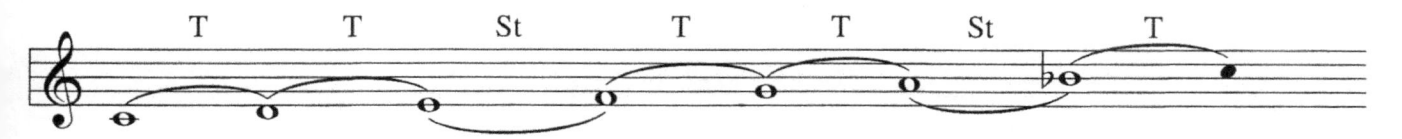

Leitura: solfejo completo (modo mixolídio)

1) *folclore brasileiro*

2) *folclore brasileiro*

3) *folclore brasileiro*

4) *folclore brasileiro*

5) *folclore brasileiro*

◦ **Modo eólio**

Leitura: solfejo completo (modo eólio)

1) *folclore brasileiro*

2) *folclore brasileiro*

3) *folclore brasileiro*

4) *folclore brasileiro*

5) *folclore brasileiro*

6) *folclore brasileiro*

7) *folclore brasileiro*

Obs.: Em razão da raridade de utilização do modo lócrio, não apresentamos solfejo com esse modo.

Questionário:

1) Qual é a disposição de tons e semitons nos modos mixolídio e eólio?

AULA 81

Modalismo (música modal II - hibridismo modal)

De acordo com o ambiente cultural, temos modalismos mais simples ou mais complexos.
No Brasil, os modos mais encontrados e, portanto, os que utilizaremos em nosso estudo são:

1) Dórico
2) Mixolídio
3) Eólio
4) Lídio
5) Frígio

Existe também o que chamamos de **hibridismo modal**, como o encontrado na música nordestina e em outras culturas, combinando diferentes modos em uma mesma música.

Nota: Todos os solfejos modais híbridos foram extraídos do livro *500 canções brasileiras,* de Ermelinda Paz.

Exercício: solfejos híbridos

1) hibridismo jônico/lídio *folclore brasileiro*

2) hibridismo jônico/lídio *folclore brasileiro*

3) hibridismo jônico/lídio *folclore brasileiro*

4) hibridismo jônico/mixolídio *folclore brasileiro*

5) hibridismo jônico/mixolídio *folclore brasileiro*

6) hibridismo lídio/mixolídio *folclore brasileiro*

7) hibridismo lídio/mixolídio   *folclore brasileiro*

8) hibridismo jônico/dórico   *folclore brasileiro*

9) hibridismo lídio/mixolídio   *folclore brasileiro*

✍ **Questionário:**

1) O que caracteriza um hibridismo tonal/modal?
2) Quais são os modos mais utilizados no hibridismo modal brasileiro?

AULA 82

Transposição

Basicamente, o termo transposição pode ter dois significados:
1) Transpormos os graus ou as alturas sem implicar, necessariamente, transposição de tom.
2) Transpor de um tom para outro.
   Obs.: O item 1 pode ser parte do estudo de composição e também de improvisação.

Instrumentos transpositores

Existem instrumentos que tocam melodias escritas num tom mas que soam em outro. São os instrumentos transpositores. O piano não é um instrumento transpositor.

Os instrumentos transpositores podem ser:

1) transpositores de oitava: soam uma oitava abaixo ou acima do que está escrito na partitura.
   a) soam oitava abaixo: violão, contrabaixo e flauta baixo.
   b) soam oitava acima: flautim.

2) transpositores reais: soam em tonalidades diferentes e às vezes em oitavas diferentes também:
   a) instrumentos em B♭: clarinete, sax soprano e sax tenor (este, além de soar um tom abaixo, soam uma oitava abaixo)
   b) instrumentos em E♭: sax alto e sax barítono (o sax barítono soa uma sexta e mais uma oitava abaixo)
   c) instrumento em F: trompa (soa uma quinta abaixo)
   d) instrumento em G: flauta contralto (soa uma quarta abaixo)

Treinamento: Leitura com diferentes transposições. Sugerimos que sejam extraídos exercícios de leitura métrica ou leitura de notas, a critério do professor, para essa prática.

Questionário:

1) O que é transposição?
2) O que são instrumentos transpositores?
3) Cite dois instrumentos transpositores de oitava.
4) Cite um instrumento em B♭.
5) Cite um instrumento em E♭.
6) Cite um instrumento em F.
7) Cite um instrumento em G.

AULA 83

As vozes humanas / A utilização de versos em partituras

As vozes humanas

Apesar de ser parte do estudo de arranjo, faremos uma rápida abordagem sobre as vozes, já que utilizamos o solfejo em grande parte de nosso estudo.

Classificação das vozes:

1) Masculinas
- agudas: tenor
- médias: barítono
- graves: baixo

2) Femininas
- agudas: soprano
- médias: meio-soprano
- graves: contralto

Extensões (tessitura - registro)

soprano

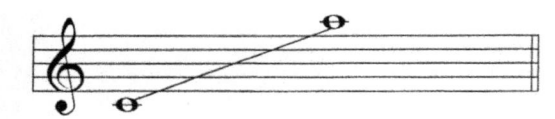

meio-soprano

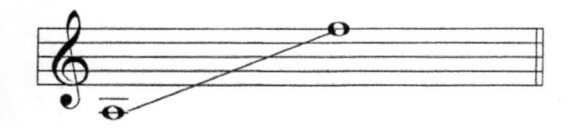

contralto

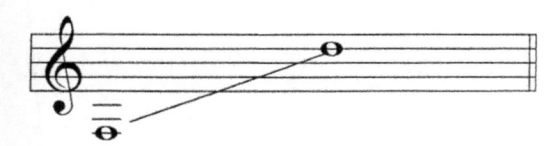

tenor

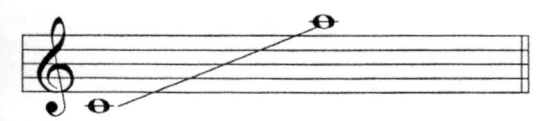

barítono

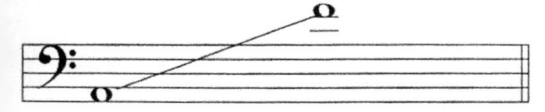

baixo

▫ A utilização de versos em partituras

Trata-se de uma técnica simples.
Podemos ter:

a) palavras com apenas uma sílaba para cada nota: usamos cada palavra para cada nota.
b) palavras com mais de uma sílaba: separamos as sílabas com tracinho, acompanhando a melodia.
c) sílabas de palavras diferentes que utilizam a mesma nota: usamos sinal de sublinhar (_) para ligar as sílabas das palavras diferentes.
d) sílaba(s) que se prolonga(m) por diferentes notas: colocamos traço horizontal à direita da sílaba o quanto for necessário.

Exemplo de como devemos proceder para cada situação utilizando a música *A cada dia que passa (A. Adolfo)*:

Letra:

Já não se pode esperar
Nem mesmo acreditar
No que eles todos disseram

A cada dia que passa (A. Adolfo)

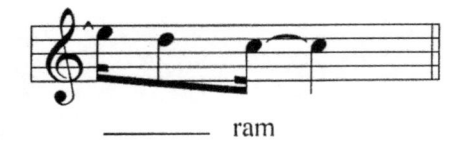

Já não se po-de_es-pe-rar   Nem mes-mo_a-cre-di-tar   No que_e-les to-dos dis-se-ram

✎ Questionário:

1) Quais são, segundo a tessitura, as vozes masculinas?
2) Quais são, segundo a tessitura, as vozes femininas?
3) Indique a tessitura de cada uma das vozes.
4) Como devemos proceder no caso de inserir "letra de música" em partitura?

BIBLIOGRAFIA CONSULTADA E SUGERIDA

Scliar, Esther. *Elementos de teoria musical*. Ed. Novas Metas, RJ, 1985.

Med, Bohumil. *Teoria da música*. Ed. MusiMed. Brasília, 1996.

Hindemith, Paul. *Elementary training for musicians* (Treinamento elementar para músicos). Ed. Schott & Co. Ltd. London, 1949.

Dufresne, Gaston e Voisin, Roger Louis. *Develop Sight Reading*. Ed. Charles Colin. N.Y., 1972

Paz, Ermelinda Azevedo. *500 canções brasileiras*. Ed. Luis Bogo, RJ, 1988.

Paz, Ermelinda Azevedo. *As estruturas modais na música folclórica brasileira*. Ed. UFRJ, RJ, 1994.

Prince, Adamo. *Método Prince*. Ed. Lumiar, RJ, 1993.

Adolfo, Antonio. *O livro do músico*. Ed. Lumiar, RJ, 2002.

Prince, Adamo. *A arte de ouvir – percepção rítmica*. Ed. Lumiar, RJ, 2001.

Sena, Hélio. *Modalismo*. Apostila. Uni-Rio, RJ, 1989.

Adolfo, Antonio. *Harmonia e estilos para teclado*. Ed. Lumiar, RJ, 1994.

Adolfo, Antonio. *Piano e teclado*. Ed. Lumiar, RJ, 1994.

Adolfo, Antonio. *Arranjo, um enfoque atual*. Ed. Lumiar, RJ, 1997.

Adolfo, Antonio. *Composição, uma discussão sobre o processo brasileiro*. Ed. Lumiar, RJ, 1997.

Nota:

1) Os solfejos modais foram extraídos do livro "*500 canções brasileiras*" de Ermelinda Azevedo Paz, e usados sob autorização.

2) Os exercícios de leitura métrica das páginas 287, 288, 289, 290 e 294 foram extraídos e inspirados no livro "*Develop Sight Reading*" de Gaston Dufresne, organizado por Roger Louis Voisin. Usado sob autorização do editor Charles Colin, N.Y., EUA. (*Used with permission*).

ÍNDICE POR ASSUNTO

LEITURA

LEITURA RÍTMICA

AULA 2 ♩ e ♩ *24*

AULA 4 ♩, ♩ e ♩. em 2/4, 3/4 e 4/4 *30-31*

AULA 5 ♩, ♩ e respectivas pausas nos compassos acima *34*

AULA 6 ♩, ♩, ♩. e respectivas pausas, utilizando ritornello em 2/4, 3/4 e 4/4 *38*

AULA 7 ♩, ♩, ♩., o e respectivas pausas nos compassos acima *43*

AULA 10 ♩, ♩, ♩., o, ♪ e respectivas pausas em 2/4, 3/4 e 4/4 *55-57*

AULA 13 idem acima *69*

AULA 21 idem acima, com síncopes em 2/4, 3/4 e 4/4 *89-91*

AULA 24 idem acima, com ♫, ♩♪ e ♪♩ e pausas *103-104*

AULA 25 treinamento preparatório para leitura com padrão *shuffle* *107*
leitura rítmica com padrão *shuffle* *108*

AULA 33 em compasso ¢, utilizando também padrão *shuffle* em C *135-136*

AULA 34 utilizando síncopes em ¢ e C *139-140*

AULA 35 com predominância de ♪ em 2/4, 3/4 e 4/4 *145-147*

AULA 37 com ♫ e ♪♪♪ nos compassos já dados *158-160*

AULA 38 com compasso composto 6/8, 9/8 e 12/8 *167-168*

AULA 41 com ♪♪♪ em dois tempos (pulsações) *175-176*

AULA 43 com síncopes de meio-tempo em compassos simples e compostos *182-184*

AULA 44 idem acima *185-188*

AULA 49 com coordenação, utilizando ♩, ♪ e ♪ *202-203*

AULA 51 variada com dois pontos de aumento e figuras já dadas *209-210*

AULA 53 com síncopes de um quarto de tempo *215-219*

AULA 57 com coordenação, utilizando síncopes de um quarto de tempo *227-228*

AULA 59 com ♪, ♬ e outros valores dados, utilizando diferentes compassos com denominadores 8 e 16 *232*

AULA 62 com coordenação, utilizando ritmos mais complexos *243-249*

AULA 64 com diversos tipos de quiálteras: de quatro, de duas, de seis e de três notas *253-254*

AULA 66 com mais tipos de quiálteras, incluindo as de cinco e de sete notas *260-261*

AULA 69 com configurações complexas variadas *271-272*

AULA 71 com coordenação, utilizando configurações mais complexas   *274-275*

AULA 73 com compassos irregulares   *280-281*

LEITURA DE NOTAS

AULA 1   fá 2 a sol 3 em ambas as claves (𝄢 e 𝄞)   *22*

AULA 8   dó 2 a sol 4 em ambas as claves   *47-48*

AULA 9   até fá 1 em 𝄢   *50-51*

AULA 22   dó 1 a dó 5 em duas pautas   *96*

AULA 60   até cinco linhas suplementares, utilizando ambas as claves   *236-239*

AULA 67   com 𝄡 na terceira linha   *263-264*

LEITURA MÉTRICA

AULA 2 ♩ e ♪ / lá 2 a mi 3 em ambas as claves (𝄢 e 𝄞)   *20*

AULA 3 ♩ e ♪ / fá 2 a sol 3 em ambas as claves em $\frac{2}{4}$, $\frac{3}{4}$ e $\frac{4}{4}$ *24*

AULA 4 ♩, ♪ e ♩· / sol 2 a fá 3 em duas pautas nos compassos acima   *31*

AULA 5 ♩, ♪, ♩· e respectivas pausas / fá 2 a sol 3 em ambas as claves nos compassos acima   *35*

AULA 6 idem acima com ritornello   *37-38*
          idem com *D.C.*   *39*
          idem com *Dal* 𝄋   *39*

AULA 7 ♩, ♪, ♩·, 𝅝 e respectivas pausas / fá 2 a lá 3 em ambas as claves em $\frac{2}{4}$, $\frac{3}{4}$ e $\frac{4}{4}$ *44-45*

AULA 8 idem acima / até sol 4 em 𝄞 nos compassos acima   *48-49*

AULA 9 idem acima / até fá 1 em 𝄢 em $\frac{4}{4}$ *51-52*

AULA 10 ♩, ♪, ♩·, 𝅝, ♫ e respectivas pausas / fá 2 a sol 4 em ambas as claves nos compassos acima   *58-61*

AULA 11 idem acima, com indicações de roteiro: *D.C. al fine*, 𝄋, 𝄌, casas de 1ª e 2ª ($\frac{2}{4}$, $\frac{3}{4}$ e $\frac{4}{4}$)   *63-64*

AULA 13 ♩, ♪, ♩·, 𝅝, ♫ e respectivas pausas / fá 1 a sol 4 em ambas as claves em $\frac{2}{4}$ e $\frac{3}{4}$ *70*

AULA 18 idem acima, com ligaduras sobre notas iguais / fá 1 a sol 4 em ambas as claves em $\frac{3}{4}$ e $\frac{4}{4}$ *81-82*

AULA 19 idem acima, com ligaduras de expressão / ré 3 a sol 4 em 𝄞 em $\frac{3}{4}$ *83-84*

AULA 21 idem acima, com síncopes / dó 3 a mi 4 em 𝄞 em compasso 𝄴   *92*

AULA 22 idem acima / dó 1 a dó 5 em ambas as claves em compasso 𝄴   *97-98*

AULA 24 idem acima, com ♫♪ (tercina) nos compassos já dados   *105*

AULA 25 com padrão *shuffle* em 𝄞 nos compassos acima   *108*
          com padrão *shuffle* a duas vozes nos compassos acima   *109*

AULA 34	com síncopes em ¢ e C em ambas as claves		*141-142*
AULA 35	com predominância de semicolcheias em 𝄢 nos compassos e alturas já dados		*149-150*
AULA 37	com ♩♩♩ e ♩♩♩ em ambas as claves nos compassos e alturas já dados		*160-162*
AULA 38	com compasso composto em ambas as claves nos compassos e alturas já dados		*166-167*
AULA 42	com ♩♩♩ e ♩♩♩ em ambas as claves nos compassos e alturas já dados		*177-178*
AULA 51	variada com figuras e alturas já dadas e dois pontos de aumento em ambas as claves		*210*
AULA 59	com ♪, ♪ e outros valores dados, utilizando compassos com denominadores 8 e 16		*234-235*
AULA 63	com movimentos do tipo *walking bass*, utilizando padrão *shuffle* em 𝄢		*250-251*
AULA 67	em diferentes compassos em 𝄡	*264-266*	
AULA 70	com configurações rítmicas e alturas complexas em 𝄡, 𝄢 e 𝄞		*273*
AULA 75	em compassos alternados nas três claves já dadas	*287-290*	
AULA 77	em compassos alternados nas três claves já dadas	*294*	

SOLFEJO POR GRAUS

AULA 27	com pentacorde maior *113*		
	com pentacorde maior a duas vozes *114*		
AULA 28	com pentacordes, seguindo modelo dado *116-118*		
	com intervalos: 2ª M, 3ª M, 4ª J e 5ª J *116-118*		
AULA 29	até 5ª J, segundo graus e ritmos escritos *119-122*		
AULA 30	seguindo alturas e ritmos escritos, determinando os graus do pentacorde		*123*
AULA 31	até 5ª J, respeitando variações de andamento e ligaduras de expressão		*128-129*
AULA 32	idem acima, observando indicações de roteiro *132-133*		
AULA 36	com tríades maiores e menores *153-155*		
AULA 40	com tríades aumentadas e diminutas *172-173*		
AULA 42	com intervalos: 3ª m, 3ª M, 5ª J, 5ª aum e 5ª dim *177*		
	com intervalos ascendentes e descendentes *179*		
AULA 45	com tríades com 4ª e tríade 2 *189-190*		
	com intervalos: 4ª J, 4ª aum, 2ª M e 2ª m ascendentes e descendentes		*191-192*
AULA 47	segundo graus e ritmos escritos (até intervalo de quinta) *197-199*		
AULA 50	com escalas maiores ascendentes e descendentes *207-208*		
AULA 52	com escala maior, conforme modelo dado *212*		
	com intervalos: 6ª M, 7ª M, 8ª J; 6ª M e 6ª m; 7ª M e 7ª m *212-214*		
AULA 54	com intervalos subseqüentes e variados a partir de uma nota dada *221*		
AULA 61	com graus e ritmos escritos em diferentes compassos *240-242*		
	com intervalos de emissão mais complexa *240-242*		

AULA 65	com intervalos e suas inversões	*256-258*
AULA 72	com diferentes intervalos de 7ª e tétrades	*276-278*
AULA 77	segundo graus e ritmos escritos, ultrapassando a extensão da oitava	*295-296*

SOLFEJO COMPLETO

AULA 27	com pentacorde maior	*113*
	com pentacorde maior a duas vozes	*114*
AULA 28	com pentacordes, seguindo modelo dado	*116*
	com intervalos: 2ª M, 3ª M, 4ª J e 5ª J	*117-118*
AULA 29	até 5ª J, segundo graus e ritmos escritos	*123-125*
AULA 30	seguindo alturas e ritmos escritos, determinando os graus do pentacorde com corais de Bach	*123*
AULA 31	até 5ª J, respeitando variações de andamento e ligaduras de expressão	*128-129*
AULA 32	idem acima, observando indicações de roteiro	*132-133*
AULA 36	com tríades maiores e menores	*153-154*
AULA 40	com tríades aumentadas e diminutas	*172-173*
AULA 42	com intervalos: 3ª m, 3ª M, 5ª J, 5ª aum e 5ª dim	*177*
	com intervalos ascendentes e descendentes	*179-180*
AULA 45	com tríades com 4ª e tríade 2	*189-190*
	com intervalos: 4ª J, 4ª aum, 2ª M e 2ª m ascendentes e descendentes	*191-192*
AULA 50	com escalas maiores ascendentes e descendentes	*206*
AULA 52	com escala maior conforme modelo dado	*212*
	com intervalos: 6ª M, 7ª M, 8ª J; 6ª M e 6ª m; 7ª M e 7ª m	*212-214*
AULA 54	com intervalos subseqüentes e variados a partir de uma nota dada	*221*
AULA 65	com intervalos e suas inversões	*256-258*
AULA 77	em diferentes compassos	*296-298*
AULA 79	solfejos modais (dórico, frígio e lídio)	*302-305*
AULA 80	solfejos modais (mixolídio e eólio)	*307-310*
AULA 81	solfejos modais híbridos	*311-313*

CONCEITOS

CONCEITOS TEÓRICOS (RITMO)

AULA 2	cabeça de nota e haste; semínima (♩) e mínima (𝅗𝅥); direcionamento das hastes	*24*
	valores positivos; pulsação; batida de tempo	*24*
AULA 3	compasso; barras de compasso; classificação dos compassos; compassos simples	*27*
	numerador e denominador	*27*

AULA 4	ponto de aumento; mínima pontuada	*30*
AULA 5	valores negativos; pausas (𝄽, 𝄼, 𝄽. e 𝄼.)	*33*
AULA 7	semibreve (o) e pausa de semibreve (𝄻); quadro comparativo dos valores (o, ♩ e ♪)	*41*
	unidade de tempo; denominadores 1, 2, e 4	*42*
AULA 10	colcheia (♪); quadro comparativo dos valores; colchete; colcheias agrupadas e isoladas	*53*
	pausa de colcheia (𝄾); direcionamento das hastes de colcheias	*54*
AULA 12	representação da marcação dos tempos dos compassos simples (binário, ternário e quaternário)	*66*
	tempo fraco e forte (impulso e apoio)	*67*
AULA 14	compasso final incompleto	*71*
AULA 15	figuras que caíram em desuso; sua relação com a semibreve	*73*
AULA 18	ligaduras sobre notas iguais	*81*
AULA 20	O compasso **C**; fermata	*85-86*
AULA 21	síncope(I); síncopes regulares e irregulares	*88-89*
AULA 24	quiáltera (I) ♪♪♪ ; classificação das quiálteras	*102*
AULA 25	padrão *shuffle*	*107*
AULA 31	metrônomo; andamento; expressões que determinam diferentes andamentos	*126*
	expressões que determinam diferentes nuances; outras expressões	*127*
AULA 33	O compasso ¢; sua relação com o compasso **C**; unidade de tempo em ¢	*134*
AULA 34	abreviações (I): abreviações para figuras rítmicas; síncopes freqüentemente usadas em **C** ou ¢	*137-138*
AULA 35	semicolcheia (pausa); quadro comparativo dos valores e diferentes formas de representação	*144*
AULA 37	quiáltera (II) – tercinas (♪♪♪ e ♩♩♩)	*157*
AULA 38	compassos compostos e sua relação com compassos simples; marcação dos tempos	*164-165*
	denominadores utilizados; unidade de tempo nos compassos compostos	*164-165*
AULA 39	unidade de compasso nos compassos simples e compostos	*169*
AULA 41	quiáltera (III) – três notas contra dois tempos ou pulsações	*175*
AULA 43	síncopes (II) – síncopes de meio-tempo em compassos simples e compostos	*181*
	contratempo regular e irregular	*181*
AULA 46	compassos de espera; trêmolos simples e duplos	*194*
	sinal de repetição; notas cortadas	*195*
AULA 51	dois pontos de aumento	*209*
AULA 53	síncopes (III) – síncopes de um quarto de tempo	*215*
AULA 59	fusa e semifusa; quadro comparativo dos valores	*231*
AULA 64	quiáltera: seis notas contra uma; duas ou quatro notas contra três; três notas contra quatro	*252-253*
AULA 66	quiálteras de cinco e sete notas contra uma e duas notas ou pulsações	*257*
AULA 73	compassos irregulares (numerador 5 e 7); marcação dos tempos	*279-280*
AULA 75	compassos alternados	*286*

CONCEITOS TEÓRICOS (ALTURA)

AULA 1   claves; clave de sol (𝄞); clave de fá (𝄢); dó central   *19*
            grave e agudo e sua relação com os instrumentos musicais   *20*

AULA 3   pauta dupla e pautas múltiplas   *27*

AULA 4   linha suplementar   *30*

AULA 8   aumento da extensão do registro agudo (até sol 4)   *47*

AULA 9   aumento da extensão do registro grave (até fá 1)   *50*

AULA 16   semitom: sustenido, bemol e bequadro   *74-75*

AULA 17   semitom e tom: ascendentes e descendentes; cromáticos e diatônicos; semitons naturais   *77*

AULA 20   armadura de clave e utilização do bequadro   *77*

AULA 22   linhas suplementares superiores e inferiores (extensão dó 1 a dó 5)   *94-95*

AULA 23   sinais indicadores de oitavas   *100*

AULA 26   pentacorde maior; disposição de T e St no pentacorde maior   *111*

AULA 27   formando tríades a partir do pentacorde maior; definição de harmonia   *113*

AULA 28   intervalos (I): 2ª M, 3ª M, 4ª J e 5ª J (intervalos melódicos e harmônicos)   *116*

AULA 29   graus do pentacorde   *119*

AULA 36   acordes e intervalos (II): classificação e cifragem; tríades básicas: maior e menor   *151-154*
            cifragem das tríades (maiores e menores); intervalos encontrados na tríade menor   *154-155*

AULA 40   tríade aumentada/dobrado sustenido; cifragem da tríade aumentada   *171*
            tríade diminuta/dobrado bemol; cifragem da tríade diminuta   *172-173*

AULA 42   intervalos ascendentes (continuação): 3ª M, 3ª m, 5ª J, 5ª aum e 5ª dim   *177*
            intervalos descendentes: 3ª M, 3ª m, 5ª J, 5ª aum e 5ª dim   *178*

AULA 45   tríades complementares (tríade com quarta e tríade dois)   *189-190*
            intervalos: quarta e segunda (ascendentes e descendentes)   *190-192*

AULA 50   música tonal; tonalidades maiores (escalas/tetracordes)   *204-205*
            círculo das quintas   *206*
            graus da escala; graus tonais; tonalidades maiores e suas armaduras   *206-207*

AULA 52   intervalos encontrados na escala maior: 2ª M, 3ª M, 4ª J, 5ª J, 6ª M, 7ª M, 8ª J   *212*
            quantidade de tons e semitons encontrados nesses intervalos   *212*
            6ª menor, 7ª menor; 6ªˢ, 7ªˢ e 8ªˢ descendentes   *213*

AULA 54   quadro geral dos intervalos simples   *220*
            intervalos consonantes e intervalos dissonantes   *221*

AULA 56   tons relativos; tonalidade menor; escala menor; modos da tonalidade menor   *224-225*
            tons homônimos; graus modais   *225*

AULA 58   tons vizinhos; vizinhos diretos e indiretos; tons afastados   *229*

AULA 60   aumento da extensão dos registros grave e agudo (3 e 4 linhas suplementares)   *236*

AULA 61   enarmonia   *240*

AULA 65   inversão de intervalos; intervalos que ultrapassam a oitava (intervalos compostos)   *255-257*

AULA 67	clave de dó na 3ª linha; relação entre 𝄡, 𝄞 e 𝄢; outras claves	*262*
AULA 72	tétrades; as tétrades mais utilizadas; cifragem das tétrades (brasileira e internacional)	*276-277*
AULA 74	introdução ao modalismo; modos da tonalidade maior (enfoque melódico-harmônico) modos gregos (jônico, dórico, frígio, lídio, mixolídio, eólio e lócrio) *282-283*	*282*
AULA 75	inversões de tríades e tétrades *285-286*	
AULA 76	relativo menor; modos da tonalidade menor (enfoque melódico-harmônico)	*291-292*
AULA 78	escala geral; diapasão; escala cromática; uso de ♭ e ♯ em notas cromáticas	*299-300*
AULA 79	Modos (cont.) – introdução ao solfejo modal; modo dórico; modo frígio; modo lídio	*302-304*
AULA 80	modo mixolídio; modo eólio *307-308*	
AULA 81	modalismo II (hibridismo modal) *311*	
AULA 82	transposição; instrumentos transpositores *315*	
AULA 83	vozes humanas; a utilização de versos em partituras *316-318*	

CONCEITOS TEÓRICOS GERAIS

AULA 1	qualidades do som; pauta ou pentagrama *19*	
AULA 6	sinais de indicação de roteiro (I): ritornello, *Da capo*, e Ao 𝄋	*37-39*
AULA 11	sinais de indicação de roteiro (II): casas de 1ª e 2ª, parte A, B	*62-64*
AULA 13	espaçamento *68*	
AULA 14	anacruse, compasso anacrústico, compasso tético e compasso acéfalo notas entre parênteses; compasso final incompleto *71-72*	*71*
AULA 19	ligaduras de expressão; como são interpretadas por diferentes instrumentos	*83*
AULA 20	tacet *86*	
AULA 32	sinais de identificação de roteiro (III): ⊕ (coda) *131*	
AULA 34	abreviações (I): abreviações para figuras rítmicas *137-138*	
AULA 36	os quatro elementos da música *151*	
AULA 39	hastes: direcionamento e espaçamento; alinhamento *169*	
AULA 46	abreviações (II) e outros símbolos: compassos de espera, trêmolos simples e duplos compassos numerados *195*	*194-196*
AULA 48	sinais de dinâmica e intensidade *200-201*	
AULA 55	sinais de articulação *222-223*	
AULA 68	ornamentos: apojatura, trinado, trêmolo, mordente e grupeto *268-269*	
AULA 83	utilização de versos em partituras *317*	

EXERCÍCIOS TEÓRICOS

RITMO

AULA 2   copiar ♩ e ♪   *25*

AULA 4   desenhar ♩. e ♩⁀   *30*

AULA 5   desenhar pausas; completar compassos   *33-36*

AULA 7   copiar valores e pausas (♩, 𝅗𝅥, o e respectivas pausas)   *42*

AULA 10   copiar valores (colcheias)   *55*
             identificar pausas de colcheia   *61*

AULA 21   assinalar síncopes regulares e irregulares   *91*

AULA 25   tocar trechos com padrão *shuffle* e identificá-los   *108*

AULA 35   transformar colcheias do compasso ₵ em semicolcheias no compasso 2/4   *148*
             reescrevendo em ₵   *148*

AULA 59   transformar compassos com denominador 8 em compassos com denominador 16   *234*

ALTURA

AULA 1   copiar claves (𝄞 e 𝄢)   *22*

AULA 16   copiar acidentes; identificá-los; marcar no teclado notas pedidas   *75-76*

AULA 17   identificar e formar intervalos (tom e semitom);   *78-79*

AULA 22   escrever na pauta notas com numeração pedidas   *97*

AULA 23   escrever na pauta utilizando sinais indicadores de oitava   *97*

AULA 25   tocar trechos com padrão *shuffle* e identificá-los   *108-109*

AULA 26   formar diferentes pentacordes maiores   *112*

AULA 28   formar pentacordes seguindo modelo; formar intervalos (2ª M, 3ª M, 4ª J e 5ª J)   *116-118*

AULA 29   formar melodias obedecendo aos graus determinados para os pentacordes   *119-122*

AULA 36   formar pentacordes como base para tríades maiores   *153*
             formar tríades menores; formar acordes maiores e menores a partir de cifragem   *153-154*

AULA 40   formar tríades aumentadas e diminutas   *172-173*

AULA 42   formar, classificar intervalos ascendentes e descendentes (3as e 5as)   *177*

AULA 45   formar tríades com quarta e tríade dois; formar intervalos (2as e 4as)   *189-192*

AULA 50   escrever graus tonais   *207*

AULA 52   formar, identificar intervalos (6as, 7as e 8as)   *213-214*

AULA 54   formar intervalos subseqüentes e variados a partir de uma nota dada   *221*

AULA 65   classificar, inverter intervalos simples; classificar, construir intervalos compostos   *255-258*

AULA 72 formar intervalos de 7ª; formar, identificar tétrades   *276-278*

AULA 74 construir modos   *284*

AULA 75 formar, identificar acordes com inversão   *286*

AULA 76 construir modos a partir da escala menor   *293*

VARIADOS

AULA 19 colocar ligaduras de expressão   *83*

AULA 39 corrigir espaçamento e alinhamento   *170*

AULA 68 identificar ornamentos   *270*

centro musical antonio adolfo ♪

- iniciação musical
- piano
- teclado
- violão
- guitarra
- baixo
- bateria
- percussão
- canto
- sax

- flauta
- flauta doce
- violino
- cavaquinho
- gaita
- leitura e percepção
- composição
- contraponto
- arranjo
- harmonia

Cursos livres e profissionalizantes

Rua Almirante Pereira Guimarães, 72 cob. 01/02
Leblon - Rio de Janeiro - RJ - Brasil
Cep: 22440-005
Fone: (21) 2274-8004 / 2294-3079
E-mail: cmaa@antonioadolfo.mus.br
www.antonioadolfo.mus.br